LOS
TRES
CIELOS

LOS TRES CIELOS

ÁNGELES, DEMONIOS Y LO QUE ESTÁ POR VENIR

JOHN HAGEE

WORTHY®
Latino

Dedico este libro con afecto a Derek Prince, distinguido estudioso y reconocido maestro de la Biblia a las naciones del mundo. Fue un hombre de Dios, que amaba a Israel y a los huérfanos. Además, fue mi muy querido amigo y mentor.

ÍNDICE

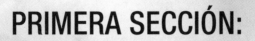

PRIMERA SECCIÓN:

EL PRIMER CIELO

CAPÍTULO 1

«MAMI, ¡DIOS ESTÁ VIVO!»

Comenzó como un día normal. Estaba en la oficina a las siete de la mañana trabajando en mi siguiente serie de sermones, cuando recibí una inesperada llamada de Diana. Me explicó que nuestro nieto Wyatt, de cinco meses de edad, estaba en el hospital afectado por el VRS (virus sincitial respiratorio humano), una infección pulmonar grave. Me pidió que oráramos. Oramos porque Wyatt sanara y acordamos encontrarnos en el hospital.

Pero antes de que pudiera salir de la oficina, Diana volvió a llamar y me informó que Ellie, nuestra nieta de dieciocho meses, también debía ser internada en el mismo hospital, por el mismo virus. Mi día ya no fue normal. La cadena de oración de la familia Hagee funcionaba a toda máquina, por lo que empezamos a prepararnos para la defensa contra cualquier ataque.

Al llegar al hospital me enteré de que nuestros nietos estaban en habitaciones contiguas, de modo que nos fue más fácil a «Nana» y «Papa» compartir nuestro tiempo entre ambos. Tras un día entero ayudando a nuestras hijas con nuestros nietitos enfermos, Diana y yo fuimos a casa a prepararnos porque yo tenía que dar una charla fuera de la ciudad. Empaqué mis maletas rápidamente, fuimos en el auto hasta el aeropuerto y Diana regresó al hospital.

Cuando mi esposa volvió a entrar en la habitación de Wyatt lo encontró con grandes dificultades para respirar y su madre, nuestra hija Christina, llamaba desesperada a las enfermeras. Un especialista en terapia intensiva pediátrica entró corriendo en la habitación y diagnosticó al instante que Wyatt tenía un pulmón colapsado. Así que hizo que llevaran a nuestro nieto a la unidad de terapia intensiva pediátrica y llamó al terapeuta de respiración, que se preparó para inflar el diminuto pulmoncito de Wyatt.

Tras hacer eso, Wyatt pudo respirar sin dificultad. Christina y Diana le dieron las gracias al médico por su rápida y eficiente intervención. El especialista se presentó, diciendo:

—Señora Hagee, me llamo Sam Zuckerman. Soy judío y visité su iglesia la noche de la «Honra a Israel». Como usted es una mujer de fe quiero contarle algo que, me parece, le impresionará tanto como me impactó en su momento.

Diana prestó atención, dispuesta a oír lo que el médico iba a contarle.

Cuando llegué a mi destino llamé a casa de inmediato desde el aeropuerto, para que me dieran las últimas noticias de nuestros queridos nietos. Como dice la Biblia, con tanta razón: «Corona de los viejos son los nietos» (Proverbios 17.6). ¡Y puedo decir amén a eso porque nuestros trece nietos son nuestro gozo y nuestro orgullo!

Diana me dio, como siempre, los pormenores del estado de Ellie y Wyatt, luego me dijo:

—John, tengo que contarte algo asombroso que sucedió esta noche.

Sin hacer una pausa para tomar aliento siquiera empezó a contarme el maravilloso relato de un pequeño paciente al que había tratado el doctor Zuckerman.

El médico dijo que tres años antes un colega y su esposa habían pasado por una tragedia repentina en su familia. Ese colega era el director del hospital en el que trabajaba el doctor Zuckerman. El matrimonio había decidido construir una piscina en su jardín porque sus dos hijos, Alexandria y Jackson, habían aprendido a nadar. Cuando terminaron de construir la piscina se le informó a la familia que durante varios días no podrían usarla debido a la alta concentración de químicos que tenía el agua.

David y Sherry llevaron a sus hijos dentro de la casa para celebrar en la cena la tan esperada y ansiada piscina. Su hijo menor, Jack, era un pequeñito vivaz de cuatro años; de modo que a nadie le sorprendió ni alarmó que no acudiera a la mesa ante el primer llamado para cenar. Pero después de que lo llamaran varias veces sin que Jack diera señal alguna, se alarmaron porque no era habitual que ni siquiera respondiera desde lejos.

Empezaron a buscarlo y de repente David pensó en lo peor: *¿Podría Jack estar en la piscina?* El padre corrió hasta el jardín y tras buscarlo allí, confirmó su temor: su hijo flotaba boca abajo en el agua, vestido y sin dar señales de vida.

David sacó de inmediato a Jackson del agua tóxica y gritó desesperado llamando a Sherry, que helada por la impresión llamó al número de emergencias 911. El papá intentó revivir a su amado pequeño aunque instintivamente supo que la situación no ofrecía buenas probabilidades.

Tras llamar al 911, David siguió junto a la piscina haciéndole los primeros auxilios, tratando de revivir a Jackson durante esos diez minutos. El niño no respondía, pero sus padres jamás abandonaron sus intentos por salvarlo.

Finalmente David y Sherry oyeron el chillido agudo de las sirenas que se acercaban. Venían a *su* casa, por *su* hijo. Era una escena surrealista.

Sherry mantuvo a su hija dentro de la casa cuando llegó la ambulancia y el camión de los bomberos. Le explicó a Alex que Jack había caído en la piscina y que le llevarían al hospital de papá. Alex fue llevada a la casa de los vecinos para que no viera cómo intentaban salvar los médicos a su hermano.

Los paramédicos evaluaron a Jack enseguida y empezaron a administrarle medicación por vía intravenosa. El equipo de atención de emergencia continuó con lo que valientemente había estado haciendo el padre para revivir al pequeño sin vida, pero no lograban detectar latidos.

Cuando llevaron a Jack al hospital, la doctora encargada de emergencias, el terapeuta respiratorio, y un talentoso equipo de enfermeras y personal de la salud luchó por la vida del niño durante más de una hora. El médico le dio una cantidad de medicamentos e intentó varios procedimientos para recuperar a su diminuto paciente, pero de nada servía… no había pulso. Así que decidió darle a Jack una última serie de drogas antes de declarar su fallecimiento.

Esa última serie de medicamentos produjo un pulso muy débil. Tras estabilizar a Jackson un poco más, la doctora de emergencias les dijo a los padres que su pequeño tenía solo un cuarenta por ciento de probabilidades de sobrevivir esa primera noche.

Las horas siguientes fueron de desesperación para todos. Esa primera noche Sherry estuvo en la sala para familias con su pastor, sus familiares y sus amigos, mientras Dave permanecía en un rincón de la sala donde atendían a Jackson, viendo los dos paros cardíacos que tuvo. En ambas ocasiones los esfuerzos heroicos de los expertos del equipo médico lograron resucitarlo. La pediatra de emergencias sabía que la única forma en que el paciente podría sobrevivir era si lo transferían en helicóptero al Hospital Infantil de Houston, para ponerlo en una máquina con un baipás cardiorrespiratorio.

Además de luchar por la vida de Jack, había que correr contra el reloj. Porque los químicos del agua de la piscina habían disuelto sustancias dentro de los pulmones del pequeñín de cuatro años, por lo que debieron administrarle un lubricante artificial esencial para mantenerlo con vida. Sin embargo, el hospital debía esperar hasta que les enviaran la droga vital por vía aérea.

Cuando el padre de Jack preguntó por qué había que trasladar a su hijo hasta Houston la doctora le contestó: «Porque no podemos quedarnos sentados aquí viendo cómo muere».

Por dicha, el surfactante (lubricante para sus pulmones) llegó desde el Hospital Infantil Dell, de Austin, antes de que trasladaran a Jack.

Más tarde la doctora de emergencias le dijo al doctor Zuckerman que aunque Jackson había recuperado el pulso, a ella le preocupaba que hubiese pasado tanto tiempo sin oxígeno. Podría haber muerte cerebral o, tal vez, quedara en estado vegetativo.

Al contarle todo eso a Diana, el doctor Zuckerman dijo que él y varios especialistas más se reunieron en torno al pequeño paciente y decidieron inducir un coma en Jack, para permitir que sus frágiles pulmones sanaran de las quemaduras químicas. Lo sedaron con drogas paralizadoras para impedir que despertara y halara los tubos, los cables, las intravenosas y los catéteres centrales que cubrían su cuerpecito.

La temperatura del agua de la piscina había sido de 12°C/53.6°F, y la temperatura del cuerpo de Jack al entrar en la sala de emergencias era de 33,8°C (lo normal es 37). Su cuerpo había entrado en hipotermia (que es cuando la temperatura está por debajo de los 35°C). Eso había hecho que sus funciones vitales se hicieran más lentas para que su corazón y su cerebro recibieran todo el oxígeno posible. El equipo de médicos mantuvo a Jack en un estado de hipotermia inducida para ayudarle a sanar del trauma.

El pequeño de cuatro años estuvo conectado a un respirador oscilatorio durante nueve días más otros dos días con un respirador común. El doctor Zuckerman explicó que el respirador oscilatorio empuja el oxígeno hacia los pulmones con una presión de hasta 540 (soplos) por minuto, con lo cual el aparato hacía que el pechito de Jack se inflara y desinflara rápidamente. Era la única forma de que no colapsaran sus pequeños pulmones.

Los padres de Jack permanecieron en vigilia junto al cuerpo inmóvil de su hijo. Su pequeño había estado lleno de vida pocas horas antes y ahora luchaba desesperadamente por sobrevivir. Por la mente de sus padres pasaban mil preguntas que les atormentaban.

No se trataba de cualquier paciente… era su pequeño Jackson. *¿Cuánto tiempo estuvo en la piscina? ¿Cuántos tóxicos tragó antes de que se le llenaran los pulmones con agua? ¿Cuánto tiempo había pasado sin oxígeno? ¿Vivirá nuestro pequeño? ¿O morirá? Y si vive, ¿qué efecto tendrá este trauma en su cerebro? ¿Volverá a ser el mismo?*

SOLAMENTE DIOS TENÍA LAS RESPUESTAS

Pasaron minutos, horas y días de angustia para la familia, que con ansiedad anhelaba el momento en que los médicos sacarían a su amado hijito del coma.

David, Sherry y Alex estaban rodeados de amigos y familiares firmes que les amaban y acompañaban durante esta terrible experiencia. Su ministro, el pastor Robinson, los visitaba y oraba con ellos todos los días. Lo único que se podía hacer ahora era esperar.

Los padres de Jackson se reunieron con el dedicado equipo de especialistas que les explicaron los siguientes pasos cruciales en esa crisis de vida o muerte de su pequeño. Cuando el niño saliera del coma inducido esperarían a ver si abría los ojos y si podía respirar sin ayuda.

El siguiente obstáculo a salvar sería confirmar que el cerebro de Jackson funcionaba con normalidad. El equipo de médicos preparó a David y Sherry diciendo que *si* despertaba, *cuando* lo hiciera sería muy probable que Jackson presentara importantes déficits neurológicos.

Fueron días de terrible ansiedad, de emociones a flor de piel. El tiempo pasaba lentamente mientras David y Sherry dedicaban horas y horas a orar por una respuesta a la trágica condición de Jack. Sabían que necesitaban un milagro… ¡y eso fue precisamente lo que recibieron!

La noche anterior al Viernes Santo, Sherry soñó que su hijito abría los ojos. Al amanecer ese viernes Sherry tomó la mano del pequeño y susurró: «Buenos días», y tal como sucediera en su sueño Jackson abrió los ojos por primera vez desde el accidente. Los médicos tuvieron que mantenerlo bajo sedación, pero Dios le había dado a Sherry la confirmación que necesitaba: Jack estaría bien.

Los padres de ese niño adorable observaron maravillados cómo, poco a poco, volvía a la vida en los días siguientes. A medida que iban quitándole la medicación Jack pudo respirar solo y moverse sin impedimento alguno. Lo asombroso es que pudo esbozar una débil sonrisa al ver los rostros de sus padres, que estaban profundamente agradecidos.

En un momento, después de que le quitaran los tubos y mientras lo sostenía su papá, Jack miró a David a los ojos y dijo en un muy débil susurro: «Papi… voy a estar bien… voy a estar bien».

La noche anterior a que le dieran el alta a Jack, el neurólogo pediátrico entró en la habitación del paciente y les dio a los padres una copia de su electroencefalografía (EEG, por sus siglas en inglés), una prueba que diagnostica la función cerebral. ¡Todos los niveles eran perfectos, como de manual!

El neurólogo admitió: «No encuentro justificación médica para estos resultados». Había estado seguro de que Jack presentaría importantes deficiencias cerebrales por el tiempo que pasó sin oxígeno.

¿Cuál era su única explicación? «Fue la gracia de Dios».

Un Dios siempre misericordioso que les había devuelto a Jack a sus familiares; por ello, David y Sherry estarían eternamente agradecidos. Pero reconocieron que su niñito, siempre tan movedizo, ahora se estaba quietito, muy calmado. Al salir del hospital el médico a quien asignaron el caso de Jack les recomendó a los padres que no forzaran el diálogo sobre el traumático suceso, sino que más bien esperaran un tiempo hasta que Jack pudiera lidiar mejor con el aterrador recuerdo.

Como el pequeño había perdido casi veinte por ciento de su peso corporal, los clínicos consideraron que pasara por rehabilitación al dejar el hospital, con el fin de recuperar las fuerzas. Pero el día catorce, ¡el pacientito salió del hospital corriendo!

La familia volvía a estar reunida y pronto resurgió la burbujeante personalidad de su hijito. David y Sherry se dejaron guiar por las conductas de Jack y determinaron que había llegado el momento de cruzar el puente que les llevaría de los recuerdos del día de horror a ese lugar en que podrían disfrutar de estar juntos otra vez sin preocupaciones. Había llegado la hora de que Jackson pudiera meterse en la piscina.

Cuatro días después de salir del hospital, Jackson estuvo nadando en esa misma piscina en donde casi se ahoga. La familia pasó la tarde en el agua, disfrutando del sol de Texas, todos juntos. Era casi como si la tragedia no hubiera sido más que una pesadilla.

Sherry mimaba a su hijo, agradecida porque le salpicara el agua ya que de ese modo el niño no notaría que lloraba de gratitud. Al fin, tomó aire y decidió preguntarle a Jack si recordaba lo que había pasado semanas antes. El pequeño respondió de inmediato:

—Sí, mami. Me ahogué.

—¿Qué fue lo que pasó, amiguito? ¡Sabes nadar muy bien!

Sherry se preguntó si había traspasado los límites al formular la pregunta que los había acosado a ella y su esposo por semanas.

Hubo un momento de silencio.

Jack no pasó mucho tiempo nadando. Había perdido tres kilos, en un cuerpito que pesaba veinte, por lo que pronto tuvo frío. Sherry lo sacó del agua, lo envolvió en una toalla y lo sentó sobre su falda en una de las sillas del jardín.

La madre abrazaba a su hijo agradecida y disfrutaron el dulce silencio que les rodeaba. El cielo se veía precioso, se acercaba el momento del atardecer. El reflejo de los rayos del sol en las nubes hizo que Sherry pensara en el cielo.

De pronto Jack dijo que recordaba cómo había caído al agua ese día terrible. Sherry lo abrazó y él dijo:

—Mami y papi, lamentamos no haber estado allí para ayudarles.

Entonces el niño le contó lo que recordaba de aquel oscuro día:

—Se me cayó un balde en la piscina y quise ir a buscarlo. Pero la ropa me pesaba mucho, por lo que me hundí hasta el fondo, tanto que ya no pude contener la respiración.

—¿Tuviste miedo, amor? —le preguntó su mamá.

—Sí, pero después vi la luz de la piscina y nadé hasta allí —contestó Jack.

Sherry no lograba entenderlo. No habían encendido las luces de la piscina. Pensó por un momento: *¿Habría visto Jack la luz de Dios que le dirigía hacia el otro lado?*

Entonces el chiquitín dijo, con voz todavía ronca por haber estado entubado:

—Mami, tú sabes que Dios está vivo. Yo lo vi. Brillaba como el sol. Y me dijo que despertara. Vi a Nana y ella me dijo que despertara. ¡Y me gritó, para que despertara!

¿Será posible?, se preguntaba Sherry. Nana era la abuela paterna de Jack, que había muerto cuando el pequeño todavía no tenía siquiera dos años. *¿Y Dios? ¿Qué era eso que decía sobre Dios?*

Sherry miró con asombro a David, que estaba a unos pasos de distancia. *¿Nos está diciendo nuestro hijo que vio a Dios?*

Sherry se esforzó por contener un río de lágrimas, temiendo asustar al pequeño. No quería que nada impidiera que Jack contara su historia, por lo que permaneció en silencio, asintiendo, y dando gracias a Dios en su corazón por la vida de Jack y el milagro que había vivido la familia.

A medida que el pequeño iba relatando lo suyo, Sherry empezó a oír la más bella historia sobre el cielo.

—Mami, ¿por qué tuvo que morir Jesús? —preguntó Jack minutos después.

—Bueno, murió para que nosotros podamos vivir —contestó Sherry con voz temblorosa.

Y entonces el niño dijo algo que dejó atónitos a sus padres.

—Yo creo que ahora Holly es el perro de Jesús.

Holly era el perro de la familia y había muerto el año anterior.

—¿Por qué crees eso, hijo? —preguntó su mamá, sin poder creer lo que oía.

—Porque la vi, Holly estaba al lado de Jesús.

—¿Y qué más recuerdas haber visto? —quiso saber su madre, hablando en voz baja.

—¡Ah, mami! Te oí que decías que tenía que abrir los ojos. Yo trataba de abrirlos pero no podía.

De repente Sherry recordó que mientras David le hacía los primeros auxilios al niño, ella le había rogado a Jack muchas veces que abriera los ojitos.

David estaba helado de asombro, con el corazón latiendo a toda velocidad y la mente llena de preguntas. Trató de no mostrar su ansia al unirse a la conversación:

—¡Ahh, amiguito! Pero, ¿dónde estabas?

—En el cielo, papi.

¿En el cielo? ¿Jack había muerto e ido al cielo? Es algo que solo pasa en las películas… ¡no con nuestro hijo!

Entonces Jack empezó a contar que había visto unas puertas, un trono con un arcoíris, caras con colores geniales y música que no podía explicar muy bien.

—Hijo… ¿qué más viste en el cielo?

—Vi a Jesús, papi… Y le hablé.

David y Sherry no podían creer lo que oían. Jackson era tan pequeñito. Aunque asistía con regularidad a la iglesia, ¿cómo era posible que hubiese visto a Jesús?

El padre continuó:

—¿Y qué pasó entonces?

—Jesús me alzó y me mostró el cielo. Vi casas grandes y calles amarillas que brillaban. Vi el cielo azul, conmigo estaban Nana y Holly. Jesús me miró y me dijo que no tuviera miedo, que iba a verte a ti, a mami y a Alex otra vez.

—¿Cómo era Jesús, hijo? —preguntó David, cuya voz reflejaba gran respeto.

—Tiene la cara con mucha luz y con muchos colores… no pude vérsela bien.

—Pero, ¿cómo sabías que era él?

—Porque me dijo su nombre.

—¿Y qué pasó después? —quiso saber su papá.

—Me dio un beso en el rostro y me dijo que era hora de que regresara.

En los días que siguieron David y Sherry mantuvieron varias conversaciones extraordinarias con Jack acerca de su viaje. Siempre describía lo que había visto de manera simple y directa, no como podría imaginar las cosas un chico de cuatro años.

Cuando terminó esa primera charla tan asombrosa, Sherry se sintió impulsada a abrir su Biblia, que usaban para los estudios familiares. Pensó en las frases con que Jack había descrito las cosas: «Casas grandes… calles amarillas brillantes… luz en la cara de Dios…». Y recordó sus clases de la escuela dominical. Buscó en los evangelios y en el libro de Apocalipsis.

Allí estaba: su hijo de cuatro años describía mansiones, puertas de perla, calles de oro… ¡Jackson estaba hablando de la sala del trono de Dios!

En la casa de mi Padre muchas moradas [casas grandes] hay; si así no fuera, yo os lo hubiera dicho; voy, pues, a preparar lugar para vosotros (Juan 14.2).

Y al instante yo estaba en el Espíritu; y he aquí, un trono establecido en el cielo, y en el trono, uno sentado. Y el aspecto del que estaba sentado era semejante a piedra de jaspe y de cornalina; y había alrededor del trono un arco iris, semejante en aspecto a la esmeralda (Apocalipsis 4.2-3).

Las doce puertas eran doce perlas; cada una de las puertas era una perla. Y la calle de la ciudad era de oro puro, transparente como vidrio (Apocalipsis 21.21).

Y se transfiguró delante de ellos, y resplandeció su rostro como el sol, y sus vestidos se hicieron blancos como la luz (Mateo 17.2).

Sherry cerró su Biblia. No lograba entenderlo del todo. Esa fue una de las muchas conversaciones que tendrían ella y Jack sobre el tiempo que él había pasado en el cielo.

Recordó que una vez mientras iba en el auto con su hijo, el pequeño iba mirando por la ventana y repetía: «No, no es… ¡Ese tampoco!».

Cuando le preguntó de qué estaba hablando, Jack le dijo que buscaba el color azul que había visto en el cielo pero que «no lograba encontrarlo».

Según Diana: «Cuando el doctor Zuckerman terminó de contar su extraordinaria historia, todos estábamos llorando».

Luego el doctor Zuckerman le preguntó:

—¿Qué cree usted que pasó en realidad, señora Hagee?

Y mi esposa, sin dudarlo, le respondió:

—Creo que Jackson vio el cielo y habló con Jesús.

Y yo estuve de acuerdo.

UN MOMENTO TRANSFORMADOR

Cuando empecé a bosquejar este libro sabía que quería incluir el milagro de Jackson, que tanto Diana como yo hemos contado a muchas personas cantidad de veces a lo largo de los años. Pero aunque los dos siempre describimos el relato tal como lo recordamos, sentíamos que hacía falta verificar los detalles antes de publicarlo. Así que empezamos la búsqueda.

Nos enteramos de que el doctor Zuckerman ya no vivía en San Antonio pero, gracias a la ayuda de otro médico, pudimos ubicarlo. Cuando Diana lo llamó, le preguntó si recordaba que le había contado aquel hecho milagroso y él respondió de inmediato: «Sí» y dijo que había sido «un caso transformador» para él.

El doctor Zuckerman ofreció su ayuda para ubicar a los padres del niño. Poco después Diana recibió una llamada del padre de Jack, David Kreye, que estuvo más que dispuesto a relatar la historia de su familia con el fin de dar ánimo y aliento a otros.

El señor Kreye dijo que ahora Jack tiene once años y que es un jovencito saludable y vibrante. Además, es un excelente alumno y se destaca en las artes marciales. Y ¡sí! ¡Todavía le encanta nadar!

La señora Kreye nos dijo que ella cree que su hijo le estaba testificando acerca de la paz y la belleza que había vivido en el cielo. Y que también cree que Dios tiene un plan divino con Jack para hacer que otros sepan sobre el cielo. «Quizá ese fue el modo en que Dios nos decía que nos calmáramos y que disfrutáramos lo que tenemos delante», dijo Sherry. «Es probable que fuera la manera en que Él nos decía que tenemos mucho por hacer en este mundo».

Con el fin de retribuir con algo, Dave y Sherry se inscribieron como voluntarios en una organización de Austin, Texas, que se llama Colin's Hope [La esperanza de Colin]. Colin tenía cuatro años cuando se ahogó (exactamente tres meses después del accidente de Jack).

David y Sherry verificaron la historia de su hijo[1] para publicarla en este libro y enviaron un video que había hecho el hospital acerca de la milagrosa recuperación de Jack. Cuando Diana y yo vimos la filmación, con el pequeño de cuatro años contando partes de su experiencia sobrenatural, volvimos a llenarnos de gozo y alegría. Entrevistamos a médicos, enfermeras y terapeutas respiratorios y cada uno describió la condición de Jack como «severa», estadísticamente dentro de la categoría de «malos resultados». Una y otra vez el personal del recinto utilizaba la palabra *milagro*, pero el mejor resumen fue lo que dijo el director del hospital, Jack Cleary:

> No sé si todo el mundo cree en los milagros, pero yo sí; y respecto a la experiencia de Jack, muchas personas dicen la palabra *milagro*… Yo creo que todo este edificio [el hospital] se estremecía con las oraciones en esos diez días o más en que Jackson estuvo internado en nuestra Unidad Pediátrica de Terapia Intensiva… No hay forma de subestimar el poder de la oración y el de la fe.[2]

Y, por supuesto, tenemos la declaración del doctor Zuckerman, que nos había contado la historia: «He pensado en Jackson muchas veces. Quizá volvió para que todos despertáramos ante la maravilla y la gracia de Dios».[3]

LO QUE HAY MÁS ALLÁ

Estamos a punto de iniciar un viaje que nos llevará más allá del primer cielo —ese que vemos con nuestros ojos naturales— al dominio del segundo cielo, donde habitan Satanás y sus ángeles caídos, para luego ir al tercer cielo, donde Dios gobierna y rige sobre el universo, ayudado por sus huestes de innumerables ángeles.

El rey David y el apóstol Pablo hablaron de más de un solo cielo, cada uno de los cuales fue creado por Dios mismo.

Cuando veo tus cielos, obra de tus dedos, la luna y las estrellas que tú formaste (Salmos 8.3).

He aquí, veo los cielos abiertos, y al Hijo del Hombre que está a la diestra de Dios (Hechos 7.56).

Nehemías también declaró que la majestad de la creación de Dios incluye a los cielos.

Tú solo eres Jehová; tú hiciste los cielos, y los cielos de los cielos, con todo su ejército, la tierra y todo lo que está en ella, los mares y todo lo que hay en ellos; y tú vivificas todas estas cosas, y los ejércitos de los cielos te adoran (Nehemías 9.6).

La Biblia enseña que cada uno de nosotros pasará la eternidad en uno de dos lugares: «el más alto cielo» con nuestro Redentor:

Porque así dijo el Alto y Sublime, el que habita la eternidad, y cuyo nombre es el Santo: Yo habito en la altura y la santidad [el tercer cielo], y con el quebrantado y humilde de espíritu (Isaías 57.15).

O en el infierno con Satanás, príncipe de las tinieblas:

Los malos serán trasladados al Seol… (Salmos 9.17).

Vi además a un ángel que bajaba del cielo con la llave del abismo y una gran cadena en la mano. Sujetó al dragón, a aquella serpiente antigua que es el diablo y Satanás, y lo encadenó por mil años. Lo arrojó al abismo, lo encerró y tapó la salida para que no engañara más a las naciones, hasta que se cumplieran los mil años. Después habrá de ser soltado por algún tiempo (Apocalipsis 20.1-3).

LOS CIELOS

¿Dónde está el primer cielo? Está ubicado en el plano que alcanzamos a ver a simple vista.

Y lo llevó fuera [a Abraham], y le dijo: Mira ahora los cielos [el que vemos], y cuenta las estrellas, si las puedes contar (Génesis 15.5).

No sea que alces tus ojos al cielo [el que vemos], y viendo el sol y la luna y las estrellas, y todo el ejército del cielo, seas impulsado, y te inclines a ellos y les sirvas; porque Jehová tu Dios los ha concedido a todos los pueblos debajo de todos los cielos (Deuteronomio 4.19).

El segundo cielo es donde Satanás tiene su trono y gobierna a los ángeles caídos que le siguieron en la rebelión contra Dios en el génesis de los tiempos (Apocalipsis 12.4).

El tercer cielo es donde Dios tiene su trono y gobierna el universo.

Ahora bien, el punto principal de lo que venimos diciendo es que tenemos tal sumo sacerdote, aquel que se sentó a la derecha del trono de la Majestad en el cielo (Hebreos 8.1).

TANTO POR VENIR

Usamos el término *cielo* y evocamos la imagen de un paraíso, un lugar de dicha eterna y felicidad perfecta… ¡pero hay mucho más!

Comencemos este viaje sobrenatural a los tres cielos explorando primero lo que dicen la Palabra de Dios y la ciencia sobre el primero de ellos. Luego expondremos las diabólicas tácticas de Satanás en el segundo y la forma en que impactan a cada uno de nosotros. Y finalmente revelaremos las profundas riquezas del tercero, que finalmente será el hogar eterno de quienes deciden que Cristo será su Salvador y Señor.

La mayoría de las personas cree que solo hay un cielo, ese lugar en donde vive Dios con sus santos ángeles. Pero la verdad es que nuestro Dios no tiene limitaciones ni en la tierra ni en el cielo. Es omnipresente y omnipotente; además, tiene poder universal y supremacía por sobre toda su creación, lo que incluye a *todos* los tres cielos.

Pero ¿es verdad que Dios morará sobre la tierra? He aquí que los cielos [el primer cielo], los cielos de los cielos [el tercer cielo], no te pueden contener; ¿cuánto menos esta casa que yo he edificado? (1 Reyes 8.27).

Jehová dijo así: El cielo es mi trono, y la tierra estrado de mis pies; ¿dónde está la casa que me habréis de edificar, y dónde el lugar de mi reposo? (Isaías 66.1).

CAPÍTULO 2

EL CIELO QUE VEMOS

La Biblia da inicio a su profunda descripción de la creación con estas palabras: «En el principio creó Dios los *cielos* y la tierra» (Génesis 1.1).

En hebreo la palabra *cielos* (*shemayim*) es el plural del sustantivo femenino, lo cual indica claramente «más de un» cielo. San Pablo señaló: «Conozco a un hombre en Cristo, que hace catorce años ... fue arrebatado hasta el tercer cielo» (2 Corintios 12.2). La lógica indica que si Pablo (porque hablaba de sí mismo) estuvo en el tercer cielo, entonces tiene que haber un primer cielo y un segundo.

El primer cielo contiene al sol, la luna y las estrellas y, sin embargo, no es más que un minúsculo vistazo que podemos dar a la majestad creativa de Dios (Génesis 1). Fue esa majestad la que inspiró al compositor a escribir las palabras de uno de los himnos más conocidos en la historia de la cristiandad: «Cuán grande es él»:

Señor mi Dios, al contemplar los cielos,
el firmamento y las estrellas mil...[1]

Damos inicio a nuestro viaje observando el cielo.

LA OBRA DE LAS MANOS DE DIOS

Tú, oh Señor, en el principio fundaste la tierra, y los cielos son obra de tus manos (Hebreos 1.10).

¿Alguna vez miraste el cielo y viste un bello amanecer lleno de luz y color, o un dorado atardecer? ¿Has visto alguna luna de sangre en toda su majestuosidad? ¿Te has acostado sobre la hierba, como un niño, una clara noche de verano para mirar las brillantes estrellas en el fondo negro del cielo, como si se tratara de una carpa brillante que cubre la tierra?

Todos hemos observado el esplendor del primer cielo y muy probablemente nos hemos hecho preguntas sobre su origen. Y aunque hay muchas teorías científicas respecto de la formación del sol, la luna y las estrellas, tenemos un solo relato de un testigo ocular: ese Testigo Ocular es el Gran YO SOY.

Dijo luego Dios: Haya lumbreras en la expansión de los cielos para separar el día de la noche; y sirvan de señales para las estaciones, para días y años, y sean por lumbreras en la expansión de los cielos para alumbrar sobre la tierra. Y fue así. E hizo Dios las dos grandes lumbreras; la lumbrera mayor para que señoree en el día, y la lumbrera menor para que señoree en la noche; hizo también las estrellas. Y las puso Dios en la expansión de los cielos para alumbrar sobre la tierra, y para señorear en el día y en la noche, y para separar la luz de las tinieblas. Y vio Dios que era bueno (Génesis 1.14-18).

El ser humano ha tratado de conquistar los cielos por motivos egoístas desde Nimrod y la Torre de Babel: «Y dijeron: Vamos, edifiquémonos una ciudad y una torre, cuya cúspide llegue al cielo; y hagámonos un nombre, por si fuéremos esparcidos sobre la faz de toda la tierra» (Génesis 11.4).

Esa torre era más que ladrillos y argamasa e ingenio ingenieril. Era uno de los varios *ziggurats*, torres-templo rectangulares o montículos escalonados. La Torre de Babel, erigida en la antigua Mesopotamia, era una estructura religiosa en la que la gente adoraba *a lo creado,* no al Creador. Todos los ziggurats tenían escalinatas hacia su vértice superior, donde los adoradores rendían culto al sol, la luna y las estrellas.[2]

Tras visitar el proyecto de construcción, Dios respondió definitivamente a la idolatría humana y a la deliberada rebelión contra su orden divino. El Creador no podía hacer caso omiso de la insurgencia humana en contra de Él; así que confundió sus lenguas haciendo que hablaran idiomas diferentes —«Por esto fue llamado el nombre de ella Babel» (Génesis 11.9)— y los dispersó a lugares distantes (Génesis 11.5-8).

La fútil batalla humana por la supremacía terminó en cierto tiempo, pero la guerra por el alma de los hombres continúa.

Dios Todopoderoso no creó la luna, el sol y las estrellas para que los adoráramos, sino para confirmar su creativa majestad, para sostener la tierra y para dividir las estaciones. El Dios de Abraham, Isaac y Jacob incluso utilizó al sol, la luna y los cielos para reafirmar su eterno pacto con David y sus descendientes.

No olvidaré mi pacto, ni mudaré lo que ha salido de mis labios. Una vez he jurado por mi santidad, y no mentiré a David. Su descendencia será para siempre, y su trono como el *sol* delante de mí. Como la *luna* será firme para siempre, y como un testigo fiel en el cielo, sera establecido para siempre (Salmos 89.34-37).

La tierra y todo lo que hay en ella le pertenecen al Señor y están bajo su control. David, el rey pastor de ovejas, dijo estando de pie bajo el domo del cielo estrellado como diamantes en el terciopelo de la noche: «Los cielos cuentan la gloria de Dios, y el firmamento anuncia la obra de sus manos» (Salmos 19.1). Sí, el sol, la luna y las estrellas son evangelistas celestiales que anuncian a gritos: «¡Hay un Dios!».

Siglos después de que el rey David escribiera su declaración acerca de los cielos, hubo tres hombres que siguieron la estrella (Mateo 2.2), la cual les llevó hasta el mayor regalo de Dios a la humanidad: un bebé nacido de una virgen.

DE LOS TRES SABIOS A KEPLER

Los sabios de Oriente examinaron la profecía de Números 24.17 que aparecía en los rollos antiguos, y escudriñaron el primer cielo buscando una estrella que les llevara hasta el Rey de los judíos.[3]

Saldrá ESTRELLA de Jacob, y se levantará cetro de Israel (Números 24.17).

Los sabios hallaron lo que buscaban en Belén.

Pero tú, Belén Efrata, pequeña para estar entre las familias de Judá, de ti me saldrá el que será Señor en Israel; y sus salidas son desde el principio, desde los días de la eternidad (Miqueas 5.2).

Cuando Jesús nació en Belén de Judea en días del rey Herodes, vinieron del oriente a Jerusalén unos magos, diciendo: ¿Dónde está el rey de los judíos, que ha nacido? Porque su estrella hemos visto en el oriente, y venimos a adorarle (Mateo 2.1-2).

Los sabios siguieron las Escrituras y a una estrella divinamente asignada para encontrar a su verdadero futuro Rey. El ser humano ha seguido buscando en las estrellas lo que puedan revelar sobre lo que hay más allá de nuestro plano.

LAS ESTRELLAS

Las estrellas están compuestas de partículas subatómicas de gas y plasma; son «máquinas» de energía cósmica que producen radiación bajo la forma de calor, luz y rayos ultravioleta.

En una noche clara el cielo revela solo unas tres mil estrellas a simple vista. Pero los científicos no pueden decirnos cuántas estrellas existen ya que es una cantidad que no pueden calcular. Es probable que nuestro universo contenga más de cien mil millones de galaxias y que cada una de estas tenga más de cien mil millones de estrellas. El elogiado astrofísico Carl Sagan solo pudo decir lo siguiente sobre la cantidad de estrellas: «Hay millones de millones».

Mira ahora los cielos, y cuenta las estrellas, si las puedes contar (Génesis 15.5).

El hombre admite que no puede contar las estrellas del primer cielo pero el rey David declaró que Dios sí puede.

Él cuenta el número de las estrellas; a todas ellas llama por
sus nombres (Salmos 147.4).

Existen estrellas de distintas formas, colores y tamaños. Las hay
«enanas» o «supergigantes», con un radio potencial mil veces más
grande que el de nuestro sol. El brillo de una estrella está determinado por su luminosidad (cantidad de energía que emite) y por su
distancia con respecto a la Tierra. Los creyentes, sin embargo, saben
que solo hay una Estrella que ilumina más que los millones de millones que hay en los cielos ¡y esa Estrella es Cristo, nuestro Salvador!

Yo Jesús he enviado mi ángel para daros testimonio de estas
cosas en las iglesias. Yo soy la raíz y el linaje de David, la
estrella resplandeciente de la mañana (Apocalipsis 22.16).

EL SOL

La estrella más conocida del primer cielo es el sol. Está en el corazón
de nuestro sistema solar. Conforma más del noventa y nueve por
ciento de la masa del sistema solar y su diámetro es más o menos
109 veces el de la Tierra. Es decir que, dentro del sol, cabrían apro-
ximadamente un millón de planetas Tierra.[4]

Son ocho los planetas cuya órbita tiene al sol como centro.
Al menos, ocho planetas enanos, decenas de miles de asteroides y
billones de cometas. La temperatura del núcleo del sol es de unos
15.000.000 grados centígrados (27.000.000 grados Fahrenheit). Sin
la intensa energía y el calor del sol no sería posible la vida en la Tierra.[5]

En ellos [los cielos] puso tabernáculo para el sol … De
un extremo de los cielos es su salida, y su curso hasta el

término de ellos; y nada hay que se esconda de su calor (Salmos 19.4, 6).

LA LUNA

Galileo fue el primero, en 1609, que apuntó al cielo con un telescopio y reveló descubrimientos que el ojo desnudo jamás había podido ver en el primer cielo. Observó montañas y cráteres en la luna y una sutil banda de luz que recorría el cielo, lo que hoy conocemos como la Vía Láctea. Desde entonces la ciencia ha confirmado que la luna es el único satélite natural de la Tierra, el objeto más luminoso después del sol en el primer cielo. La rotación de la luna está sincronizada con la tierra, cuya influencia gravitacional produce las mareas de los océanos y afecta la duración de cada día.

Hizo la luna para los tiempos (Salmos 104.19)

Debido a su prominencia en el cielo y a su ciclo de fases, la luna ha inspirado, desde la antigüedad, lenguas, calendarios, arte y mitología. Más aun, la luna es el único cuerpo celestial —además de la Tierra— pisado por seres humanos.

La ciencia ha probado que la Tierra orbita alrededor del sol y que la luna lo hace alrededor de la Tierra. No es por accidente que el calendario judío siempre se haya basado en este fenómeno astronómico: la rotación de la Tierra sobre su eje (un día); la traslación de la luna alrededor de la Tierra (un mes); y la traslación de la Tierra alrededor del sol (un año). El sol, la luna y las estrellas solo pueden haber sido ubicados donde están por la mano de Dios, el Gran Diseñador de nuestro universo.

Yo hice la tierra, y creé sobre ella al hombre. Yo, mis manos, extendieron los cielos, y a todo su ejército mandé (Isaías 45.12).

EXPLORACIÓN DEL PRIMER CIELO

La NASA (National Aeronautics and Space Administration) es el organismo estadounidense que se dedica a la aeronáutica y al espacio; fue creado en 1958 con el propósito de explorar el espacio y velar por la seguridad nacional. ¡Esa agencia del gobierno no perdió el tiempo! Porque a veinte años de su creación la NASA llevó a cabo varias misiones importantes:

- El Proyecto Mercurio, que determinó si un ser humano podía sobrevivir en el espacio
- El Proyecto Géminis, que entrenó a los astronautas en operaciones espaciales como probar técnicas de acoplamiento y alineación de naves espaciales
- El Proyecto Apolo, que exploró la luna
- Programas de misiones robóticas como el Moon Ranger, el Surveyor y el Lunar Orbiter
- Exploraciones en Venus, Marte y los planetas más distantes con el Pioneer, el Mariner, el Viking y el Voyager
- El Skylab, un taller orbital para astronautas
- El Space Shuttle, nave espacial reutilizable para viajar desde y hacia la órbita de la Tierra

El insaciable deseo del ser humano por llegar «allí donde nadie ha llegado jamás» ha dado como resultado enormes avances y descubrimientos científicos.

Durante más de dos décadas el telescopio Hubble ha revelado misterios que ni siquiera sabíamos que existían, en todo tipo de aspectos como: los agujeros negros, los planetas que se trasladan alrededor de otras estrellas, o el millón de galaxias que han podido descubrir los científicos, con el mismo tamaño que la nuestra y que todavía no han sido exploradas.

El telescopio Kepler, de la NASA, es un observatorio espacial que se dedica a encontrar planetas fuera de nuestro sistema solar. Ha hallado cientos de planetas extrasolares. La mayoría tiene un tamaño intermedio entre el de la Tierra y el de Neptuno, que es cuatro veces más grande que nuestro planeta.

En febrero de 2014, los científicos del Kepler confirmaron que se habían descubierto 715 planetas con órbitas alrededor de estrellas que son como nuestro sol.[6] Eso significa que se han hallado muchos planetas más grandes que la Tierra o «súper Tierras». Y más recientemente, millones de personas fueron testigos de dos eclipses completos de lunas de sangre en 2014 —ambos ocurrieron durante las principales fiestas judías (15 de abril, Pascua; 8 de octubre, Fiesta de los Tabernáculos)—, además de un eclipse solar total el 20 de marzo de 2015.

Las lunas de sangre formaron parte de una tétrada (cuatro lunas de sangre consecutivas). Es un fenómeno extraño en sí mismo, pero más todavía si la tétrada completa cae en las fiestas judías.

La tercera luna de sangre ocurrió el 4 de abril de 2015, en la Pascua. La cuarta y última luna de sangre que coincide con una fiesta judía en este siglo ocurrirá el 28 de septiembre de 2015, durante la fiesta de los tabernáculos.

La importancia y significado de esta tétrada no puede ignorarse; he cubierto el tema en detalle en mi libro *Cuatro lunas de sangre: algo está por cambiar.*

Pocas veces la Biblia, la ciencia y los hechos históricos se alinean, pero en las últimas tres series de cuatro lunas de sangre o tétradas, es eso exactamente lo que sucedió [1492, descubrimiento de América; 1949, renacimiento de Israel; y 1967, reunificación de Jerusalén]. Recordemos que ha habido varias tétradas en los últimos quinientos años y que solamente tres coincidieron con las fiestas judías, además de estar vinculadas con hechos históricos de importancia para Israel. En el siglo veintiuno habrá siete tétradas más, pero solamente una de ellas, la de 2014-15, estará alineada con las fiestas del Señor.[7]

¡Algo grande está por suceder!

El profeta Joel predijo por inspiración divina que ocurrirían estas maravillas y milagros, lo que el apóstol Pedro luego citó en Hechos 2.20.

El sol se convertirá en tinieblas, y la luna en sangre, antes que venga el día grande y espantoso de Jehová (Joel 2.31).

Científicos del mundo entero han dedicado sus vidas a aprender el cómo y el porqué de la existencia del sol, la luna y las estrellas. Todos sus esfuerzos han dado como resultado el estudio de más y más dimensiones ilimitadas en el espacio. Pero con todo eso, la vasta acumulación de datos de la ciencia apenas si ha arañado la superficie de las realidades del primer cielo.

Dios ha revelado claramente a través de las Escrituras, la ciencia y los hechos de la historia que utilizará el primer cielo como su propio cartel luminoso para declarar las cosas que vendrán:

Dijo luego Dios: Haya lumbreras en la expansión de los
cielos para separar el día de la noche; y sirvan de señales
para las estaciones, para días y años (Génesis 1.14).

El primer cielo es «hasta donde el ojo puede ver», con o sin
ayuda de un telescopio, un orbitador lunar, una nave espacial o un
laboratorio en el espacio. Lo que sea que descubra el ser humano en
las galaxias, con no importa qué aparatos que pueda inventar, forma
parte del primer cielo. San Pablo escribió en Romanos: « Porque las
cosas invisibles de él ... se hacen claramente visibles desde la creación
del mundo, siendo entendidas por medio de las cosas hechas» (1.20).

¿Qué están diciendo las Escrituras? Quien tenga la capacidad
de mirar hacia arriba y ver el sol que brilla de día, las estrellas y la
luna iluminando la noche, ha de reconocer que estos cuerpos celestes han sido ubicados allí por un Poder que es mucho más grande
que el hombre. No hay potencia militar sobre esta tierra que pueda
barrer las estrellas para quitarlas del cielo. Ni hay influencia humana
alguna que pueda quitar al sol de los cielos. ¡No hay fuerza humana
que pueda ordenarle a la luna que deje de brillar, al viento que deje
de soplar, a las olas que dejen de romper sobre la costa!

Así ha dicho Jehová, que da el sol para luz del día, las leyes
de la luna y de las estrellas para luz de la noche, que parte
el mar, y braman sus ondas; Jehová de los ejércitos es su
nombre (Jeremías 31.35).

La humanidad no es producto de la NASA. No somos fruto del
Centro Espacial Kennedy. Somos *creación* de una Fuerza todopode-
rosa, omnisciente.

Cuando veo tus cielos, obra de tus dedos, la luna y las estrellas que tú formaste, digo: ¿Qué es el hombre, para que tengas de él memoria, y el hijo del hombre, para que lo visites? Le has hecho poco menor que los ángeles, y lo coronaste de gloria y de honra. Le hiciste señorear sobre las obras de tus manos; todo lo pusiste debajo de sus pies (Salmos 8.3-6).

La Fuerza no está en la Teoría del Big Bang. ¡Nuestra Fuerza es sobrenatural! ¡Nuestra Fuerza es el Dios de Abraham, Isaac y Jacob! Él es la fuente de la vida ¡digno de alabanza y de gloria! ¡Él es el Creador y Señor de todas las cosas!

Nuestro Dios es el Alfa y el Omega, el Primero y el Último ¡el Creador del cielo y de la tierra! No tiene límites y no hay nada que lo contenga. ¡A Él damos toda nuestra alabanza y gloria!

No importa cuánto intentemos entender todo lo que vemos y conocemos. Hay determinadas realidades que la lógica humana y la ciencia no pueden explicar. Son experiencias que solo pueden describirse como «sobrenaturales».

Así que sigamos nuestra exploración de los tres cielos con testimonios de la vida por venir.

CAPÍTULO 3

VIAJES A LO SOBRENATURAL

A lo largo de mis cincuenta y siete años de ministerio he estado junto al lecho de muerte de cientos de personas que pasaban de esta vida a la siguiente. Consolar a la familia y los amigos que quedan puede ser uno de los más grandes desafíos en la vida de un pastor.

Es una responsabilidad que se hace más fácil si hay certeza de que la persona que acaba de partir de este mundo entró de inmediato en los brazos de Dios. Mi querido amigo Derek Prince decía: «Los espíritus de los creyentes sinceros por medio de la fe en Jesús, habiendo sido justificados con su justicia y redimidos con su sangre, tienen acceso inmediato a lo celestial. La muerte y resurrección de Jesús le ha robado su aguijón a la muerte y, al Hades, su victoria».[1]

A menudo, en los servicios fúnebres, expreso las siguientes ilustraciones: Cuando al fin del día se pone el sol, no lloramos por el atardecer ya que sabemos que en otro horizonte está amaneciendo. Cuando parte un barco y lo perdemos de vista en el océano, no nos entristece que ya no podamos verlo, ya que sabemos que cada vez está más cerca de su destino. Lo mismo sucede con la vida: nuestro último aliento aquí es nuestro primer aliento allá.

¿Cuál es el camino al tercer cielo, donde reside Jesús? Las instrucciones son sencillas: hemos de caminar *recto* por el camino *justo*.

Me mostrarás la senda de la vida; en tu presencia hay plenitud de gozo; delicias a tu diestra para siempre (Salmos 16.11).

Así andarás por el camino de los buenos, y seguirás las veredas de los justos (Proverbios 2.20).

Desde tiempos inmemoriales, el ser humano ha buscado respuestas a lo que existe más allá de esta vida. Las películas que tratan sobre el mundo del más allá son muy exitosas y los libros sobre el tema del cielo y el infierno permanecen en las listas de éxitos de ventas durante meses puesto que intentan tratar las preguntas difíciles que todos nos formulamos.

¿Hay de veras un cielo y un infierno en sentido literal? ¿Hay tal cosa como vida después de la vida? Y si es así, ¿quién estará allí? ¿Qué hay tras el último aliento del ser humano? ¿Veremos luces brillantes? ¿Oiremos cantar a los ángeles? ¿O entramos en un abismo de eterna oscuridad?

Lo que sigue son cinco testimonios de personas que viajaron a ese plano sobrenatural. Los dos primeros son relatos personales de parientes míos. Uno estaba al borde de pasar a la eternidad prematuramente, y el otro vio el otro lado y estaba más que dispuesto a cruzar el río Jordán para entrar al cielo.

«NO ERA MI MOMENTO»

Esta es la historia del hermano menor de mi padre, el reverendo Joel Lavonne Hagee, el cuarto de diez hijos varones y una hija que tuvieron mis abuelos, John Christopher y Laverta Hagee.

Mi abuelo tenía sobrenombres para todos sus hijos y a Joel lo llamaba Tink, porque siempre estaba jugando con cosas que tintineaban, tratando de descubrir cómo funcionaban o de qué manera podía modificarlas y mejorarlas.

El tío Tink era un tipo brillante, de veras feliz, que hacía amigos con todo el mundo. Fue natural que se hiciera pastor y se dedicara a los propósitos del evangelio hasta el día en que murió. Su asombroso viaje a lo sobrenatural cambió no solo su vida sino las de miles de personas en todo el mundo.

Cuando tío Tink tenía unos cuarenta y tantos años, sufrió un grave ataque al corazón. Su esposa Vivian lo llevó enseguida al hospital, donde por la gracia de Dios se recuperó con tratamiento médico. Como casi todos los que han sobrevivido a experiencias similares, le impresionó mucho el hecho de estar al borde de la muerte en la flor de la vida.

Tío Tink siempre había estudiado la Biblia, era pastor, por lo que empezó a estudiar las promesas de Dios que hablan de la sanidad para todos los que creen. Luego grabó esos pasajes y le dio una copia de la cinta a su esposa, con estas instrucciones: «Vivian, si alguna vez tengo otro infarto, colócame los auriculares y haz que escuche estos pasajes sobre la sanidad que he grabado en la cinta». Tía Vivian, totalmente comprometida con el bienestar de Tink, solemnemente prometió hacer todo lo que él le pidió.

Pasaron varios años hasta que tío Tink tuvo otro infarto. Llamaron al servicio de emergencias y los paramédicos trabajaron durante un rato tratando de revivirlo, pero solo detectaban un pulso débil. No había otras señales de vida.

De inmediato tía Vivian hizo lo prometido: le puso a tío Tink los auriculares mientras lo llevaban desde el piso de la sala hasta la ambulancia. El paramédico que lideraba al equipo le dijo que de nada le servirían las grabaciones porque el paciente no respondía. Ella con firmeza le dijo al de la ambulancia que no le quitara los auriculares a su esposo. Al ver que no se podía discutir con ella, el paramédico accedió.

En el hospital informaron al médico de emergencias lo que había sucedido con mi tío. Tanto ese médico como todo su equipo se esforzaron heroicamente para sacar a tío Tink del estado comatoso. Pero no había caso.

El médico de emergencias fue a hablar con tía Vivian, que estaba en la sala de espera con otros miembros de la familia. Le informaron que su amado esposo había tenido un infarto masivo que le había dejado con muerte cerebral clínica. Nuestro tan amado Tink —cuya mente estaba tan llena de ideas brillantes, que siempre andaba inventando y creando, y que en todo momento era amoroso y amable— ahora dependía del sostén que le brindaban unas máquinas.

Vivian miró al médico directo a los ojos y, con temible convicción, dijo en tono firme: «Entonces no le hará daño escuchar estos versículos de la Biblia sobre el poder sanador de Dios, ¿verdad?».

Todos los que estaban allí pensaron que cuando el impacto del diagnóstico irreversible de su esposo se diluyera, tía Vivian iba a permitir que los médicos desconectaran a tío Tink de las máquinas. Pero ella no iba a violar la promesa que le había hecho.

Algunos se preguntarían por qué no dejaba ir a su esposo. Yo creo firmemente que Dios Todopoderoso en su infinita sabiduría tiene un momento determinado para el final de nuestra vida en la tierra; y tía Vivian estaba absolutamente segura de que el momento de tío Tink no había llegado. Confiaba en que la Palabra de Dios no regresa vacía sino que llevaría sanidad y vida a su mente y su cuerpo. Así que permaneció fiel y mantuvo al tío con los auriculares puestos para que oyera los versículos grabados.

El doctor Rob, primo político mío, estaba encargado del hospital en el que internaron a tío Tink. Revisó los registros y la historia clínica para consultar personalmente al cardiólogo antes de visitar a tío Tink. Cuando Rob entró y vio que tío tenía los auriculares, miró confundido a tía Vivian. Tío Tink estaba inmóvil; lo único que se movía era su pecho, forzado por el respirador. Los monitores solo mostraban un pulso débil, casi nada de actividad cerebral.

Rob, con su característico modo tranquilo, dijo:

—Tía Vivian, lo de tío Tink se ha terminado. ¿Por qué insistes en que siga escuchando algo que no puede oír?

—No sabes si en realidad puede oír o no —le replicó ella—. Hagee me dijo que le hiciera escuchar estos pasajes sobre la sanidad si tenía otro infarto y eso es *exactamente* lo que está sucediendo.

Rob reconoció que esa no era una batalla que querría pelear, así que dio indicaciones al personal para que trasladaran al paciente a la unidad de cuidados intensivos coronarios hasta que la esposa pudiera aceptar el hecho de que su marido ya había partido.

Pasaron veinticuatro horas y tía Vivian seguía en vigilia, fiel, junto a la cama de tío Tink. Aunque el pronóstico era malo, ella se aseguraba de que nadie le quitara los auriculares que le había puesto.

Mientras la grabación de los versículos sobre sanidad seguía sonando continuamente, empezó a revelarse un milagro de milagros: el electrocardiograma detectó un pulso más fuerte, con ritmo consistente. La enfermera de guardia que iba registrando los signos vitales de tío Tink llamó al médico de cuidados intensivos para que acudiera personalmente a examinar al paciente. No solo había un pulso más fuerte y un mejor ritmo de respiración sino, lo más importante, tío Tink empezaba a dar señales cada vez mayores de actividad cerebral.

El doctor confirmó la buena noticia y, con el permiso de tía Vivian, sus ayudantes empezaron a quitarle el respirador y otros dispositivos de sostén. Todo ese tiempo, sin embargo, seguían sonando los pasajes sobre sanidad.

Al día siguiente tío Tink ya estaba consciente, en franca recuperación. Cuando oyó de los médicos lo que había pasado desde su infarto masivo, tío Tink respondió enseguida:

—¡Sé exactamente lo que sucedió!

El médico lo miró con expresión confundida.

—¿Cómo podría saber lo que ocurrió? ¡Estaba inconsciente!

—Yo estaba en el rincón de la habitación, viendo cómo todos trabajaban sobre mi cuerpo —contestó mi tío.

El médico se mostró muy escéptico, hasta que su paciente empezó a describir lo que había visto. Tío Tink contó en detalles, a los médicos y enfermeras, que había estado en la habitación, señaló los lugares donde estuvo, qué hacía cada uno de los que estaban allí, y también describió lo que llevaban puesto y lo que se decían entre ellos sobre su estado clínico. El médico quedó anonadado ante la absoluta precisión del relato de mi tío.

¿Qué le había pasado a tío Tink?

Dicho de la forma más simple, su espíritu había salido de su cuerpo terrenal, pero seguía presente en este mundo. No era el momento de tío Tink para cruzar al otro lado, al cielo. Dios con su potente y eterna Palabra, junto con los avances de la medicina moderna, sostuvo su frágil corazón. Él y tía Vivian tenían fe en que la milagrosa Palabra de Dios no les fallaría, ¡y así fue!

A poco de salir del hospital, el paramédico que había tratado de revivirlo momentos después de su infarto, tocó a la puerta de la casa de mis tíos. Cuando tío Tink abrió, el joven no pudo ocultar su sorpresa: «Lo siento, reverendo Hagee. Pero tenía que verlo con mis propios ojos. Cuando los médicos me dijeron que había salido caminando del hospital, no podía creerlo. ¿Se da cuenta de que no había forma de resucitarlo?».

Mi tío sonrió y le invitó a pasar a la casa. Le ofreció un vaso de té helado.

Tío Tink conversó con su visitante y le contó su milagrosa historia. El paramédico salió de la casa de mi tío meneando la cabeza, asombrado ante lo que había hecho Dios por medio del poder de su Palabra fiel.

Tío Tink me dio una copia de la grabación de los pasajes sobre sanidad que le hicieron regresar desde el borde de la eternidad. Yo volví a grabar esos pasajes para enviarlos a los confines de la tierra por medio de las decenas de miles de personas que se han puesto en contacto con nuestro ministerio pidiendo aliento y el poder milagroso de la Palabra de Dios para nuestros espíritus, mentes y cuerpos.

La última vez que tío Tink y yo hablamos de los detalles de su viaje a lo sobrenatural, dijo algo que no pude olvidar jamás: «John, yo no temía morir. Lo que viví me probó que lo más fácil que harás en tu vida es morir. No tenía miedo, pero sabía que no era mi momento. Dios tenía más quehacer para mí, ¡y yo lo iba a hacer!».

Tío Tink vivió más de ochenta años y permaneció fiel al llamado de predicar el evangelio de Jesucristo a los Estados Unidos y las naciones del mundo. Tanto él como sus diez hermanos ya viajaron al cielo. Están a salvo en los brazos de Dios y un día, muy pronto,

Jesús nuestro Salvador y Señor aparecerá en las nubes del primer cielo para llevarnos a todos a casa. Puedo asegurarte que al otro lado de las puertas de perla ¡habrá una enorme reunión de Hagee!

Sería imposible que este libro contuviera todos los testimonios de personas que han escuchado los versículos sobre sanidad divina y milagrosamente se recuperaron de sus aflicciones físicas, espirituales o mentales. Debes conocer esta verdad: Jesucristo ha conquistado la enfermedad y la muerte por medio del poder de su Palabra, su sangre y su santo Nombre.

«VEO EL CIELO»

Martha Swick era mi abuela materna. Vivía en Goose Creek, Texas, con su esposo Charles Albert y sus seis hijos. Yo me llamo John Charles en honor a mis dos abuelos, aunque solo recuerdo a mi abuelo paterno John Christopher Hagee por haberlo visto algunas veces, pero jamás conocí a Charles Albert Swick.

Martha Swick tuvo una vida dura, llena de pruebas dolorosas y tribulaciones. Mi abuela tenía treinta y siete años, y estaba encinta esperando a su séptimo hijo, cuando mi abuelo murió de repente. Mientras trabajaba para la refinería petrolera se le había formado una pequeña hernia. La empresa dijo que debía operarse si quería seguir trabajando con ellos. Como tenía la responsabilidad de mantener a una familia numerosa, mi abuelo pensó que no tenía opción y aceptó someterse a lo que debía haber sido una cirugía menor. Pero estando en el hospital contrajo una grave infección que en diez días terminó con su vida.

La abuela Martha sepultó a su amado esposo en una tumba de pobres en Goose Creek y volvió a casa con sus seis pequeños y el séptimo por venir. ¡El mundo de la familia se había derrumbado por completo!

Martha se había entrenado como enfermera en Goose Creek, un pueblo pequeño donde no había hospital. Cuando alguien enfermaba gravemente, los médicos del pueblo —el doctor Duke y la doctora Lilly— enviaban a abuela a la casa de la persona enferma, y allí se quedaba ella hasta que el paciente se recuperaba o moría. Era algo así como una modalidad antigua de lo que hoy sería un hospicio (servicio que se ofrece en Estados Unidos a los enfermos terminales), en el corazón de Texas. Más adelante los doctores Duke y Lilly edificaron un hospital en Goose Creek; yo fui uno de los primeros en nacer allí, en abril de 1940.

Mi mamá, Vada, tenía nueve años cuando murió su padre. Era la segunda de todos sus hermanos, la única niña que vivía allí porque su hermana mayor, Alta, se había casado y ya no vivía con ellos. Y su hermanita Esther Gladys, que nació después de que muriera abuelo, vivía con una tía y un tío durante la semana.

La vida era muy difícil para la familia Swick. Por su trabajo, la abuela apenas lograba ver a sus hijos ya que, desde el lunes bien temprano hasta la noche del viernes, no estaba en casa. Por eso mi madre tuvo la enorme responsabilidad de cuidar a sus cuatro hermanos menores. Se ocupaba de todas las tareas de la casa y de cocinar para sus revoltosos hermanos Burl, Glen, Woodrow y Paul.

El dolor y la tristeza de abuela Martha fueron más grandes aun cuando Esther Gladys murió trágicamente a los diez años. Ella y el tío y la tía que la cuidaban se ahogaron cuando su auto cayó de un trasbordador al río Cedar mientras viajaban con rumbo a un reavivamiento en un pueblo cercano. La muerte de Esther fue una reunion de avivamiento casi más de lo que podía soportar mi abuela.

Martha Swick siguió trabajando como enfermera hasta que se jubiló a mediados de la década de 1940. Abuela era una mujer brillante, tenaz y persistente. Decía lo que pensaba, y pensaba lo que decía, sin disculpas. Cuando se decidía respecto de algún tema o cuestión, iba tras su meta con una persistencia admirable. La vida no le dejaba otra opción.

Mi abuela tenía ochenta y ocho años cuando, tras una larga enfermedad, cayó en coma profundo. Mi madre permaneció a su lado, de día y de noche, orando porque su mamá se recuperara. Abuela Martha había peleado la buena pelea. Con éxito había cargado su cruz esa última milla del camino, soportando a lo largo de su vida penas indecibles.

A medida que se acercaba el final, mi madre se inclinó junto a ella para orar por abuela una vez más. De repente, mi muy decidida abuela, a quien hasta el General Patton habría obedecido, salió del estado comatoso, miró a mi madre directo a los ojos y declaró con voz firme y mente lúcida: «Vada, ¡ya deja de orar por mí! Veo el cielo y cada vez que me acerco al otro lado ¡tus oraciones me traen de vuelta! Ya no quiero volver. Allí todo es tan bello. Charles y Esther Gladys me saludan con la mano desde el otro lado. Adiós, Vada. ¡Cruzaré al otro lado!».

Mi madre, anonadada, se reclinó contra el respaldo de la silla conteniendo el aliento. Y tal como se lo ordenó la abuela, dejó de orar. En minutos, nada más que el rostro de la abuela se iluminó con una radiante sonrisa y sus pies cruzaron la línea que marca el final de esta vida.

A Martha Swick la escoltaron ángeles hasta el otro lado donde la esperaban su amado esposo y su preciosa hija, en ropajes blancos y brillantes, para reunirse al otro lado de las puertas de perla.

Aquí, en la tierra la gente habla de mi fallecida abuela, pero nunca ha estado más viva que hoy. Ella se refugia en los brazos de

Dios. ¡Está en su hogar! ¡Está en el paraíso que Dios creó para quienes le aman!

Abuela sirvió a su generación por la voluntad de Dios antes de entrar en su eterno reposo. Intercambió su cruz por una corona. Tornó su cuerpo agotado por uno glorioso, bello y sobrenatural, que jamás envejecerá ni sufrirá cansancio.

Mamá me pidió que predicara en el funeral de mi abuela. Para mí fue una tarea difícil. Allí estaba la mujer que me había hecho dormir en sus brazos, que me había leído las historias de la Biblia cuando pasaba la noche en su casa. Que les había enseñado a sus hijos y nietos a trabajar de la mañana a la noche pero, lo más importante, nos había enseñado a honrar y obedecer la Palabra de Dios por sobre todas las cosas.

Hoy cuando escribo este libro, su hijo menor Paul Swick ha pasado a su recompensa eterna a la edad de noventa y dos años. Hoy abuela Swick ya está reunida con sus siete hijos y su tan amado esposo Charles Albert. Están juntos en el tercer cielo celebrando el gozo y la paz que solo los justos en Cristo conocerán.

Cuando mamá me dio la noticia de que había fallecido abuela le recordé una canción que entonábamos en familia junto al piano cuando yo era pequeño. Antes de que llegaran los demás asistentes al funeral, me acerqué al ataúd abierto de abuela y canté su canción preferida, esa que ella me había enseñado:

Qué bello debe ser el cielo,
Dulce hogar de los felices y libres;
Bello cielo de reposo para el cansado,
Qué bello debe ser el cielo.[2]

LOS ÁNGELES, EL CIELO
Y EL AMOR DE UNA MADRE

Habrá quienes piensen que mi abuela, que vivió una larga vida, por su puesto estaba preparada y lista para ver el cielo. Pero, ¿qué pasa con los niños?

Te pido que leas el relato de un especialista en cuidados intensivos pediátricos, que cuenta la historia de un pequeño paciente que estuvo a su cuidado.

Hace varios años atendí a un pequeño a quien habían diagnosticado leucemia linfocítica aguda. Lo tratamos con quimioterapia y respondía bien antes que le diéramos el alta para que fuera a casa. Vivía en una ciudad cercana.

A poco de salir del hospital enfermó de viruela, una enfermedad que puede ser devastadora para quien tiene problemas del sistema inmune. Debido a la leucemia y la quimioterapia su deficiencia inmunológica era grave y, en consecuencia, tuvo también neumonía relacionada con la viruela. Por eso debió volver al hospital.

Fue empeorando muy rápidamente, por lo que lo enviaron a la unidad de cuidados intensivos pediátricos. Poco después tuvo un paro respiratorio. Insertamos un tubo en su garganta y lo pusimos en un respirador. Pero la ventilación mecánica convencional no funcionaba y debimos conectarlo a un respirador oscilatorio de alta frecuencia. Es un aparato que ayuda a los pacientes enviando oxígeno a los pulmones por medio de la vibración.

El pequeño seguía gravemente enfermo, por lo cual su corazón y sus pulmones requerían asistencia continua.

Estaba muy sedado y, para que pudiéramos atenderlo como correspondía, debimos darle una medicación que le paralizara. Le administrábamos altas dosis de antibióticos, alimentación por vía intravenosa y sustancias para la sangre, como el IVIG, que es un derivado de plasma rico en anticuerpos.

Según mis cálculos, las probabilidades del niño de vencer este ataque contra su cuerpo eran menores de veinte por ciento. Pero milagrosamente, tras unas tres semanas de tratamiento intensivo, sobrevivió y pudo dejar de recibir asistencia respiratoria.

El pequeño fue mejorando lentamente y comenzó a hablar con su mamá, que se había quedado a su lado orando, amorosamente. Ninguno de los del personal de la UCIP (Unidad de Cuidados Intensivos Pediátricos) sabía en realidad cuáles eran los parámetros de la personalidad y el desarrollo del pequeño. Pero según su madre, tras salir del estado comatoso, estaba un poco triste y retraído.

Como el pequeño hablaba con su mamá en español (su lengua nativa) una enfermera de la UCIP y yo tuvimos el privilegio de ser testigos de su fascinante conversación:

El niño repetía todo el tiempo:

—¡Mami, estoy muy enojado contigo! ¡Muy enojado!

—¿Por qué estás enojado conmigo, hijo? —preguntó su mamá con evidente preocupación.

—Todo el tiempo me hacías volver contigo pero los ángeles me llamaban para ir a jugar. Allí todo era tan lindo, mami. Me quería quedar. Pero te oía todo el tiempo, llamándome para que volviera.

La madre se veía conmovida al oír la clara descripción de su hijo sobre el gozo que sentía cuando estaba «lejos de ella».

—¿Y qué más recuerdas, hijo mío? —le preguntó, con el rostro bañado en lágrimas.

—Los ángeles me decían que volviera contigo pero yo estaba muy feliz allí. Me sentía muy bien. Mami, ¿por qué me llamabas para que volviera a casa?

Su madre me dijo que le había hablado de los ángeles a su hijo en el pasado, que Dios los enviaba del cielo para cuidarnos, pero nada más. Como entiendo español, me conmovió mucho oír a ese pequeño hablando con tanta claridad acerca de su experiencia con los ángeles del cielo.[3]

En lo personal, esta historia para mí reafirma la existencia de los ángeles y del cielo; además, es testimonio del poder del amor de una madre.

«ESCUCHA A LOS ÁNGELES»

La gran leyenda de la música country, Johnny Cash, contó una experiencia sobrenatural en torno a la muerte de su hermano Jack. Este era dos años mayor que Johnny y siempre había sido su héroe, su modelo. Un sábado de 1944, Jack fue a trabajar a una carpintería, donde cortaba postes para hacer cercos. Johnny había tratado de convencer a Jack de que lo acompañara ese día a ver una película, pero no tenían mucho dinero y lo poco que había le hacía falta a la familia, por lo que Jack decidió ir a trabajar y cumplir con su deber.

Mientras estaba en la carpintería, Jack cayó sobre una sierra de mesa y sufrió lesiones graves. Lo llevaron enseguida al hospital, pero los médicos le informaron a la familia que no esperaban que sobreviviera esa noche.

Jack pasó una semana entre el estado consciente e inconsciente, a veces alucinando para volver a caer en estado de coma. Su condición fue empeorando y su cuerpo se hinchó debido a las lesiones. La familia de Jack, reconociendo que era inminente su muerte, se reunió en la habitación del hospital para despedirse de él. Johnny Cash contó el resto de la historia:

Recuerdo haber estado en la fila para despedirme. Seguía inconsciente. Me incliné sobre su cama y apoyando mi mejilla en la suya dije: «Adiós, Jack». Fue todo lo que pude decir.

Mi madre y mi papá estaban arrodillados. A las 6:30 de la mañana despertó. Abrió los ojos y dijo:

—¿Por qué están todos llorando por mí? Mamá, no llores por mí. ¿Viste el río?

—No, no lo vi, hijo —le dijo ella.

—Bueno, pensé que me dirigía a un incendio, pero ahora voy en la dirección opuesta, mamá. Iba por un río y vi a un lado un incendio y el cielo al otro lado, mientras yo gritaba: «Dios, se supone que yo voy al cielo. ¿No lo recuerdas?». De repente, giré y ahora voy hacia el cielo. Mamá, ¿oyes cantar a los ángeles?

—No, hijo. No los oigo —contestó ella.

Él le apretó la mano y estremeciéndole el brazo, dijo:

—Pero mamá, tienes que oírlos.

Entonces comenzó a llorar y decía:

—Mamá, escucha a los ángeles. Voy hacia allá, mamá.

Escuchábamos, atónitos.

—Qué bella ciudad —dijo—. Y los ángeles cantan. Ah, mamá. Me gustaría que pudieras oír cómo cantan los ángeles.

Fueron sus últimas palabras. Y murió.

El recuerdo de la muerte de Jack, su visión del cielo, el efecto que tuvo su vida en los demás y la imagen de Cristo que proyectó, han sido más que de inspiración para mí, supongo, que cualquier otra cosa que pudiera decirme cualquier persona.[4]

UN PARAÍSO IRRESISTIBLE

El conmovedor testimonio personal de la doctora Mary Neal[5] nos brinda otro vistazo de la vida por venir para aquellos que creen.

En su libro *Ida y vuelta al cielo,* escribe sobre cuando atendía a una paciente que sufrió falla hepática total a los catorce años. La niña le dijo a la doctora Neal que no temía morir porque Dios le había dicho que estaba con ella y que la amaba. Además, había oído a Dios decirle que «viniera a casa». Justo antes de la cirugía, la pequeña le dijo a la doctora Neal que no volvería y le agradeció todo lo que ella y los demás profesionales de la salud habían hecho por ayudarla.

La doctora Neal escribe en su libro: «Escuché y acepté la verdad de sus palabras. Pero no pude contener las lágrimas ese mismo día más tarde cuando su corazón dejó de latir». Le costó mucho aceptar la pérdida de esa hermosa niña; no entendía del todo la afirmación de su paciente en cuanto a que los ángeles estaban con ella y que nadie tenía que estar triste porque había llegado su momento de partir. Luego, un día la doctora Neal murió y fue entonces que vio la luz y entendió lo que le había dicho su paciente.

Mary y su esposo son deportistas, les encantan las actividades al aire libre. Las travesías en kayak son una de sus pasiones más grandes, por lo que han recorrido muchos ríos en los Estados Unidos y otros países. Un año decidieron ir a Chile, donde recorrerían un río conocido por sus traicioneros rápidos y sus caídas de entre tres y casi siete metros, todo un desafío.

Con algunos compañeros de viaje, menos experimentados en aguas tan difíciles de navegar, el guía decidió llevarlos a un canal más angosto, no tan difícil. Pero uno de los remeros cuya destreza era limitada, hizo el recorrido en un ángulo demasiado abierto y quedó encajado entre dos rocas, justo antes de la caída de agua. Como quería evitar al novato, la doctora Neal decidió pasar por la caída principal, de más de cuatro metros y medio. Al caer, la fuerza de la cascada le arrancó el remo de las manos, y quedó inmersa en la corriente que se forma justo donde cae el agua con su violenta fuerza, formando olas muy fuertes. No podía escapar. En su entrevista con *Christianity Today* relata su terrible experiencia:

> Cuando di contra el fondo de la cascada, la proa de mi bote quedó atascada entre las rocas que hay en el lecho del río. Tanto mi bote como yo quedamos completamente sumergidos.

Desesperadamente intentó salir de su kayak, usando todas las tácticas de escape que aprendió durante su entrenamiento para expertos. La doctora Neal empujó los enganches con su pie mientras retorcía su cuerpo con todas sus fuerzas… ¡pero no lograba salir!

Intentó alcanzar el cordón que ajustaba su cuerpo a la cubierta de lona del bote, para poder nadar. Pero el peso del agua de la cascada la aplastaba con tanta fuerza que no podía lograrlo. Era trágico que lo diseñado para mantener su kayak seco y sin que le entrara agua, ahora la tenía atrapada allí.

No servía de nada. Estaba atrapada. Mi kayak era mi ataúd. «Perdiste el control», me dije. «¡Ya déjate ir!».

Nada de lo que intentaba funcionaría para permitirle tomar aire en la superficie, a apenas unos metros por encima de ella. En vez de entrar en pánico, Mary sintió que la invadía una gran calma al reconocer el amor de Dios por ella. Así que oró: «Hágase tu voluntad» y de repente se percató de que Jesús estaba allí con ella, sosteniéndola y consolándola. En ese mismo momento supo que todo estaría bien. Tuvo la certeza de que su esposo y sus hijos estarían bien, incluso si ella moría. De modo que se rindió y pensó: *Bueno, Dios, apresúrate.* Ya no tuvo pánico y no sintió que luchaba por contener la respiración. Por instinto, sabía que había permanecido sumergida demasiado tiempo como para estar viva todavía. Pero lo extraño era que se sentía más viva que nunca.

Seguía sintiendo el peso del agua que caía sobre ella, golpeándola con fuerza. Y, de repente, la corriente separó su cuerpo del bote y sintió que el agua la arrastraba con las piernas hacia adelante. La traumatóloga sintió cómo se le rompían los huesos y los ligamentos de las rodillas. En su libro, escribió:

Mientras la fuerza de la corriente provocaba un vacío que iba halando mi cuerpo, sacándome del bote, sentí que mi alma se separaba de mi cuerpo, poco a poco, como en capas… Sentí que finalmente me había quitado mi pesada cáscara, que mi alma se liberaba, que me elevaba y salía del río, y cuando mi alma logró salir a la superficie del agua encontré un grupo de quince a veinte almas… que me saludaban con el gozo más grande que haya vivido jamás.

Empezó a recorrer un camino con esos seres espirituales consciente, todo el tiempo, de qué era lo que pasaba debajo, sobre la orilla del río: sacaban su cuerpo del agua, alguien hacía maniobras de resucitamiento en su cuerpo inerte, y sabía que la gente oraba por ella.

Todo el tiempo, ese camino que recorría con sus «espíritus humanos», la llevaba a una gran sala que describió en un artículo de *Guideposts* como «más grande y precioso que cualquier cosa que yo pudiera imaginar, con una cúpula inmensa y un arco central de bloques de oro relucientes… el cielo… el paraíso irresistible… mi hogar eterno».

Pero antes de que traspasara el umbral, los seres espirituales se volvieron hacia ella y dijeron que no era su momento, que tenía que volver a su cuerpo, a la tierra, a su familia, para terminar la obra que Dios tenía todavía con ella. En ese momento ella estaba llena de una tristeza igual al al gozo que había sentido cuando ella estaba a punto de entrar en la presencia de Dios. Era hora de volver con sus seres queridos, pero ahora sabía qué le había querido decir esa preciosa y joven paciente. Algún día volvería a entrar en esa «radiante presencia eterna», pero no ahora.

Resume su experiencia en su libro, diciendo:

Dios y sus mensajeros angélicos están presentes y activos en nuestro mundo hoy, y esta participación e intervención es común en su frecuencia y extraordinaria en su ocurrencia. A pesar de que mi vida, en mi opinión, ha sido bastante común y corriente, he tenido el privilegio de que Dios me tocara de maneras visibles y muy tangibles.

Todos dejaremos este mundo algún día y entraremos en un hogar eterno. Cuando partamos de esta vida entraremos en la siguiente, puesto que la salida de un lugar también es la entrada a otro lugar. Lo que tenemos que preguntarnos es: «¿A qué mundo estoy entrando?».

Las Escrituras nos hablan del cielo y del infierno, de los ángeles de Dios y de los ángeles caídos de Satanás, así como de la guerra entre estas dos potentes fuerzas celestiales. Vivimos en un mundo de bien y de mal, un mundo de luz y tinieblas, un mundo de ángeles y demonios. No hay duda de que nos rodean seres sobrenaturales en número infinito, de gran poder. Sus continuas batallas por el alma humana ocurren en el segundo cielo.

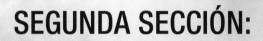

SEGUNDA SECCIÓN:

EL SEGUNDO CIELO

CAPÍTULO 4

EL MEDIO DEL CIELO

Conozco a un hombre en Cristo [Pablo se refiere a
sí mismo], que hace catorce años (si en el cuerpo, no
lo sé; si fuera del cuerpo, no lo sé; Dios lo sabe) fue
arrebatado hasta el tercer cielo. Y conozco al tal hombre
(si en el cuerpo, o fuera del cuerpo, no lo sé; Dios lo
sabe), que fue arrebatado al paraíso, donde oyó palabras
inefables que no le es dado al hombre expresar

(2 Corintios 12.2-4).

Lo que declara san Pablo claramente describe un lugar específico llamado paraíso. Pablo también dice que fue llevado al tercer cielo. Como señalé, la lógica indicaría que si hay un tercer cielo tiene que haber un primer cielo y un segundo cielo. La experiencia personal de Pablo también confirma que algunas personas que están vivas pueden ser llevadas o transportadas sobrenaturalmente al tercer cielo —el hogar eterno del creyente— pasando por el primero y el segundo. Elías y Enoc han estado allí miles de años, ¡y no han muerto!

Juan el Revelador habló de una región que se describe como «el medio del cielo» o «medio cielo», que en griego se dice *mesouranema*.

> Y miré, y oí a un ángel volar por en medio del cielo, diciendo a gran voz: ¡Ay, ay, ay, de los que moran en la tierra, a causa de los otros toques de trompeta que están para sonar los tres ángeles! (Apocalipsis 8.13).

La batalla de Daniel 10.12-13 es un ejemplo del continuo conflicto entre las fuerzas del bien (los ángeles elegidos de Dios) y las fuerzas del mal (los ángeles caídos de Satanás). Estas batallas bien podrían librarse en el medio cielo.

Las referencias recién mencionadas validan bíblicamente la existencia de un segundo cielo. Pero, ¿quién habita ese lugar? Y, ¿qué sucede en el segundo cielo?

Antes de responder estas preguntas tenemos que definir quién *era* Lucifer y quién *es* Satanás.

LUCIFER

La imagen tradicional del diablo como insidiosa criatura con cuernos, afilados dientes y pezuñas partidas ha sido tomada de la mitología pagana, no de la Biblia. Dios creó a un ángel inefablemente bello, llamado Lucifer. Era un querubín, guardián del jardín de Dios. También era sabio, el más glorioso de todos los ángeles, líder de la adoración en el paraíso.

Lucifer hacía despliegue de tal esplendor y radiante luz, que lo llamaban «lucero de la mañana» (Isaías 14.12). Traducido al hebreo es *helel*, que significa «brillar» o «dar luz». Reflejaba la magnificente majestad del Dios radiante.

Ezequiel pinta a Lucifer de manera vívida:

> Así ha dicho Jehová el Señor: Tú eras el sello de la per-
> fección, lleno de sabiduría, y acabado de hermosura. En
> Edén, en el huerto de Dios estuviste; de toda piedra pre-
> ciosa era tu vestidura; de cornerina, topacio, jaspe, cri-
> sólito, berilo y ónice; de zafiro, carbunclo, esmeralda y
> oro; los primores de tus tamboriles y flautas estuvieron
> preparados para ti en el día de tu creación. Tú, querubín
> grande, protector, yo te puse en el santo monte de Dios,
> allí estuviste; en medio de las piedras de fuego te paseabas
> (Ezequiel 28.12-14).

Las alas de Lucifer «cubrían» el lugar en el que la gloria de Dios
se hacía manifiesta en su templo celestial, así como los querubines del tabernáculo de Moisés cubrían el propiciatorio y el lugar
en donde aparecía la visible gloria de Dios (Éxodo 37.9). Entonces,
¿qué fue lo que salió mal?

¿Cómo es que la creación de Dios —«modelo de la perfección,
lleno de sabiduría y de hermosura perfecta»— se convirtió en acé-
rrimo adversario de Dios?

NACE UN REBELDE

La Palabra de Dios nos dice acerca de la caída de Lucifer del tercer
cielo:

> ¡Cómo caíste del cielo [el tercer cielo], oh Lucero, hijo de la
> mañana! Cortado fuiste por tierra, tú que debilitabas a las
> naciones (Isaías 14.12).

Dios creó a un querubín que tenía libre albedrío para tomar decisiones; no creó al monstruo en que se convirtió Lucifer. El ángel Lucifer decidió tratar de derrocar a Dios y su reino.

¿Por qué lo echó Dios del paraíso? La declaración desafiante de Lucifer está registrada en Isaías:

> Tú que decías en tu corazón: Subiré al cielo; en lo alto, junto a las estrellas de Dios, levantaré mi trono, y en el monte del testimonio me sentaré, a los lados del norte; sobre las alturas de las nubes subiré, y seré semejante al Altísimo (Isaías 14.13-14).

Cinco veces expresó Lucifer su voluntad y su decisión. Codiciaba el trono de Dios y, en su egocentrismo, le provocaba insatisfacción la posición que tenía, por exaltada que fuera. A Lucifer lo consumía el deseo de que lo adoraran, ambición que experimentará de manera vicaria por medio del hijo de la perdición, el anticristo (Apocalipsis 13.4).

¿Qué fue lo que motivó a Lucifer a un pronunciamiento tan vanaglorioso? ¡El orgullo! Debido al orgullo, Lucifer desafió la suprema autoridad de Dios al querer ocupar un lugar de igualdad con su todopoderoso Creador.

Derek Prince explicó de manera concisa la orgullosa rebelión de Lucifer:

> El corazón de Lucifer se alzó por orgullo debido a su belleza y fue esa la razón por la que… fue echado del Monte de Dios [el tercer cielo]… Es de vital importancia que todos tomemos conciencia de que el primer pecado del universo no fue

ni el asesinato ni el adulterio sino… el orgullo. Fue el orgullo lo que produjo la rebelión. Fue Dios quien le dio a Lucifer su poder, su autoridad, su belleza, su sabiduría; todos eran dones de Dios. Sin embargo, la mala actitud de Lucifer convirtió esos dones en instrumentos de su propia destrucción.[1]

C. S. Lewis escribió acerca del pecado de orgullo:

El peor y esencial vicio, el mal mayor, es el orgullo. La falta de castidad, la ira, la codicia, la ebriedad y todas esas cosas no son más que picaduras de pulgas en comparación: fue por orgullo que el diablo se hizo diablo. El orgullo es el origen de todos los otros males. Es el estado mental totalmente contrario a Dios.[2]

Y las Escrituras advierten: «Al orgullo le sigue la destrucción; a la altanería, el fracaso» (Proverbios 16.18, NVI).

Recuerda esta verdad: «Es imposible para el orgullo vivir bajo la cruz».[3]

Como consecuencia de la rebeldía de Lucifer Dios lo echó del paraíso. En un instante el querubín en jefe ya no era «portador de luz»; por siempre se le conocería como Satanás. El bello Lucifer ya no existía.

NATURALEZA Y PROPÓSITO DE SATANÁS

Desde la caída de Lucifer se conoce a Satanás por muchos nombres que no solo son el epítome de su naturaleza malvada sino que también definen su brutal misión del mal, que es derrotar los propósitos de Dios.

Las Escrituras hacen referencia a Satanás como adversario nuestro, el diablo, león rugiente (1 Pedro 5.8), alguien fuerte (Marcos 3.17), asesino, y padre de toda mentira.

Él [diablo] ha sido homicida desde el principio, y no ha permanecido en la verdad, porque no hay verdad en él. Cuando habla mentira, de suyo habla; porque *es* mentiroso, y *padre de mentira* (Juan 8.44).

También se le conoce como gran dragón, serpiente antigua y el que engaña al mundo entero (Apocalipsis 12.9), que tiene el poder de la muerte (Hebreos 2.14). ¡Satanás es el maligno (1 Juan 5.19)!

Satanás es el tentador (Mateo 4.3), Beelzebú, príncipe de los demonios (Mateo 12.24), príncipe de este mundo (Juan 14.30), príncipe del aire (Efesios 2.2) y ángel del abismo.

El rey que los dirigía era el ángel del abismo, que en hebreo se llama *Abadón* y en griego *Apolión* (Apocalipsis 9.11)

Piensa en ello… Lucifer fue creado perfecto, amorosamente, por el gran YO SOY. Dios Todopoderoso tenía una misión divina para su ungido querubín pero, en cambio, Lucifer eligió un camino que le llevaría a ser conocido como agente de la muerte y la destrucción. Hoy se le conoce como Satanás.

Desde el momento de su caída hasta ahora el adversario ha intentado destruir el plan redentor de Dios, destruyendo a su linaje escogido, del que viene nuestro Mesías. Estuvo Caín, que «era del maligno» (1 Juan 3.12), y estuvo la evolución de la desobediencia que hizo que Dios redimiera a la humanidad a través de Noé (1 Pedro 3.19-20), cuyo linaje incluyó a Abraham, Isaac y Jacob, padres del pueblo escogido de Dios.

Lo que Dios establece, Satán quiere destruirlo, oponerse. Por eso, corresponde a la naturaleza maligna de Satanás dirigir su hostilidad hacia el fiel remanente de Dios. Esta flagrante resistencia quedó personificada en la oposición de Ismael contra Isaac, en el deseo de Esaú de matar a Jacob, en la opresión del faraón contra los israelitas.[4] Estuvieron luego las horcas de Amán, la matanza de inocentes ordenada por Herodes, y las tentaciones de Cristo en el desierto.

El objetivo de la serpiente era impedir el plan redentor del Padre, ¡pero no pudo hacerlo! Este conflicto que lleva siglos y siglos llegará a su punto más álgido cuando un ángel del cielo eche a Satanás en el abismo durante mil años (Apocalipsis 20.1-3).

Echado del paraíso (el tercer cielo) el rebelde de todos los rebeldes estableció su trono en el segundo cielo o «medio cielo», donde gobiernan todos los reinos del mundo él y sus ángeles caídos.

El mundo entero está bajo el maligno (1 Juan 5.19).

Jesús sabe dónde está el trono de Satanás.

El que tiene la espada aguda de dos filos dice esto: Yo conozco tus obras, y dónde moras, donde está el trono de Satanás (Apocalipsis 2.12-13).

Y si hay un trono también hay un reino.

EL REINO DE SATANÁS

Cristo dijo con claridad durante su ministerio que Satanás tiene un reino (Mateo 12.26). Cuando liberó a un hombre poseído por demonios, los fariseos intentaron desacreditar el milagro de Jesús diciendo que había echado a los demonios por el poder de Beelzebú, rey de los demonios. Cristo respondió a su acusación afirmando que un reino o una ciudad divididos contra sí mismos no pueden subsistir y que si Él estaba echando demonios por autoridad de Satanás, este se estaba derrotando a sí mismo. Concluyó su argumento con una pregunta: «¿Cómo, pues, permanecerá su reino?» (Mateo 12.24-26).

Observemos esto: el reino de Satanás fue reconocido por nada menos que la autoridad de Jesucristo.

El reino e influencia de Satanás abarcan el primer cielo y el segundo cielo pero él anda rampante por toda la tierra. Incluso ha visitado el tercer cielo desde su caída, disfrazado de ángel (2 Corintios 11.14) y presentándose ante Dios en el tercer cielo junto con los ángeles justos. Solamente Dios le reconoció.

Un día vinieron a presentarse delante de Jehová los hijos de Dios, entre los cuales vino también Satanás. Y dijo Jehová a Satanás: ¿De dónde vienes? Respondiendo Satanás a Jehová, dijo: De rodear la tierra y de andar por ella (Job 1.6-7).

Tenemos que saber que Satanás no limita su influencia solo a los malos y corruptos; asiste a reuniones religiosas, como lo refleja su presencia en la convocatoria a los ángeles (Job 1). Sus agentes se hacen pasar por «ministros de justicia» (2 Corintios 11.15) y las referencias a cosas como las «doctrinas de demonios» (1 Timoteo 4.1) señalan la malvada intención de Satanás de destruir a la Iglesia de Dios.

Tanto Satanás como su reino tienen características definidas.

Ambos prosperan en las tinieblas: «el cual nos ha librado de la potestad de las tinieblas, y trasladado al reino de su amado Hijo» (Colosenses 1.13). Lo más importante es que Satanás y su reino son temporales.

Las Escrituras confirman que el ángel de Dios le quitará su autoridad.

Vi a un ángel que descendía del cielo [el tercer cielo], con la llave del abismo, y una gran cadena en la mano. Y prendió al dragón, la serpiente antigua, que es el diablo y Satanás, y lo ató por mil años; y lo arrojó al abismo, y lo encerró, y puso su sello sobre él, para que no engañase más a las naciones, hasta que fuesen cumplidos mil años; y después de esto debe ser desatado por un poco de tiempo (Apocalipsis 20.1-3).

Hasta que el reino de Satanás no exista más, él y sus malignos secuaces tendrán dominio sobre el primero y el segundo cielos, hasta donde Dios Todopoderoso lo permita. Pero recordemos esto: la autoridad de Satanás siempre es limitada por la soberanía de Dios.

Cuando Lucifer pergeñó su plan de rebeldía en contra de Dios, reclutó a los seres angélicos bajo su autoridad para que le siguieran. Al fin organizó a un tercio de los ángeles (Apocalipsis 12.4) para que se le unieran en la revuelta contra el Dios que creó los cielos y la tierra.

El mismo espíritu de rebeldía que usó Lucifer para reclutar a un tercio de los ángeles del tercer cielo es el que usó contra Adán y Eva en el jardín; la misma táctica que usa para seducirnos a cada uno de nosotros para que abandonemos el reino de Dios en nuestros días. Tal como pasó con Adán y Eva, se nos ha dado libre albedrío para elegir entre el bien y el mal, entre servir a Cristo o ser esclavos del pecado y Satanás.

Cuando *Lucifer* y sus seguidores fueron echados del cielo, *Satanás* estableció su reino opositor como falso reflejo de la estructura gubernamental de Dios, como lo registra Colosenses 1.16.

El apóstol Pablo habló del gobierno ilegítimo de Satanás en su falso reino:

> Porque nuestra lucha no es contra seres humanos, sino contra poderes, contra autoridades, *contra potestades que dominan este mundo de tinieblas*, contra *fuerzas espirituales malignas* en las regiones celestiales (Efesios 6.12, NVI)

El reino de Satanás se compone de cuatro divisiones malignas. La primera son los ángeles caídos o *principados*, que sirven como los más altos funcionarios de Satanás. La segunda división es la de las *autoridades* a quienes se les dio autoridad para hacer cumplir la voluntad de los más altos jefes. La tercera son las *potestades que dominan este mundo de tinieblas*, y finalmente están los demonios en la tierra, que son las *fuerzas espirituales malignas*; que sirven a Satanás y hacen su voluntad en la tierra.

Solo hay una razón para que Satanás organice sus legiones por rangos, y ¡esa razón es la guerra espiritual! Su obsesión sigue estando alimentada por el orgullo, lo que produce una codicia insaciable de poder absoluto.

El principal objetivo de Satanás es que el mundo se incline ante él y le adore como a Dios. Pero hay un reino mayor que el de Satanás, encabezado por Jesucristo mismo, que gobernará la tierra durante mil años de perfecta paz.

Morará el lobo con el cordero, y el leopardo con el cabrito se acostará; el becerro y el león y la bestia doméstica andarán juntos, y un niño los pastoreará (Isaías 11.6).

Y juzgará entre las naciones, y reprenderá a muchos pueblos; y volverán sus espadas en rejas de arado, y sus lanzas en hoces; no alzará espada nación contra nación, ni se adiestrarán más para la guerra (Isaías 2.4).

Hasta que llegue ese reino del milenio, ¡la lucha sigue!

CAPÍTULO 5

EL CHOQUE DE LOS DOS REINOS

En este momento se está librando una guerra en el plano espiritual que afecta a cada una de las personas sobre la faz de la tierra. Es el choque de dos reinos. Uno de esos reinos está bajo la autoridad de Jehová, Príncipe de Paz (Salmos 103.19; Isaías 9.6). Y el otro reino está bajo el mando de Satanás, príncipe del poder de las tinieblas (Mateo 12.26; Colosenses 1.13).

EL REINO DE DIOS

En el capítulo anterior hablamos del reino de Satanás. Permíteme presentarte el reino de Dios. Un destacado estudioso de la Biblia definió este reino de la siguiente manera:

El reino de Dios representa la soberanía de Dios por sobre el universo, e incluye y abarca al reino de los cielos y a todos los dominios del universo entero. Es moral, universal, ha existido desde el principio y no conocerá final. El reino de Dios existía incluso antes de la creación de la Tierra. Los ángeles y otros seres espirituales estaban en este reino cuando Dios creó la Tierra (Job 38.4-7). El reino de los cielos no podría haber existido entonces porque no había Tierra para que la gobernara el reino desde el cielo.[1]

De este reino dicen las Escrituras:

[El Señor a Job] ¿Dónde estabas tú cuando yo fundaba la tierra? Házmelo saber, si tienes inteligencia. ¿Quién ordenó sus medidas, si lo sabes? ¿O quién extendió sobre ella cordel? ¿Sobre qué están fundadas sus bases? ¿O quién puso su piedra angular, cuando alababan todas las estrellas del alba, y se regocijaban todos los hijos de Dios? (Job 38.4-7).

Jehová estableció en los cielos su trono, y su reino domina sobre todos (Salmos 103.19).

¡Cuán grandes son sus señales, y cuán potentes sus maravillas! Su reino, reino sempiterno, y su señorío de generación en generación (Daniel 4.3).

Dios estableció en su reino celestial el plano de la estructura gubernamental, como lo registra Pablo en Colosenses 1.16 (NVI):

Porque por medio de él fueron creadas todas las cosas en el cielo y en la tierra, visibles e invisibles, sean tronos, poderes [dominios], principados o autoridades: todo ha sido creado por medio de él y para él.

Aquí Pablo enumera cuatro niveles de autoridad dentro del reino de Dios, en orden descendente: tronos, poderes, principados y autoridades. El apóstol también hace referencia a la jerarquía del reino de Satanás en Efesios 6.12: principados, autoridades, potestades de las tinieblas y fuerzas espirituales. Observemos que el comando de Satanás no tiene ni «tronos» ni «dominios». Esta exclusión sugiere que los ángeles en estos niveles decidieron no unirse a la rebelión de Lucifer cuando le siguió un tercio de los ángeles.

GUERRA EN LAS REGIONES CELESTIALES

Nos rodea un mundo espiritual mucho más poblado, poderoso y lleno de recursos que nuestro visible mundo de los seres humanos. Se abren paso entre nosotros espíritus buenos y malignos. Con la rapidez de un rayo y moviéndose sin hacer ruido, pasan de un lugar a otro. Habitan los espacios de aire que nos rodean. Sabemos que algunos se preocupan por nuestro bienestar, pero hay otros que se proponen hacernos daño. Los autores inspirados corrieron el velo y nos dejan echar un vistazo a ese mundo invisible para que estemos advertidos y al mismo tiempo tengamos ánimo[2] (Myer Pearlman).

Imagínate, en el escenario de tu mente, dos reinos: uno pertenece a Dios y el otro, a su gran adversario, Satanás. Uno defiende el bien y el otro, el mal. Uno representa la luz y el otro, las tinieblas. Uno representa las bendiciones y el otro, las maldiciones.

Uno representa y defiende la vida y el otro, la muerte. Estos dos reinos opuestos no pueden coexistir: ¡están en guerra!

¿Cuándo comenzó esa guerra espiritual? ¿Cuáles fueron sus causas? ¿Dónde se libró la batalla inicial? ¿Cuánto tiempo durará la batalla y quién ganará?

La «guerra de todas las guerras» empezó algún momento antes de Génesis 1.1 y en una era que los estudiosos de la Biblia llaman «el pasado sin fecha».[3] Había entonces un solo reino bajo el mando del Dios Trino y Uno (Dios Padre, Dios Hijo y Dios Espíritu Santo).

¿Qué dio inicio a esa guerra? Sabemos que Satanás fue expulsado del tercer cielo como resultado de su rebelde orgullo. Cuando entró en el segundo cielo, Satanás estableció su reino con el solo propósito de oponerse al reino de Dios.

La fuerza que impulsa a ese choque épico es la misma que en cualquier guerra: la lucha por el poder. Es una lucha por obtener lo que por derecho le pertenece a otro. Y la única forma de alcanzar tal objetivo es tomar ese poder por la fuerza.

Después hubo una gran batalla en el cielo: Miguel y sus ángeles luchaban contra el dragón; y luchaban el dragón y sus ángeles; pero no prevalecieron, ni se halló ya lugar para ellos en el cielo. Y fue lanzado fuera el gran dragón, la serpiente antigua, que se llama diablo y Satanás, el cual engaña al mundo entero; fue arrojado a la tierra, y sus ángeles fueron arrojados con él (Apocalipsis 12.7-9).

Expulsado del tercer cielo, Satanás y sus seguidores se juraron lealtad mutua y formaron el reino de rebeldía que existe hasta hoy y que seguirá existiendo hasta que el poder supremo de Dios diga «basta».

Y el diablo que los engañaba fue lanzado en el lago de fuego y azufre, donde estaban la bestia y el falso profeta; y serán atormentados día y noche por los siglos de los siglos (Apocalipsis 20.10).

INVASIÓN DEL JARDÍN

El primer ataque de Satanás contra la autoridad de Dios sobre la tierra fue en el jardín de Edén. Dios creó al hombre y le dio un «lugar, un propósito y una compañera»[4]. Dios les dio instrucciones a Adán y Eva: «Fructificad y multiplicaos; llenad la tierra, y sojuzgadla, y señoread en los peces del mar, en las aves de los cielos, y en todas las bestias que se mueven sobre la tierra» (Génesis 1.28).

Satanás consideraba que la tierra era dominio *suyo* (Mateo 4.8), por eso veía a Adán y a Eva como invasores de su territorio, enviados por Dios. Si Dios había creado a la humanidad para que habitara la tierra, estableciendo su reino, Satanás necesitaba un plan para contraatacar. Tenía que destruir el destino del hombre. Pero, ¿cómo?

Esa antigua serpiente, el diablo, se acercó a Eva y usó tres tácticas estratégicas en contra de ella. La primera fue la duda: «¿Conque Dios os ha dicho…? (Génesis 3.1). Casi puedes oír al padre de la mentira interactuando con Eva: «¿Estás *segura*? ¿Eso fue lo que les dijo? ¡El Dios que yo conozco no hablaría de ese modo!».

Luego el que engaña al mundo entero usó su segunda táctica, la de la suposición, haciendo que Eva cuestionara si las consecuencias de su desobediencia *de veras* la llevarían a la muerte, como había dicho Dios: No es cierto, «no moriréis» (Génesis 3.4). Satanás prosiguió con su diabólico diálogo con Eva: «¿Cómo iba un Dios amoroso a destruirles por una acción menor? Él los ama incondicionalmente. ¡No los destruiría!».

La tercera y última táctica que usó contra Eva fue la tentación: «Sino que sabe Dios que el día que comáis de él, serán abiertos vuestros ojos, y seréis como Dios, sabiendo el bien y el mal» (Génesis 3.5). Eva miró el árbol... ¡era hermoso! ¿Cómo podría dañarla comer su fruto? Sería tan sabia como Dios. ¿Qué habría de malo en *eso*?[5]

Al final, el tentador lo logro. Eva, buscando la inmortalidad que ya era suya, sucumbió a la sutil seducción de la serpiente y al tipo de rebeldía que estableció Lucifer en el tercer cielo; así que influyó a Adán para que le siguiera en el pecado. Adán, por propia voluntad, decidió seguir a Eva, para pasar del estado de inocencia a un mundo de sufrimiento, enfermedad, lágrimas y muerte. Esta triple presentación del pecado quedó establecida: el pecado primero fascina, luego adopta una forma y, al final, se convierte en hecho.

Dios es omnipresente y omnisciente, lo cual significa que está *en todas* las cosas y que *conoce todas* las cosas. Cuando cayeron Adán y Eva Dios les preguntó, y cuestionó sus acciones, y con ello les dio la oportunidad de arrepentirse. Pero ellos prefirieron racionalizar su pecado y culparse: Adán culpó a Eva y Eva a la serpiente. Al día de hoy, racionalizar el pecado es el sustituto de Satán para la confesión y el arrepentimiento. ¡El acusador había dejado así su marca!

Solo puedo imaginar lo apenado que tiene que haber estado Dios cuando expulsó del jardín a Adán y a Eva. Pero antes de hacerlo cubrió su desnudez con pieles de animales. Con esta única acción quedó establecido el patrón bíblico de que el inocente debía morir por el culpable. Era la prefiguración del inmaculado Cordero de Dios muriendo en la cruz por los pecados del mundo.

De hecho, la ley exige que casi todo sea purificado con sangre, pues sin derramamiento de sangre no hay perdón (Hebreos 9.22, NVI).

Dios ya conocía el plan del adversario; Dios sabía cómo responderían Adán y Eva. Y, en el momento en que estos se rebelaron, el Dios soberano echó a andar su milagroso plan de redención.

Hay una doble razón para el ataque de Satanás: primero, quería iniciar un sutil ataque contra la creación de Dios, haciendo que la humanidad se separara de Él. En segundo lugar, ya apartando a lo creado del Creador, Satanás establecía su ataque más calculado: sedujo al hombre y a la mujer para que formaran con él una alianza, de modo que él pudiera ser el dios de este mundo.

El contraataque subversivo de Satanás fue abrumador para la humanidad. Pero Dios estableció en el jardín de Edén una fortaleza prometiendo que la simiente de la mujer aplastaría la cabeza de la serpiente. Demostró así su completo dominio sobre Satanás, revirtiendo la situación contra el tentador antes de expulsar a Adán y Eva del jardín (Génesis 3.15).

El Dios Todopoderoso emitió su victoriosa declaración en cuanto a la guerra de vida o muerte allí en el jardín de Edén, que se confirmó en la cruz del Calvario cuando Jesús dijo: «Consumado es» (Juan 19.30).

En estos dos versículos se prefiguró la eterna redención de la humanidad. Y aunque la guerra continuaría, la cruz de Cristo se convertiría en el campo de batalla final donde se selló el destino de Satanás y de su reino con sus ángeles caídos, por toda la eternidad.

No había lugar para las negociaciones diplomáticas. El pecado debía ser castigado por siempre. Dios echó a Adán y a Eva del jardín consciente de que la violenta guerra del mal que había iniciado el maligno dejaría abierto un camino de destrucción, hiriendo a toda la humanidad, destruyendo a muchos para siempre. La primera víctima humana de esa guerra caería durante este choque de los dos reinos.

HOMICIDIO EN PRIMER GRADO

El plan divino de redención se había establecido, pero para Satanás no era aceptable. En respuesta, pergeñó un plan para aniquilar la semilla que daría a luz al Salvador del mundo.

Adán y Eva tuvieron dos hijos, Caín y Abel. Satanás estaba convencido de que si destruía la descendencia de la primera familia podría torcer e impedir los esfuerzos de Dios por establecer su reino en la tierra a través de la humanidad.

Con el fin de llevar a cabo su plan destructor, el príncipe de la muerte introdujo en la tierra el espíritu asesino.

Génesis dice que «Abel fue pastor de ovejas, y Caín fue labrador de la tierra» (4.2). En el momento establecido, los hermanos llevaron ante el Señor dos ofrendas. La de Caín era «el fruto de la tierra» (4.3), en tanto que Abel presentó como sacrificio la primera cría de su rebaño (4.4). Esas ofrendas tan distintas caracterizan dos prototipos de religión que hallamos a lo largo de la historia de la humanidad.

Caín ofreció el fruto de la tierra que estaba bajo la maldición de Dios (Génesis 3.17). La ofrenda de Caín era producto de la propia voluntad y la incredulidad; es decir, no implicaba revelación divina ni reconocimiento del pecado y su consecuente maldición, ni reconocía la necesidad de sacrificio para expiar el pecado. El producto de la maldición no podría eliminar la presencia de la maldición.[6]

Abel, por otra parte, sacrificó la primera cría de sus animales. Con ese acto reconocía la presencia del pecado y la necesidad de restitución por medio del derramamiento de sangre. Es un entendimiento que tuvo, no por su propia razón sino, por revelación divina. La religión de Abel se fundaba en su fe en Dios, no en sus propias obras.

> Por la fe Abel ofreció a Dios más excelente sacrificio que Caín, por lo cual alcanzó testimonio de que era justo, dando Dios testimonio de sus ofrendas; y muerto, aún habla por ella (Hebreos 11.4).

Dios respetó el justo sacrificio de Abel, pero rechazó la ofrenda corrupta de Caín porque reflejaba el orgullo humanístico de su carne (Génesis 4.4-5).

Caín respondió con violencia al rechazo de Dios, asesinando a Abel en un arranque de ira que se nutrió de los celos contra su hermano y de la rebelión en contra de Dios. El cómplice de ese homicidio fue Satanás; este, a través de la maldad, era la fuerza motivadora que hizo que Caín asesinara a su hermano.

Es importante ver que el primer asesinato fue por religión: una religión fundada en el humanismo en oposición a la otra, basada en la fe en Dios. Lamentablemente la religión ha seguido siendo la causa de muchas guerras y derramamiento de sangre.

Las Escrituras señalan con el dedo a Satanás, condenándolo por el asesinato de Abel, al declarar:

> En esto se manifiestan los hijos de Dios, y los hijos del diablo: todo aquel que no hace justicia, y que no ama a

su hermano, no es de Dios. Porque este es el mensaje que habéis oído desde el principio: Que nos amemos unos a otros. No como Caín, que era del maligno y mató a su hermano. ¿Y por qué causa le mató? Porque sus obras eran malas, y las de su hermano justas (1 Juan 3.10-12).

El ataque de Satanás contra Abel a través de Caín tuvo una trágica victoria: Satanás orquestó el final de una vida y la expulsión de otra, ya que Caín fue exiliado por derramar la sangre inocente de su hermano. Pero Eva tuvo otro hijo, Set, mediante el cual se cumplirían los eternos propósitos de Dios a medida que continuaba el choque entre los dos reinos.

LA INVASIÓN DE LOS NEFILIM

La obsesión de Satanás con el poder absoluto hizo que, como auto-designado comandante del reino de las tinieblas, convocara a sus legiones malignas a infiltrarse en la humanidad con la intención de contaminar la línea de Adán que llegaría al Mesías.

Aconteció que cuando comenzaron los hombres a multiplicarse sobre la faz de la tierra, y les nacieron hijas, que viendo los hijos de Dios que las hijas de los hombres eran hermosas, tomaron para sí mujeres, escogiendo entre todas (Génesis 6.1-2).

¿Quiénes eran los «hijos de Dios»? Los capítulos 1, 2 y 38 del libro de Job los definen como «ángeles». Hemos dicho ya que dos tercios de los ángeles permanecieron con Dios en el tercer cielo (ángeles escogidos) en tanto que un tercio fue expulsado (los ángeles caídos de Satanás).

Por favor, nota que Génesis 6 se refiere a una época en que «comenzaron los hombres a multiplicarse». Set no tuvo un hijo sino hasta 235 años después de la creación, y su hijo recién tuvo un hijo 90 años después (Génesis 5.3-9). Esos matrimonios impuros ocurrieron antes de que los hijos de Set fueran mayores de edad. Los hijos de Dios señalados en Génesis 6 eran ángeles caídos a los que hace referencia Judas.[7]

Y a los ángeles que no mantuvieron su posición de autoridad, sino que abandonaron su propia morada, los tiene perpetuamente encarcelados en oscuridad para el juicio del gran día.

El reino de Dios prosperaba, en número y en fuerzas. Al sentirse amenazado, el príncipe de las tinieblas convocó a sus legiones malignas para que se infiltraran en la humanidad. Esos ángeles caídos vinieron a la tierra y produjeron una raza de Nefilim, o gigantes. El significado del término *Nephilim* en hebreo es «caído». Esa invasión satánica de Génesis 6 corrompió al mundo entero.

Y vio Jehová que la maldad de los hombres era mucha en la tierra, y que todo designio de los pensamientos del corazón de ellos *era de continuo* solamente el mal (Génesis 6.5)

Dios, por tanto, envió su juicio para aplastar la maligna invasión de la tierra que produjo Satanás. Watchman Nee describe esa evolución del mal así:

Para Adán fue un acto de pecado, para Caín se convirtió en lujuria y para la época del diluvio, el pecado había evolucionado tan rápidamente que el hombre se convirtió en carne (carnal); es decir, el pecado ya se había convertido en hábito.[8]

Para tan tremenda apostasía no había más remedio que el absoluto juicio de Dios. Y ese juicio absoluto fue el Diluvio que exterminó a la raza humana con excepción de los que estaban en el arca.

El gran pecado exige gran juicio. Con excepción de Noé y los que habitaban el arca, toda criatura viviente sobre la tierra fue destruida en el Diluvio. Satanás había atacado y el hombre se había rendido. Parecía que el maligno había ganado la batalla, pero Dios tenía un plan mayor y usó el arca para salvar a la línea de Adán que un día llevaría a Cristo, que redimiría al hombre en la cruz. Por eso decimos que «¡Jesús es el arca de nuestra salvación!».

El choque de los dos reinos continúa, una vez más.

CONOCE AL ENEMIGO

Si conoces al enemigo y te conoces a ti mismo no necesitas temer el resultado de cien batallas. Si te conoces a ti mismo pero no al enemigo, por cada victoria obtenida también sufrirás una derrota. Si no te conoces, ni conoces a tu enemigo, sucumbirás en cada batalla (Sun Tzu, antiguo filósofo chino).

En la Segunda Guerra Mundial el General George Patton estudió la vida y la filosofía militar del general alemán Erwin Rommel, conocido como «el zorro del desierto». Se reconocía a Rommel como una de las más grandes mentes en la historia militar, «brillantemente exitoso en el ataque y notablemente ingenioso en la defensa».[9] Pero Patton sabía una verdad que muchos cristianos deciden ignorar: conocer a tu enemigo es poseer el poder para derrotarlo.

Subestimar al enemigo es suicidarse, equivale a aliarte con la oposición para tu propia derrota. Por eso toda invasión militar estratégica está precedida de un reconocimiento exhaustivo y un intenso estudio del enemigo. Se marcan en el mapa todas las posiciones del campo de batalla y se identifican todos los lugares. Se sicoanalizan las personalidades de los generales enemigos para determinar cómo podrían reaccionar bajo la presión de la guerra.

No queda fuera ningún área de escrutinio. La guerra se gana o se pierde según se conozca al enemigo.[10]

El apóstol Pablo, por revelación divina, nos dio una clara imagen de la cadena de mando de Satanás en Efesios 6. Pablo nos advirtió que hemos de tomar en cuenta nuestro objetivo primario para tener el poder de «hacer frente a las artimañas del diablo» (v. 11, NVI) y no atacarnos los unos a los otros. Destacó que nuestro enemigo no es de carne y hueso, «seres humanos», sino los seguidores del maligno (v. 12, NVI).

El diablo es un león rugiente que busca devorar a su presa (1 Pedro 5.8). Y ha dado órdenes directas a sus demonios para que sigan y destruyan a los que no quieran someterse a él, y poner en prisión a quienes sí le seguirán (Juan 10.10).

Comandados por Satanás, los demonios trabajan juntos para infligir todo tipo de daño, para engañar y atormentar a la humanidad.

Para triunfar en la guerra espiritual, los hijos de Dios tenemos que aceptar el hecho de que el enemigo anda entre nosotros, haciendo uso de toda clase de estrategias con el solo propósito de dominar y destruir.

INVASIÓN DE DEMONIOS

En el capítulo 4 hablamos acerca del modo en que el enemigo ha estructurado su reino en niveles de autoridad. La cuarta posición, la más baja del reino de Satanás, es la de las «fuerzas malignas» (Efesios 6.12, NVI), más conocidas como demonios. Son la infantería de este ejército del mal, y los domina y dirigen los principados, potestades y autoridades de mayor rango.

El término diablo o diablos muchas veces se confunde con la palabra demonios. Solo hay un príncipe diablo, Satanás, pero demonios hay muchos. La palabra *demonio* deriva del término griego *daimon,* que significa: espíritu maligno o diablo (*demonios* es el plural).

Satanás (*el* diablo*)* tiene un cuerpo angélico, por lo que no puede entrar físicamente en nadie; pero sí puede unirse con el hombre para alcanzar sus propósitos malignos (Lucas 22.3). Los demonios, por otra parte, son espíritus malignos que operan en el mundo poseyendo cuerpos de seres humanos (Lucas 8.30) o animales (Lucas 8.33).[11]

Ya he dicho que Satanás imita a Dios con medios falsos, y la invasión de demonios no es la excepción a esta regla. Quienes se someten al Señor tienen una personalidad divina que habita en ellos en la forma del Espíritu Santo (Juan 14.23). Quienes están gobernados por demonios en algún área de la vida están bajo la influencia del espíritu maligno de Satanás (Hechos 19.16).

Jesucristo vino a la tierra para liberar a los oprimidos del poder de los demonios (Hechos 10.38). Ya liberados los creyentes son transformados por el poder del Espíritu de Dios, ¡es una transformación sobrenatural que Satanás no puede imitar!

¿QUÉ CARACTERIZA A LOS DEMONIOS?

Los demonios, al igual que su líder, tienen personalidades y propósitos que definen su objetivo:

Los demonios son criaturas definidas:

> Habiendo, pues, resucitado Jesús por la mañana, el primer día de la semana, apareció primeramente a María Magdalena, de quien había echado siete demonios (Marcos 16.9).

Los demonios tienen voluntad propia:

> Cuando el espíritu inmundo sale del hombre, anda por lugares secos, buscando reposo, y no lo halla. Entonces dice: Volveré a mi casa de donde salí; y cuando llega, la halla desocupada, barrida y adornada. Entonces va, y toma consigo otros siete espíritus peores que él, y entrados, moran allí; y el postrer estado de aquel hombre viene a ser peor que el primero. Así también acontecerá a esta mala generación (Mateo 12.43-45).

Los demonios tienen capacidad para hablar:

Los evangelios de Mateo (8.29), Marcos (1.24) y Lucas (8.30) presentan varias ilustraciones de ello, lo mismo que el libro de los Hechos (19.15).

Los demonios tienen entendimiento:

> Un espíritu maligno gritó:

—¿Por qué te entrometes, Jesús de Nazaret? ¿Has venido a destruirnos? Yo sé quién eres tú: ¡el Santo de Dios! (Marcos 1.24, NVI).

Los demonios tienen conciencia de sí mismos:

—¿Cómo te llamas? —le preguntó Jesús. —Me llamo Legión —respondió—, porque somos muchos (Marcos 5.9, NVI).

Los demonios tienen fe:

Tú crees que Dios es uno; bien haces. También los demonios creen, y tiemblan (Santiago 2.19).

Los demonios tienen emociones:

Y clamando a gran voz [el demonio], dijo: ¿Qué tienes conmigo, Jesús, Hijo del Dios Altísimo? Te conjuro por Dios que no me atormentes (Marcos 5.7).

Los demonios tienen compañerismo:

Antes digo que lo que los gentiles sacrifican, a los demonios lo sacrifican, y no a Dios; y no quiero que vosotros os hagáis partícipes con los demonios. No podéis beber la copa del Señor, y la copa de los demonios; no podéis participar de la mesa del Señor, y de la mesa de los demonios (1 Corintios 10.20-21).

Los demonios tienen doctrinas:

> Pero el Espíritu dice claramente que en los postreros tiempos algunos apostatarán de la fe, escuchando a espíritus engañadores y a doctrinas de demonios (1 Timoteo 4.1).

Los demonios tienen deseos:

> Y los demonios le rogaron [a Jesús] diciendo: Si nos echas fuera, permítenos ir a aquel hato de cerdos (Mateo 8.31).

Los demonios tienen poder para controlar a quienes ocupan:

> Y el hombre en quien estaba el espíritu malo, saltando sobre ellos y dominándolos, pudo más que ellos, de tal manera que huyeron de aquella casa desnudos y heridos (Hechos 19.16).

Los demonios tienen poderes milagrosos:

> Pues son espíritus de demonios, que hacen señales, y van a los reyes de la tierra en todo el mundo, para reunirlos a la batalla de aquel gran día del Dios Todopoderoso (Apocalipsis 16.14).

Jesús, en su oración modelo, instruyó a sus seguidores para que oraran pidiendo liberación del maligno cada día (Lucas 11.4). Cristo es el ejemplo de la Iglesia del Nuevo Testamento. Ocupó gran parte de su tiempo librando a personas de la esclavitud de los espíritus malignos. Muchas veces echó demonios de personas poseídas, en público, exitosamente, pero los demonios no renunciaron a su poder sobre la humanidad, ¡ni siquiera después de que Jesús fue crucificado! Así que seguirán atormentando y poseyendo hasta que Cristo vuelva para redimir a su Iglesia. Hasta entonces, ¡seguimos en guerra!

El choque entre los dos reinos continúa.

CAPÍTULO 6

INVASIÓN DE DEMONIOS EN LA SOCIEDAD

El ser humano siente atracción por lo sobrenatural, como sucede con la polilla que es atraída por la llama. En nosotros hay una chispa divina que percibe algo más de lo que hay más allá de nuestro mundo. Pero la pregunta es: ¿qué? En mi libro *Invasión de demonios,* lanzado en 1973, intentó responder al menos parte de esta pregunta.

Hoy la Iglesia Cornerstone tiene un departamento de atención pastoral muy grande: visitamos a los enfermos, ministramos a los necesitados y brindamos servicios de consejería para nuestros miembros. Pero, a principios de la década de 1970, yo trabajaba solo: era el pastor, el director del coro, el maestro de la escuela dominical de adultos, el portero, el jardinero y el único consejero.

Hubo un martes que fue como cualquier otro, un día en que la gente acudía a contarme sus problemas (casi todos autoinfligidos) desde la mañana a la noche. Sin embargo, este fue diferente: fue el día que me inspiró a escribir mi primer libro.

Esa mañana la primera cita de consejería era con una señora que entró en mi oficina y se sentó enfrente de mí, ante el escritorio.

Después de los saludos de cortesía habituales, le pregunté lo de siempre:

—¿En qué puedo serle útil?

La mujer se veía normal. Era cortés, se vestía de manera atractiva, y me dio la impresión de que era instruida.

Tomó aliento y entonces… sucedió:

—Vengo para decirle que ¡adoro a Satanás! Él es el dios de este mundo y de mi vida. Es más poderoso que Jesucristo. Lo que le pido en oración recibe una respuesta milagrosa; puedo controlar a la gente usando muñecos y alfileres, causándoles el daño que yo quiera.

Como ministro de una iglesia suburbana en crecimiento intenté con valentía usar todo lo que sabía sobre los fundamentos de la consejería: no me mostré escandalizado en absoluto.

Creo que fracasé, que lo hice muy mal.

No podía creer lo que decía esa mujer. Intenté analizar la situación. La mujer no había ido por decisión propia sino que se lo había recomendado su familia: eran miembros de la iglesia muy preocupados por su inusual conducta y los inexplicables poderes que parecía tener.

Había algo en todo eso que estaba mal, muy mal. No se trataba de una tribu primitiva en una selva remota de los confines del mundo. Yo era pastor de una iglesia evangélica ubicada en el Cinturón Bíblico de Estados Unidos de América, y la que me hablaba era una persona aparentemente civilizada.

¡Me sentí muy confundido! ¡La mujer estaba embrujada! ¡Una mujer que glorificaba al diablo con apasionado fervor, en la oficina del pastor de una iglesia!

El impacto de sus palabras tal vez podría haber resultado gracioso si no hubiese habido un espíritu maligno que invadió mi oficina y me produjo escalofríos.

La mujer siguió hablando con los ojos brillantes, iluminados por una luz con un color fosforecente. A veces sus globos oculares parecían sobresalir en tallos invisibles mientras ella fervientemente profesó su lealtad a Satanás. Sentí que cada centímetro de mi cuerpo se iba encogiendo mientras escuchaba su testimonio satanico.

Cuando hizo una pausa para tomar aliento, por instinto, interrumpí su monólogo con un contraataque basado en las Escrituras. Reaccionó al instante, ante la Palabra de Dios, con veneno. Cada vez que yo mencionaba a Jesús y la autoridad de su Nombre, la mujer lo defenestraba.

De sus labios surgía un torrente de burla y superioridad, como si se tratara de una fuente de agua sulfurosa que envenena. Yo me sentía como un boxeador contra las cuerdas, en mi propia oficina, y supe sin duda que estaba en una batalla espiritual contra un enemigo diferente a cualquiera que hubiera tenido o imaginado.

Apenas tuve oportunidad sugerí finalizar nuestra sesión. La mujer se veía agotada después de nuestro intercambio verbal; yo estaba física y espiritualmente exhausto. Habíamos librado una guerra de espíritus en el sentido literal, algo comparable a la lucha en un cuadrilátero. Cuando la mujer se fue, para mí fue un gran alivio.

Después de ese encuentro demoníaco permanecí ante mi escritorio pensativo, contemplando y sopesando cada uno de los detalles de mi primera incursión al mundo de los demonios. Decidí reprogramar las citas que tenía para el resto del día y me dediqué a llamar a otros colegas ministros para preguntarles si habían tenido alguna experiencia de ese tipo. Describí en detalle el terrible episodio, tal como había sucedido, pero ninguno de los pastores con los que hablé había pasado por una situación como esa.

Reaccionaron, en general, como si les estuviese hablando de una invasión de extraterrestres.

Tras varias conversaciones empecé a ver que lo que había pasado en mi oficina era real, por cierto, aunque un territorio completamente nuevo tanto para mí como para los ministros de mi área.

Estoy convencido de que todo lo que sucede en este universo está bajo el control de un Dios soberano y todopoderoso. En ese momento la pregunta que daba vueltas en mi mente fue: «¿Qué era esa "cosa" que había acompañado a la mujer que vino a mi oficina y por qué había venido?».

Reconocí que mis colegas no tenían la respuesta, por lo que acudí a mi constante Compañero, Fuente de infinita sabiduría: Jesucristo, y a la Palabra de Dios.

Quiero dejar en claro que no soy lo que algunos llamarían «hiperespiritual». No busco señales y milagros, sino que busco el origen y creo en cada palabra de las sagradas Escrituras de Dios, por lo que empecé a orar al Señor, pidiendo que me guiara. Pedí sabiduría (Santiago 1.5) y discernimiento (Proverbios 3.1-3), pregunté: «Señor, ¿por qué permitiste que pasara esto?».

Al día siguiente, durante mi devocional, leí sobre el ministerio de Cristo con el endemoniado de Gadara. Sentí cómo el Espíritu Santo se movía con potencia, mientras la presencia de Dios empezaba a rodearme, algo parecido a cuando una nube majestuosa rodea la cima de una montaña. De inmediato, relacioné mi experiencia del día anterior con Lucas 8.26-33.

Impulsado por una motivación instintiva empecé a estudiar en profundidad la Palabra de Dios en lo relacionado con las obras de Satanás y sus legiones de demonios. Escudriñé las Escrituras, hice ayuno y oré. Además, leí todo lo que pude respecto al ocultismo, la brujería y otros movimientos espiritistas que arrasan con las almas en Estados Unidos.

Uno de los pastores con quienes hablé sobre mi experiencia me sugirió que contactara a un estudioso de la Biblia, un inglés llamado Derek Prince, experto en demonología. Me puse en contacto con ese brillante hombre de Dios y me atrajo su conocimiento profundo basado en las Escrituras, así como su experiencia personal con personas poseídas por demonios. Ese fue el inicio de una amistad de treinta y dos años, una relación de afecto, admiración y respeto mutuo.

Lo que aprendí de Derek Prince —y sus enseñanzas de la Biblia— me abrió las puertas a una nueva dimensión ministerial. Era un mentor, un líder espiritual valiente que amaba la Palabra de Dios, que amaba a Israel, y que luchaba con pasión contra el príncipe de las tinieblas.

Han pasado cuarenta y cuatro años desde esa primera experiencia que me abrió los ojos al plan de las fuerzas demoníacas. Cuanto más investigaba a esos espíritus opresores tanto más podía reconocer que su presencia invade nuestras vidas cotidianas y que su efecto sobre cada uno de los aspectos de nuestra sociedad es mucho más destructivo de lo que podríamos imaginar.

INVASIÓN DEL HOGAR

Instruye al niño en el camino correcto, y aun en su vejez no
lo abandonará (Proverbios 22.6, NVI).

Casi todos conocemos este pasaje de la Biblia y la exhortación a instruir a nuestros hijos en el camino el Señor. Por desdicha, no son las verdades de la Biblia lo que nuestra sociedad planta hoy en las fértiles mentes de nuestros niños. Sin embargo, y de fiel acuerdo con la promesa del antiguo proverbio, nuestros hijos *no abandonarán* lo que se les enseñe cuando son pequeños, sea bueno o malo.

A los nietos de la familia Hagee les encanta pasar la noche en casa de Nana y Papa. Y a nosotros nos encanta oír sus risas en la mañana del sábado, cuando despiertan esperando el desayuno mejicano y la hora de jugar.

Mientras Diana les prepara unos tacos, yo busco caricaturas que sean sanas y entretenidas. Es una tarea que hoy se me hace casi imposible.

LA NIÑERA DE SATANÁS

Me acuerdo de Bugs Bunny, Winnie the Pooh y el oso Yogui. Me acuerdo de las caricaturas que estaban llenas de moralejas. Y recuerdo haber podido hablar con mis hijos de las lecciones de vida que dejaban algunos de esos programas, como «ser amables con los demás», o el lema del Oso Smokey: «Solo tú puedes evitar incendios forestales».

Todo eso ha quedado virtualmente en el pasado.

Hoy me asombra lo que veo cuando paso los canales de la televisión el sábado por la mañana. Hay muchos programas infantiles con brujas, guerras, violencia, una verdadera guerra de demonios dondequiera que busques.

Un estudio muy respetado que auspició la Academia Americana de Pediatría recomendaba que los niños menores de tres años no vieran televisión. Sugerían que al comparar las caricaturas más calmadas, las de hoy —tan «veloces»— tienen efectos negativos e inmediatos sobre la capacidad del niño para pensar de manera creativa, regulando su conducta. Los investigadores también hallaron que para un pequeño o una pequeña de cuatro años, el hecho de ver solo nueve minutos de contenido animado tan estimulante es muy negativo. Sin embargo, en promedio, las caricaturas duran unos once minutos.

El estudio analizaba no solo el ritmo de los programas, sino también los temas y los argumentos. Los investigadores llegaron a la conclusión de que las caricaturas «veloces» que también eran de naturaleza fantástica (con poca relación con la realidad) tenían un efecto más destructivo sobre los recursos cognitivos del pequeño.

Además, hallaron que las caricaturas más «lentas» que mostraban temas familiares y rutinas infantiles no tenían el mismo efecto negativo sobre los niños.

Pero, sumado a eso, la investigación presentaba la teoría de que cuando el niño debe interpretar un cuento animado que no tiene nada que ver con la realidad, se le hace más difícil luego concentrarse en lo real.[1]

Las mentes de nuestros hijos y nuestros nietos, en desarrollo, no son capaces de hacer la transición de lo fantástico a lo real en un abrir y cerrar de ojos. Estos mismos niños son el cien por ciento de nuestro futuro. La avalancha de actividad imaginaria de los medios queda grabada en sus jóvenes y vulnerables mentes.

Puedo asegurarte que nuestros hijos, en general, se convierten en lo que ven. Y, lo que hoy pueden ver en los medios, es alarmante.

Porque cual es su pensamiento en su alma, tal es él [la persona] (Proverbios 23.7).

Satanás, el príncipe del aire, sabe que la forma más efectiva de lograr que la sociedad pierda la sensibilidad ante lo oculto es empezar con los más jóvenes y, cuanto más jóvenes, mejor. Las mentes impresionables de nuestros pequeños son un lienzo en blanco listo para la influencia de la animación vívida y la música seductora.

Satanás ha planeado desde el principio adueñarse de la mente, el corazón y el alma de nuestros jóvenes, así como planeó la caída y muerte de Adán y Eva. En consecuencia, lo oculto fue introduciéndose gradualmente en las caricaturas, los juguetes, los juegos y los libros en nuestra era moderna, bajo la apariencia de que el bien vence al mal.

A continuación de ello se presentan ante las mentes más jóvenes las brujas buenas, los hechiceros con buenas intenciones. Se ha presentado la adivinación como noble medio para salvar a los angustiados, y a la muerte como consecuencia temporal, como si uno estuviera por un tiempo «en penitencia». Los programas de televisión en las horas de mayor audiencia fueron los que abrieron el camino, con *Hechizada, Sabrina la bruja adolescente o Encantada.* Y luego los niños conocieron a los encantadores vampiros en *Buffy la cazavampiros.*

Las niñas de tres años o más son el segmento al que apunta el mercado de la «Barbie de los hechizos secretos» y sus «Chicas encanto» que son Christie y Kayla, las amigas wiccanas de Barbie. Esas muñecas no están vestidas con largos vestidos negros y sombreros de punta, sino adornadas con vestidos de brillantes colores, típicos de la marca. ¿Qué es entonces lo que las diferencia de sus antecesoras?

El aviso publicitario dice: «De día son escolares que van a la moda, pero de noche se convierten en mágicas encantadoras». Cada una de las muñecas tiene los accesorios para cambiarles la ropa, además de un libro de hechizos, pociones, un caldero y otros elementos para hacer hechizos. Las pequeñas que disfrutan de esta nueva versión de Barbie y su «magia blanca» aprenden sobre encantamientos y horóscopos mientras juegan.[2]

Con los libros la cosa no es diferente: nuestros pequeños se han familiarizado con los vampiros bien parecidos en *Crepúsculo* (o Twilight); en *Los juegos de hambre* (o The Hunger Games) conocieron sobre la supervivencia a través de temas de derrota y sufrimiento; y sobre buenos hechizos y guerras en *Harry Potter*. Es probable que muchos de mis lectores hayan leído al menos una de las cuatro millones de copias de la serie de Harry Potter vendidas hasta hoy. Es una cifra espectacular, pero no incluye las ventas de las películas, juegos y juguetes sobre el tema de Harry Potter.

Diana y yo salimos de compras hace unos años, un lindo sábado por la mañana, y fuimos a un mercado mayorista (¿en qué estábamos pensando?). Cuando estábamos ya en la larga fila de las cajas vimos a una niña de unos diez años que leía con avidez un libro que sostenía en las manos.

—¿Qué estás leyendo? —le pregunté.

La niña ni siquiera levantó la mirada. Estaba absorta en su libro.

La mamá sonrió y me dijo:

—Es la última novela de Harry Potter. Hace semanas que todos los días insiste en que llame a la tienda para preguntar si ya estaba a la venta el libro. Y la verdad que estoy agradecida por Harry Potter. Es el único libro que la ha motivado a leer.

Yo pregunto: ¿Qué es lo que hacía que el libro fuese tan atractivo como para que la pequeña estuviera impaciente por leerlo? Sí, es probable que esté bien escrito, pero hay muchos libros bien escritos sobre temas que no tienen que ver con brujas, hechiceros, hechizos o encantamientos.

La popularidad de estos temas forma parte de una imagen más completa: a nuestros niños los están adoctrinando para que crean que en nuestra sociedad lo oculto es aceptable.

La serie *Twilight o Crepusculo* es una línea de ficción, categoría fantasía-romance, en torno al tema de los vampiros, que relata la vida de una adolescente que se enamora de un vampiro de 104 años. Estas exitosas novelas han vendido más de 120 millones de copias, y ganaron muchos premios como el Libro Infantil del Año en 2008.[3] Son libros que se han hecho muy populares, con éxito comercial en todo el mundo y en especial entre los jóvenes adultos. Han estado en las listas de éxitos de ventas del *New York Times* por más de 235 semanas.[4]

Está también el muy popular y oscuro cuento de *Hunger games o los juegos de hambre*. Es un universo ubicado en una sociedad posapocalíptica, que consiste del rico Capitolio y doce distritos en diversos grados de pobreza. Cada año se elige a veinticuatro chicos de entre doce y dieciocho años para que compitan en un «torneo a muerte» televisado, que se llama Los juegos de hambre y que es obligatorio, horrendo. En resumen: los adolescentes elegidos luchan contra otros adolescentes, a muerte, para entretenimiento de las masas.[5]

Si nuestros hijos no leen los libros, pueden ver las historias en el cine, o pagar para verlas en canales de cable a demanda, o en Internet, en clips de YouTube, o pueden jugar con los juguetes, los juegos de mesa o los videojuegos. Parte de la mercadería relacionada con estos libros, ¡está dirigida a niños de preescolar!

Estos productos no son entretenimiento: son una técnica proselitista que ha arreglado el mismo Satanás para cultivar su semilla de maldad ¡en las fértiles mentes de nuestros niños! Hay un plan bien calculado y consiste en despertarles al poder de lo oculto. Fiel a ese maligno plan, los vulnerables niños y niñas irán formándose según estén expuestos al dominio del reino de las tinieblas.

DUNGEONS & DRAGONS
O CALABOZOS Y DRAGONES

Hay juegos de mesa populares como Calabozos y Dragones, que le han abierto las puertas al video; y juegos de Xbox más francamente violentos y relacionados con lo oculto, como *Diablo III, cosechador de almas*, donde el protagonista derrotado es Nephalem, que intenta obtener la piedra negra que contiene los siete grandes males; o el *Assassin's Creed* que se origina en la ficción histórica y presenta a «asesinos buenos», predadores de la humanidad que luchan contra los malvados caballeros templarios.

Y *The Walking Dead*, basada en una novela gráfica de historietas cómicas ubicada en la época posterior al apocalipsis de los zombies, se ha catalogado como «juego de desarrollo de personajes» en el que —según lo que vaya decidiendo el jugador—, se determinará la muerte de algún personaje o un cambio adverso en la disposición del mismo. En los últimos tres años, *The Walking Dead* ha vendido más de veintiocho millones de copias, y en 2014 fue elegido juego del año.[6]

¿Es así como quieres que vaya cultivándose el carácter de tus hijos? Los millones que participan de este «juego» de video correrán el riesgo de convertirse en lo que ven.

El terrorismo destructivo nos domina y manipula.

¿Imaginas un videojuego en el que el jugador decapita policías, los asesina con francotiradores, los masacra con una motosierra y les prende fuego? Piensa entonces en los 185 millones de compradores del juego *Grand Theft Auto*[7] que fantasea con esos grotescos actos de violencia y asesinatos. El jugador es un bandido callejero que intenta dominar una ciudad. Puede entrar en una comisaría, robar un uniforme, liberar de la cárcel a un convicto, escapar de la policía a tiros y huir en un auto patrullero.

En un segmento del programa *60 Minutes,* el corresponsal de CBS News Ed Bradley informaba: «*Grand Theft Auto* es un mundo gobernado por las leyes de la depravación. ¿Ves un auto que te gusta? Róbalo. ¿Alguien que no te gusta? Aplástalo. ¿Un policía que se interpone? Hazlo estallar. Hay policías en cada esquina e infinidad de oportunidades para eliminarlos. Es un giro absoluto de asesinatos y caos, producido con inteligencia, tecnológicamente brillante, de excesiva violencia».[8]

Según informa *60 Minutos,* se ha culpado al juego de ser el desencadenador de diversos actos de violencia como el robo y asesinato de seis personas de Oakland, California; un asesinato en Newport, Tennessee; un triple asesinato en Fayette, Alabama, en 2003.

En Fayette, Devin Moore —de dieciocho años— pasó meses jugando este controvertido videojuego, noche y día. Lo acusaron de asesinar a tiros a las víctimas —un despachador del servicio de emergencias 911 y dos oficiales de la policía— en la comisaría, tras ser arrestado como sospechoso del robo de un auto. «En *menos de un minuto*», resumía Bradley, «…murieron tres hombres».[9] Cuando recapturaron a Moore, se informó que el adolescente le dijo a la policía: «La vida es como un videojuego. Todos tienen que morir en algún momento».[10]

Los asesinatos de Fayette ubicaron al *Grand Theft Auto* en el centro de una demanda judicial por parte de las familias de dos de las víctimas. Su abogado afirmó: «Devin Moore en efecto, tenía en sus manos un simulador de asesinatos… La industria de los videojuegos le dio un menú de opciones… Y ese menú le ofrecía la decisión instantánea de hacer lo que el juego le enseñaba».[11]

A Moore lo hallaron culpable de homicidio en primer grado y lo sentenciaron a muerte, por inyección letal. La sentencia fue suspendida por decisión de la corte en 2012.[12] ¿Qué pasó con el juicio? Tras años de debate, se anuló.[13]

En verdad, es un hecho que a pesar de su violencia —o tal vez a causa de ella— millones de personas siguen divirtiéndose con *Grand Theft Auto*.

Ese día terrible en Alabama hubo muchas vidas que quedaron afectadas por la tragedia. Tres hombres fueron asesinados y sus familias llorarán su ausencia por siempre. Y Devin será ejecutado por sus hechos, acciones orquestadas por el asesino supremo que tomó la mente de este joven, ¡y la programó para que se convirtiera exactamente en lo que sus ojos veían!

Habrá quien esté dando un suspiro de alivio porque sus hijos en edad escolar no tienen permiso para practicar juegos ocultistas o ver videos violentos, y ya no miran caricaturas. Pero, ¿qué ocurre con la música, la televisión, las películas?

LA SINFONÍA DE SATANÁS

Dios canta a su creación:

> Jehová está en medio de ti, poderoso, él salvará; se gozará sobre ti con alegría, callará de amor, se regocijará sobre ti con cánticos (Sofonías 3.17).

Y la creación de Dios canta alabanzas a su nombre por sus gloriosas obras:

> Oíd, reyes; escuchad, oh príncipes; yo cantaré a Jehová, cantaré salmos a Jehová, el Dios de Israel (Jueces 5.3).

El libro de Apocalipsis nos muestra a los ángeles entonando el cántico del Cordero para celebrar el juicio, el poder y la soberanía de Dios:

Y cantan el cántico de Moisés siervo de Dios, y el cántico del Cordero, diciendo: Grandes y maravillosas son tus obras, Señor Dios Todopoderoso; justos y verdaderos son tus caminos, Rey de los santos (Apocalipsis 15.3)

La música ha estado entre nosotros desde el principio de los tiempos y estará con los redimidos por toda la eternidad. El arte de la música ha evolucionado a lo largo de las épocas: la Edad Media (476-1475); el Renacimiento (1600) y la edad barroca (1700); la clásica (1750-1800) y la edad romántica (1900), hasta la era moderna y la postmoderna (fines del siglo XIX y la actualidad) como la conocemos hoy.

Solo a los fines de elaborar un poco el tema, comparemos el período clásico —representado por las obras de Bach, Mozart y Beethoven—, con la música de hoy. Estos tres compositores clásicos llenaban las salas de conciertos con sonidos celestiales, con sus sinfonías, conciertos, opus y óperas. Entre sus sacras obras maestras hay varias atemporales como: la *Misa de Réquiem* de Mozart; la *Sonata Claro de Luna* de Beethoven y el inolvidable *Mesías* de Händel.

Muchas de esas obras eran comisionadas por la Iglesia para alabar al Señor. Pero para todo lo que Dios ha creado para bien, Satanás ha diseñado algo falsificado, de imitación, para mal. Muchas de las expresiones musicales de hoy incluyen mensajes de sodomía, blasfemia, drogas, adulterio, sexo ilícito, degradación de la mujer, suicidio y asesinato.

¿Has notado la cantidad de jóvenes que andan por ahí con unos taponcitos en los oídos de los que penden cables, como si fueran parte de su cerebro? Lo más probable es que no estén escuchando un concierto de Mozart o el Ave María de Josh Groban. Hay más probabilidades de que estén escuchando algo que figura en las listas de los mejores 40 hits del momento. Pueden descargar esos temas musicales al instante en sus MP3 a través de sus cuentas de iTunes, por ejemplo, y escucharlos una y otra vez.

Quiero preguntarte algo: ¿Qué clase de música escuchan tus hijos? ¿Son canciones con mensajes inocuos o con letras subversivas acompañadas por ritmos pegadizos y atractivos? Porque de estas últimas, conocemos al autor: el maestro arquitecto del mal, cuyo propósito es destruir a nuestra futura generación.

Los padres y las madres necesitan abrir los ojos ante el hecho de que parte de las melodías más populares de las listas de éxitos musicales incluyen letras que ensalzan el uso de drogas ilícitas, que alientan a la actividad sexual sin moral, que blasfeman contra Dios. Me resultó bastante difícil leer las letras de algunas de esas canciones mientras investigaba para este libro —y ni siquiera querría hablar de lo que representan—, de cómo se burlan de los principios de Dios.

Alguno dirá: «Es solo música, no pasa nada», «Es una expresión artística». Después de todo «A nadie le importa demasiado la letra, solo quieren el ritmo… ¿verdad?».

Piensa en esta historia perturbadora:

Un joven de veintinueve años confesó ante la policía que cantaba mientras apuñalaba a su esposa y su hija. Su pequeño de cuatro años sobrevivió, a pesar de que lo apuñaló once veces. Según la policía el esposo y padre dijo estar poseído, y afirmó creer que su esposa era un demonio. (Nota: no es posible que una persona se convierta en demonio, pero sí que quede bajo el control de fuerzas demoníacas.)

El hombre le dijo a las autoridades que antes de apuñalar a su esposa, él empezó a cantar a gritos la letra de una canción de rap, diciendo: «Aquí llega Satanás. Soy el anticristo. Voy a matarte».

La policía reportó que ese padre admitió que cuando los chicos despertaron por los gritos de su madre, también a ellos los apuñaló. Dijo que apuñaló más a su hijo porque lo amaba más. Luego enrolló un cigarrillo, dijo otra oración, y llamó al 911.[14]

También estaba la infame canción de heavy-metal de 1992 sobre la matanza de policías. La obra de arte en la cubierta del disco muestra a un hombre con una pistola que apunta al rostro del que lo mira. El compositor dijo: «Para nosotros ese era el diablo [****], ¿qué da más miedo que [****] un gánster que te apunta con una pistola?».[15]

Un crítico evaluó el estilo musical de ese álbum en particular como «combinación de rap gánster y post-punk, rock pesado, ritmos que rompen tabúes para alucinar a los fanáticos. Pero así como el público del rap supuestamente es de los lugares pobres de la ciudad, el rock pesado apela más a los de los suburbios de mayor poder adquisitivo, que buscan algo más excitante que lo que les ofrece el Nintendo o el centro comercial de su comunidad».[16]

En esta canción hay insultos, y la frase «asesino de policías» se repite con esos insultos unas veintidós veces. Los expertos en retención de la memoria recomiendan la repetición como base para la posibilidad de recordar las cosas, porque así se logra que el cerebro forme un vínculo fuerte con tal o cual dato o información. También favorece el almacenamiento de esos datos en la memoria a largo plazo.[17]

Ahí tienes la letra y la música que no hace daño y solo entretiene.

Satanás ha logrado planificar y hoy ejecuta un ataque frontal y pleno para captar las mentes y las almas de nuestros hijos, y de los hijos de nuestros hijos. Mientras tanto nuestra generación se muestra apática, o ciega ante la realidad del plan demoníaco de Satanás.

Hay un viejo refrán que dice: «Le das la mano y se toma hasta el codo». ¡Satanás ha logrado tomar las manos de mucho y hoy tiene pleno control!

TELEVISIÓN TÓXICA

Estoy seguro de que jamás le abrirías la puerta a un asesino conocido sin apuntarle con una pistola para proteger a tu familia. Sin embargo, hay tantos padres y madres que no dudan en apretar el botón del control remoto para invitarlo a entrar en las mentes y las almas de sus familias a través de la pantalla del televisor.

Hoy las familias estadunidenses tienen más de 116 millones de televisores[18] con miles de canales para elegir. En un año cualquiera el joven promedio asiste a la escuela durante 900 horas, pero dedica 1,200 a ver televisión. Cuando llegan a los dieciocho años, nuestros hijos ya han visto más o menos 150,000 actos violentos en la pantalla chica.[19] ¿Qué clase de entretenimiento eligen las familias?

Es inteligente, bien parecido y tiene gran sentido del humor. Es Dexter Morgan, el asesino en serie favorito de todos. Es experto forense de Miami y pasa los días resolviendo crímenes. Pero dedica sus noches a cometerlos. Dexter vive siguiendo un estricto código de honor que le sirve de salvación pero, también, de carga permanente. Se debate entre su fatal compulsión y su deseo de alcanzar la verdadera felicidad. Dexter es un hombre en profundo conflicto con el mundo y consigo mismo.[20]

Lo que acabas de leer es la descripción de un premiado programa de televisión que se emitió en las horas pico entre 2006 y 2013, y que hoy se trasmite por diversos canales. La serie fue muy aclamada y popular; fue nominada cuatro veces consecutivas al premio Emmy como drama destacado en la categoría de series, además de recibir dos Globos de Oro.[21] Rompió récords de audiencia con 2,800,000 de espectadores en su final, lo que convirtió a *Dexter* en uno de los episodios originales más vistos de la historia.[22]

Estoy convencido de que esos más de dos millones de televidentes estaban atentos en sus sillones, cómodamente sentados en la sala de la casa, pegados a sus grandes pantallas de televisión, mientras comían bocaditos y disfrutaban de entretenimiento con tecnología de punta. Pero, ¿este tipo de «entretenimiento» no es más que para diversión y placer?

Como sociedad, ¿hemos perdido toda sensibilidad ante la violencia y la degradación que nos inunda desde los estudios de cine y televisión? No es que nos hayamos vuelto más intelectuales, con mentes más amplias. Es que nos adaptamos a lo demoníaco y hasta nos sentimos cómodos en presencia del mal.

Medita en Steven, un adolescente de dieciséis años obsesionado con Dexter, el asesino en serie de la televisión, que fue a la cárcel por asesinar a su novia de diecisiete años «a quien apuñaló con ferocidad y saña antes de descuartizarla en un asesinato que te hiela la sangre».[23]

Steven fue a prisión, acusado de asesinato premeditado. Al dictar la sentencia el tribunal se enteró de que ese joven estudiante de ciencias políticas «tenía fascinación por las películas de horror y lo macabro».[24] También se enteraron de que Steven quería ser como Dexter, el personaje de la televisión.

Cuando comenzó la audiencia el juez le advirtió al tribunal que en el caso habría detalles «extremadamente desagradables y angustiantes para quien los escuchara», aconsejando que quien pudiera verse afectado por ello abandonara la sala.[25]

Por tanto, pregunto: ¿Por qué era «extremadamente desagradable» ver el resultado real de ese horrendo asesinato pero no era «desagradable» ver la actuación de un asesinato en la televisión?

El abogado defensor de Steven «describió el asesinato como "que hiela la sangre"... y la evidencia señala que el acusado intentaba imitar las acciones del personaje Dexter, a quien idolatraba».[26]

Una semilla de maldad, plantada en suelo fértil, que dio fruto maligno.

O haced el árbol bueno, y su fruto bueno, o haced el árbol malo, y su fruto malo; porque por el fruto se conoce el árbol (Mateo 12.33).

EL CINE DE SATANÁS

¿Qué ocurre con la industria del cine?

Cito al afamado crítico de cine Roger Ebert, que dijo: «Hace tiempo quienes interpretaban a sacerdotes católicos en las películas eran Bing Crosby y Spencer Tracy, gente que daba sabios consejos, que animaba a los demás y que les palmeaban la espalda. Pero los tiempos han cambiado y hoy los sacerdotes de las películas casi inevitablemente se enfrentan como titanes a las fuerzas de las tinieblas... Lo que Jesús era para la épica de las películas de 1950, lo es el diablo para el cine de la década de 1970».[27]

El bebé de Rosemary, El exorcista, La profecía fueron tres pioneras en el ciclo de cine con «niños endemoniados», que se produjeron entre fines de la década de 1960 y mediados de los años '70. Dieron inicio a una tendencia que en los últimos años ha cubierto todo tipo de temas sobre lo oculto.

La protagonista de *El bebé de Rosemary* es una mujer encinta que sospecha que su esposo ha hecho un pacto demoníaco con sus peculiares vecinos. Cree que a cambio del éxito en su carrera como actor el marido le ha prometido a la malvada pareja el bebé, como sacrificio humano para sus rituales satánicos. La trágica frase promocional para la película era «Oren por el bebé de Rosemary».

Cuando se estrenó *El exorcista* fue como si el mundo estuviera en medio de una gran tormenta. Es una película de horror acerca de lo sobrenatural y la posesión demoníaca de una chica de doce años, y de los desesperados intentos de su madre porque dos sacerdotes la exorcicen para sanarla.

Varios líderes religiosos hablaron en contra de la película sugiriendo que estaba en línea con las fuerzas de las tinieblas. ¡Cuánta razón tenían! Pero, a pesar de las protestas, la película tuvo diez nominaciones al Oscar, y fue la primera en el género de horror en ser nominada a mejor película del año. *El exorcista* llegó a ser una de las películas más taquilleras y lucrativas de la historia, que dio ganancias por más de 440 millones de dólares en el mundo entero.

La profecía es sobre un sacerdote que, por maldad, reemplaza a un bebé recién nacido con el hijo de Satanás. El hijo maligno del diablo crece en la familia del embajador estadounidense en Gran Bretaña (lo cual, por supuesto, implica que los demonios se infiltran en el gobierno). Roger Ebert afirmó: «Hay cosas técnicas usuales como las profecías bíblicas, las fórmulas para alejar a los espíritus malignos y un gran uso del número 666 de la cabalística. Aunque las películas como *La profecía* son para asustar, en realidad son divertidas. Pero cuando hacen que te pongas a pensar… bueno…».[28]

Es importante destacar que hubo cuatro películas en la secuela de *La profecía*. Pero, volvamos por un momento a *El exorcista*.

Cuando se estrenó, la reacción de algunos espectadores no fue muy prometedora. Se dice que algunos cines repartían bolsas para vomitar, que en algunos lugares había sales aromáticas para la gente que se desmayara y hasta hubo gente que se lastimó. Sin embargo, todo eso parecía alimentar el éxito de la película.

Hablaré de esta película y de su efecto sobre una joven de mi iglesia más adelante. Pero por ahora, pregunto: ¿Cuándo fue la última vez que alguien se desmayó o vomitó en el cine, por ver una película de horror? Muy probablemente haya sido en la década de 1970.

¿Será porque la industria de los efectos especiales ya no es tan creativa, porque las historias son malas o porque los actores no saben actuar? *¡Seguro que no!* ¿Será porque nos acostumbramos tanto a los mensajes oscuros que ya no somos sensibles a lo que representa este género del cine? *¡Seguro que sí!*

Repito: estos no son ejemplos de entretenimiento inofensivos que buscan seguidores y buenas cifras de audiencia. Las fuerzas del mal atacan a nuestra sociedad, y han cautivado las mentes, los corazones y las almas de muchos de los de esta generación que se han vuelto adictos a la seducción de lo sobrenatural y lo demoníaco.

Tenemos que reconocer que Satanás codicia el control del mundo. Hay una batalla que intenta ganar las mentes de las generaciones futuras. En esta guerra habrá un ganador y un perdedor, ¡y nuestros hijos quedarán con quien la gane!

Satanás odia a Dios. Y odia la imagen de Dios que hay en nosotros. Desprecia a Jesucristo y a la salvación que Él nos da. Codicia el gozo eterno al que estamos destinados. Envidia nuestra relación con Dios Padre, su Hijo y su Espíritu Santo puesto que renunció a su propia relación y, debido a eso, está completamente decidido a hacer todo lo que pueda por destruir a la creación de Dios.

Este camino de destrucción incluye a la Iglesia de Jesucristo. Satanás trata de destruirla desde adentro, por medio de falsas enseñanzas. Y desde afuera, a través de la persecución. Mientras tanto, el choque de los dos reinos continúa.

CAPÍTULO 7

INVASIÓN DE DEMONIOS EN LA IGLESIA

Pero el Espíritu dice claramente que en los postreros
tiempos algunos apostatarán de la fe, escuchando a
espíritus engañadores y a doctrinas de demonios
(1 Timoteo 4.1).

A menudo les digo a mi congregación y a nuestra audiencia televisiva que pertenecer a una iglesia no les salvará, ni tampoco las denominaciones, ni el ritual, ni que canten «Maravillosa gracia» tan fuerte como se lo permitan sus pulmones. Que sentarte en una iglesia tampoco te garantiza inmunidad contra los ataques satánicos. La salvación solo es a través de la fe en Cristo. Cuando confiesas tus pecados y renuncias a ellos, la sangre que derramó Jesús te lava y te purifica.

Cuando la Armada Imperial de Japón atacó Pearl Harbor el 7 de diciembre de 1941, empezó la Segunda Guerra Mundial para Estados Unidos.

La noticia del ataque llegó a cada uno de los ciudadanos de todas las sociedades y culturas y, en cuestión de horas, el mundo reconoció que la humanidad estaba en medio de una lucha a muerte entre la democracia y las dictaduras.

Los titulares de los periódicos mostraban fotos de nuestros barcos que se hundían en sus tumbas de agua cuando las bombas japonesas los destrozaban. En la memoria de los estadounidenses han quedado grabadas por siempre las imágenes de los cuerpos de miles de soldados flotando boca arriba en las aguas de Pearl Harbor. Había comenzado una guerra en la que no habría negociaciones. Los líderes de las civilizaciones occidentales exigían la total rendición del enemigo.

El Primer Ministro de Inglaterra, Winston Churchill, le dijo al mundo: «¡Se preguntan cuál es nuestro objetivo! Y respondo en pocas palabras: la victoria, la victoria, la victoria cueste lo que cueste. La victoria a pesar de todo el terror. La victoria por duro y largo que sea el camino. Porque sin victoria no habrá supervivencia».[1]

El reino de Dios ha estado en guerra con el de las tinieblas, liderado por Satanás desde la caída de Lucifer. Pero lo asombroso es que son muy pocos los cristianos que están al tanto de esta batalla permanente. La mayoría vive creyendo que en la cruz se firmó un armisticio con el diablo.

A decir verdad, todos participamos en esta guerra, y habrá muchas víctimas fatales o prisioneros de guerra. Las víctimas de la guerra espiritual entre el reino de la Luz y el de las tinieblas son los objetivos retorcidos y torturadores de las legiones de Satán.

La Iglesia tiene que entender esta verdad: estamos en guerra con Satanás y su reino, y seguiremos estándolo hasta que sea echado en el lago de fuego por el Conquistador del Calvario: ¡Jesucristo nuestro Señor!

La lucha sigue ¡y la victoria es nuestra a través de Cristo el Rey!

EL DIABLO Y LA SEÑORA SMITH

Poco después de mi primer encuentro con lo oculto cuando aquella mujer acudió a mi oficina y declaró que había comprometido su alma con Satanás, una tal señora Smith me llamó por teléfono.[2] Lo primero que dijo fue: «Pastor Hagee, ¿podría venir a orar por mí? ¡Creo que tengo un demonio!».

Confundido, respondí:

—¿Es usted miembro de mi iglesia?

Me sentí algo aliviado cuando dijo que no, que ella y su familia asistían a una iglesia denominacional bien establecida pero que estaba segura de que su pastor no iba a entender la situación por la que estaba pasando.

—Y ¿por qué acude a mí? —quise saber, buscando alguna salida.

La mujer contestó:

—Pasé con mi auto frente a su iglesia y recordé que una amiga me había dicho que usted es buen maestro de la Biblia. Por eso espero que pueda ayudarme.

¡No tenía escapatoria! Era la segunda vez en dos semanas que se me cruzaba en el camino alguien relacionado con el ocultismo. Anoté su nombre, su dirección y me comprometí a ir a su casa en una hora más o menos. Mientras conducía hasta uno de los barrios más lindos y lujosos de la ciudad, pensé: *Dios, sé que intentas captar mi atención, pero ¿por qué?*

Me detuve ante una mansión muy hermosa y permanecí en mi auto un momento para ordenar mis ideas. Me dije que debía mantener la mente amplia y enfocarme en la Palabra durante esa visita tan inusual.

Cuando llamé a la puerta la señora Smith me recibió en su casa con agrado y amabilidad. Era una mujer de mediana edad, atractiva, vestida con impecables pantalones blancos y una blusa elegante. Cada uno de los detalles de su aspecto y la decoración de su casa daban testimonio de una vida ordenada, prolija.

La señora me llevó hasta su sala, espaciosa, bien decorada. Me senté en un elegante sillón y después de conversar de todo un poco, por educación, empecé a preguntarle más en detalle por qué creía que yo podía ser de ayuda.

Mientras iba contestando mis preguntas, repasé en mi mente lo que recordaba sobre la sicología de lo anormal. Acababa de terminar mis estudios en la Universidad del Norte de Texas. No había nada en la señora Smith que encajara con los criterios de lo «anormal».

Mi anfitriona me dijo que había ido a la universidad, que su esposo era un ejecutivo muy exitoso que trabajaba para una compañía nacional en la Costa Este de lunes a viernes. Ella era ama de casa y madre y, por lo que se veía, su familia era un modelo de la clase alta estadounidense.

Al fin, la señora Smith admitió que —mientras su esposo estaba fuera de la ciudad—, se había dedicado a jugar con un tablero Ouija y tirar las cartas del Tarot para matar el aburrimiento.

¡Allí estaba la conexión con lo oculto!

Para quienes no conocen esos «juegos», el tablero Ouija es un invento de Elijah Bond, de 1890 (se dice que el nombre deriva de *oui* en francés y *ja* en alemán, que significan «sí»). El tablero Ouija también se llama tablero de los espíritus, tablero parlante o tablero de las brujas. Tiene un puntero móvil de madera, en forma de triángulo o corazón, que va marcando palabras sobre el tablero para transmitir el mensaje del espíritu a los jugadores durante la sesión.

A Bond le otorgaron en 1907 la marca registrada para su tablero, cuyo nombre entonces era «Tabla parlante Nirvana [iluminación espiritual]». El fabricante del juego, la Compañía Swastika Novelty, adornó muchos de los tableros de Bond con su símbolo de la cruz partida.

Desde el siglo dieciocho ha habido místicos, adivinos y ocultistas que usan las cartas del Tarot para adivinar o predecir el futuro. Si el Señor mismo fuese el autor de este libro, ¿qué advertencias les daría a los que participan en esos mal llamados «juegos»?

«Tú has confiado en tu maldad y has dicho: "Nadie me ve". Tu sabiduría y tu conocimiento te engañan cuando te dices a ti misma: "Yo soy y no hay otra fuera de mí". Pero vendrá sobre ti una desgracia que no sabrás conjurar; caerá sobre ti una calamidad que no podrás evitar. ¡Una catástrofe que ni te imaginas vendrá de repente sobre ti!». Persiste, entonces, con tus encantamientos y con tus muchas hechicerías, en las que te has ejercitado desde la niñez. Tal vez tengas éxito, tal vez puedas provocar terror. ¡Los muchos consejos te han fatigado! Que se presenten tus astrólogos, los que observan las estrellas, los que hacen predicciones mes a mes, ¡que te salven de lo que viene sobre ti! ¡Míralos! Son como la paja, y el fuego los consumirá. Ni a sí mismos pueden salvarse del poder de las llamas. Aquí no hay brasas para calentarse, ni fuego para sentarse ante él. Eso son para ti los hechiceros con quienes te has ejercitado, y con los que has negociado desde tu juventud. Cada uno sigue en su error; *no habrá quien* pueda salvarte (Isaías 47.10-15, NVI).

La historia sigue…

—Señora Smith, me dice que sintió que un espíritu demoníaco había invadido su cuerpo. ¿Podría explicarme a qué se refiere?

Desde que nací había estado en la iglesia; por eso, nunca había conocido en persona a nadie que tuviera que ver con ese tipo de «juegos».

La mujer contestó enseguida.

—La semana pasada mientras jugaba con las cartas del Tarot oí que se abría la puerta de mi casa, sin explicación alguna. Pude oír pasos por el pasillo, y luego dentro de esta sala; de repente sentí que *ese algo… esa presencia…* entraba en mí.

Mientras la oía contar aquello tan extraño sentí que se me ponían los pelos de punta. Pensé en qué lugar de la casa le gustaría a esa mujer una puerta de más o menos dos metros de alto por dos de ancho, porque de veras que me dieron ganas de salir atravesando la pared.

Pedí que me aclarara algo:

—¿Dice que sintió que *esa cosa* entraba en usted?

La mujer, sin dudarlo, dijo con firmeza:

—Sí… entró en mí ¡y todavía sigue aquí!

—¿Y qué evidencia tiene usted, que le haga creer que en este momento tiene dentro un espíritu demoníaco? —pregunté, incrédulo.

La mujer empezó a llorar, y dijo:

—Desde el mismo momento en que esa presencia entró en mí, he estado obsesionada con pensamientos sexuales perversos y muy vulgares. Nunca dije malas palabras en mi vida, pero ahora digo los insultos más sucios que pueda imaginar. Tampoco soy violenta pero me siento capaz de cometer un asesinato sin remordimiento. Pastor, sé que algo está muy mal y no puedo controlarlo.

Su mirada era penetrante y yo le prestaba mucha atención. Mi teología acababa de chocar con la realidad y no tenía solución para su problema, más que la Palabra de Dios. Busqué mi Biblia y le dije:

—Voy a contarle una historia.

Cuando tomé la Palabra de Dios en mis manos, la señora Smith al instante le dio un cachetazo, como si fuera un gato asustado. Jamás había visto yo una reacción tan vehemente ante la presencia de una Biblia. Desesperado empecé a leer:

Y arribaron a la tierra de los gadarenos, que está en la ribera opuesta a Galilea. Al llegar él a tierra, vino a su encuentro un hombre de la ciudad, endemoniado desde hacía mucho tiempo; y no vestía ropa, ni moraba en casa, sino en los sepulcros. Este, al ver a Jesús, lanzó un gran grito, y postrándose a sus pies exclamó a gran voz: ¿Qué tienes conmigo, Jesús, Hijo del Dios Altísimo? Te ruego que no me atormentes. (Porque mandaba al espíritu inmundo que saliese del hombre, pues hacía mucho tiempo que se había apoderado de él; y le ataban con cadenas y grillos, pero rompiendo las cadenas, era impelido por el demonio a los desiertos.) Y le preguntó Jesús, diciendo: ¿Cómo te llamas? Y él dijo: Legión. Porque muchos demonios habían entrado en él. Y le rogaban que no los mandase ir al abismo. Había allí un hato de muchos cerdos que pacían en el monte; y le rogaron que los dejase entrar en ellos; y les dio permiso (Lucas 8.26-32).

Aparté la mirada de la página y con mis propios ojos fui testigo de una manifestación demoníaca. La señora Smith empezó a retorcerse, allí sentada en el sofá. Se agarró los tobillos, levantó las piernas en el aire y puso su cabeza entre las piernas, ¡todo mientras me seguía mirando fijamente! Su rostro era la imagen de una criatura felina y maligna. Una presencia oscura y aterradora llenaba la sala. ¡Todo era muy real y muy aterrador!

Nada de lo que hubiera aprendido como ministro me ofrecía una solución racional para esa situación paranormal, así que hice lo único que sabía, por instinto… ¡seguí leyendo la Biblia!

Recordé que la Palabra de Dios declara que la Iglesia del Nuevo Testamento había vencido a Satanás «por medio de la sangre del Cordero y de la palabra del testimonio de ellos» (Apocalipsis 12.11). De modo que seguí leyendo…

Había allí un hato de muchos cerdos que pacían en el monte; y le rogaron [los demonios] que los dejase entrar en ellos; y les dio permiso. Y los demonios, salidos del hombre, entraron en los cerdos; y el hato se precipitó por un despeñadero al lago, y se ahogó (Lucas 8.32-33).

Entonces oír algo que me heló la sangre. De la boca de la señora Smith salió una voz gutural, masculina y profunda que dijo: «¡Te odio, John Hagee!».

Era el pronunciamiento de la amenaza de un demonio enviado por el príncipe de las tinieblas.

Sostuve la Biblia con las dos manos y empecé a invocar el nombre de Jesús para liberar a esa atormentada mujer. Al principio dio un grito que estremecedor, pero cada vez que yo mencionaba el nombre de Jesús y la sangre de la cruz los gritos iban perdiendo intensidad y fuerza.

Tras varios minutos sus gruñidos feroces se convirtieron en gemidos. Y de repente la señora Smith cayó al piso como si le hubieran disparado. Quedó allí, inmóvil, delante de mí.

Pensé entonces: *¡Estoy solo en esta casa con una muerta. Se terminó mi carrera como ministro!* Permanecí en mi asiento, nervioso, esperando alguna señal de vida.

Sentí alivio cuando vi que empezaba a parpadear. Luego me miró con una expresión radiante pero perpleja, y preguntó:

—¿Por qué estoy en el piso?

—Creo que acaba de librarse de la fuerza demoníaca que invitó a entrar en su vida cuando comenzó a jugar esos juegos ocultistas —expliqué.

La señora se levantó y se sentó en el sillón. Nos miramos en silencio durante unos momentos. Finalmente la carraspeó y dijo, convencida:

—¡Creo que se fue! ¡Ya no siento su presencia! ¡Se fue! ¡Gracias, gracias, gracias!

—No me dé las gracias a mí —dije—. Dé gracias a Dios. Solo Él nos libra del poder del mal.

La invité a ir con su esposo a la iglesia el domingo siguiente; con el tiempo toda la familia recibió a Cristo como Salvador y Señor. Siguieron siendo miembros activos y fieles de nuestra iglesia hasta que se mudaron a otra ciudad.

El Señor me estaba mostrando que la invasión de espíritus demoníacos puede suceder en cualquier lugar, no solo en los rincones más remotos del mundo, como me habían enseñado hacía tiempo. Descubrí con este episodio tan extraordinario de la señora Smith, que hay que confrontar esas fuerzas, y que solo podemos derrotarlas por medio de la guerra espiritual y el supremo poder de la Palabra de Dios.

Someteos, pues, a Dios; resistid al diablo, y huirá de vosotros (Santiago 4.7).

¡El diablo *huyó* de la señora Smith, *no siguió allí*!

EL HOMBRE CON LA PISTOLA

Con todo lo que estaba aprendiendo sobre la actividad satánica tras esas dos experiencias tan claras que me abrieron los ojos, sentí que había llegado el momento para que mi congregación recibiera instrucción sobre el tema de la invasión demoníaca.

Durante meses en nuestra iglesia habíamos tenido un reavivamiento espiritual con muchas salvaciones, milagros de sanidad y manifestaciones del Espíritu Santo. En todos los aspectos nuestra congregación prosperaba mientras las bendiciones de Dios llovían desde el cielo, al punto que excedían nuestra capacidad para contenerlas. Era como la lluvia fresca, de dulce aroma que cae sobre los campos verdes.

Anuncié ante la congregación que iba a enseñarles sobre la invasión de demonios. Hubo algunos que recibieron la noticia con sonrisas nerviosas, algo dudosos. ¿Por qué iba yo a tomar la decisión de enseñarles algo tan desagradable cuando todo estaba yendo tan bien? Con todo, persistí.

Estaba decidido a eliminar toda falsa percepción de la actividad demoníaca y a enseñarles a mis ovejas lo relacionado con esta guerra espiritual, tan real como la Segunda Guerra mundial, el conflicto de Corea o la Guerra de Vietnam en ese momento.

Tuvimos muchos asistentes las primeras tres noches de los miércoles; los dedicados estudiantes de la Biblia en nuestra congregación se sorprendieron ante lo poco que sabían de esa invasión espiritual.

Pero cuando empecé a hablar de los detalles del ataque de las fuerzas demoníacas en nuestra sociedad, empecé a recibir muchas críticas de algunos de nuestros miembros.

Algunos decían: «Pastor, los demonios operan entre los ignorantes y supersticiosos de los países más remotos, no en Estados Unidos». Y otros: «Jamás vi al diablo en la iglesia. No molesto al diablo ni él a mí» (no sabíamos que en pocos días el que dijo eso se retractaría).

A pesar de los comentarios seguí firme pero amable, consciente de que esa guerra invisible sencillamente estaba más allá del conocimiento bíblico y la experiencia espiritual de quienes protestaban.

Se acercaba la cuarta reunión y yo confiaba en que Dios iba a confirmar la enseñanza. Pero ninguno de nosotros podría haber estado preparado para la demostración demoníaca que se presentaría ante nuestros ojos.

Mientras la congregación se reunía para la última clase, se hizo evidente que habría menos asistentes que en cualquiera de las otras reuniones. Lo primero que pensé fue: *Mi gente boicoteó mi enseñanza porque les incomoda este tema tan controversial.*

En las anteriores reuniones nocturnas de los miércoles hubo bastante gente, pero no era así esta vez. En tales circunstancias la mayoría de los predicadores sentiría desilusión. Sería ese su primer impulso. Sin embargo yo me sentí muy animado a seguir. Es que fluía dentro de mí un profundo río de paz y pronto entendería la razón.

Comencé con el servicio guiando a la congregación mientras cantábamos, algo que yo parecía disfrutar más que los demás. Paseé mi mirada por el rebaño para ver si estaban presentes los que habían expresado dudas sobre el tema. Pero no estaban.

No importaba. Yo sentía la potente presencia de Dios y empecé a hablar sobre el último tema: «Siete pasos a la liberación». Había estado hablando unos doce minutos cuando, como un rayo, el poder de Satanás desafió a nuestra iglesia.

Un loco irrumpió por la entrada principal del santuario, armado con una pistola calibre 22, lista para disparar. El hombre tendría unos treinta y tantos años. Caminó por el pasillo hasta donde estaba uno de nuestros miembros, lo tomó del cuello y gritó como un animal salvaje, casi rugiendo. El intruso, furioso, gritaba obscenidades a todos los de la iglesia y exigía que su víctima dejara su asiento.

«¡Estamos en presencia de un hombre poseído por demonios!», grité por el micrófono, lo suficientemente fuerte como para que me oyeran a pesar de los gritos aterrorizados de la gente. «Mantengan la calma y ¡oren por liberación en el nombre de Jesús y la sangre de su cruz!».

Algunos de los asistentes de inmediato se arrodillaron allí donde estaban, entre los bancos, y oraron con fervor. Otros salieron como pudieron del santuario, aterrorizados, buscando con desesperación un lugar seguro. Muchos de los que estaban allí luego admitieron que pensaron en un momento que todo había sido preparado como ilustración del sermón, porque varios de los principios que había estado enseñándoles en las últimas tres semanas, fueron ocurriendo en rápida sucesión.

El atacante se iba acercando al frente de la iglesia y le ordenó a su rehén que se parara a mi lado. El hombre obedeció al instante. Allí estábamos, hombro a hombro detrás del púlpito, mirando el cañón de la pistola cargada que sostenía un hombre bajo control demoníaco.

Mi aterrada congregación hizo silencio. El intruso seguía apuntando su arma hacia nosotros. Se hacía cada vez más evidente que se trataba del choque entre dos reinos y, a menos que prevaleciera el milagroso poder de Dios, no menos de dos personas serían asesinadas ante unos ochenta o más testigos oculares.

Durante dos minutos larguísimos traté de razonar con el hombre, pero de nada sirvió. De pie ante nosotros, nos miraba con los ojos encendidos de furia, el rostro retorcido por el tormento interior, y yo sabía —por las amenazas que brotaban de su boca— que iba a tratar de matarnos.

Entonces gritó:

—He venido a matarlos para demostrar que el poder de Satanás es más grande que el de Jesucristo. ¡Arrodíllense y rueguen por sus vidas!

Sostuve mi Biblia como un escudo y afirmé:

—Ningún arma forjada contra mí prosperará.

—¡Tengo un arma! —respondió el hombre.

—¡Y yo tengo una Biblia!

Aunque creía que el tipo tenía intenciones siniestras, no tuve miedo en absoluto. Dios estaba presente y el reino de Satanás sería derrotado.

El demonizado agente del infierno apuntó su arma hacia nuestras cabezas y juró que nos iba a matar a la cuenta de tres. En ese momento surgió en mi mente el siguiente pasaje: «Pues a sus ángeles mandará acerca de ti, que te guarden en todos tus caminos» (Salmos 91.11).

¡Supe que en ese momento estaba apostando mi vida a la Palabra de Dios!

La voz llena de odio de ese hombre resonaba en la iglesia mientras empezó a contar: «*Uno… dos…*» y entonces empezó a dispararnos a sangre fría, a una distancia de no más de dos metros y medio.

Milagrosamente, ¡falló en cada tiro!

La primera bala zumbó entre nuestras cabezas y dio en la pared que teníamos detrás. Tiró cinco veces más y cada una de esas balas fue desviada por los ángeles de Dios, enviados para defendernos.

¡Este milagro era el poder de Dios Todopoderoso en acción! ¡Y doy gracias a Dios por su protección sobrenatural, todos los días!

El atormentado hombre intentó escapar tras su fallido intento de asesinarnos, pero otro de los miembros de la iglesia lo atrapó con un golpe volador, en la parte trasera del santuario. Alguien llamó a la policía y se llevaron al atacante, a quien acusaron de intento de homicidio. Cuando le preguntaron por qué lo había hecho contestó que creía que le habían impuesto un hechizo vudú y agregó que creía firmemente en la brujería y que la había estado practicando activamente por años.[3]

Había ido a consultar a una bruja que le informó que la única forma de eliminar esa maldición era matar a la persona que él creyera que le había impuesto el hechizo. Irónicamente, el objetivo que eligió fue uno de los miembros escépticos de la iglesia que ¡no creía que existían los demonios!

Aquel hombre demente, bajo la guía del príncipe de las tinieblas, intentó desafiar al reino de la Luz. Pero lo derrotaron públicamente los ángeles del Dios viviente. Sin embargo, Satanás les demostró a todos los escépticos de mi iglesia que es muy real, que está muy vivo en nuestra sociedad y que puede controlar cualquier vida que le dé la mínima oportunidad de invadirla.

Las noticias de la noche hablaban de «las balas que volaban en una iglesia cuando se interrumpió un sermón sobre los demonios». En cuanto al hombre poseído que entró esa noche en nuestro edificio, debió pasar por una evaluación siquiátrica y tras diagnosticarse que era mentalmente inestable, lo enviaron a un hospital siquiátrico para tratarlo. El hombre con la pistola fue un paciente modelo por lo que, a noventa días de internarlo, los médicos declararon que ya estaba bien, como para reinsertarse en la sociedad.

Ya liberado, el atacante dejó el hospital, fue directamente a su casa, trepó a un árbol de su jardín y se ahorcó. Satanás se llevó la vida de su presa puesto que él viene para robar, para matar y para destruir (Juan 10.10).

La Biblia afirma que « El ángel de Jehová acampa alrededor de los que le temen» (Salmos 34.7). Con excepción de algunos agujeros en las paredes y los muebles de la iglesia, el pastor y todos los miembros presentes salieron ilesos. El plan mortal de Satanás ¡había sido derrotado y Dios fue glorificado!

Tras ese suceso decidí que si lo que yo estaba enseñando enojaba al enemigo lo suficiente como para matarme a sangre fría en mi propio púlpito y delante de mi congregación, no tenía más opción que la de seguir enseñándole al cuerpo de Cristo sobre la guerra demoníaca.

Mi mensaje es simple: Satanás y su reino demoníaco existen en verdad, su poder es real y su objetivo es destruir al pueblo de Dios.

Habrá quienes todavía lo pongan en duda, pero el poder liberador de la Palabra de Dios ha librado y seguirá librando a muchos de los que caen y han caído en la esclavitud de los sutiles y subversivos ataques de Satanás, y yo jamás dejaré de exponer la verdad en cuanto al adversario.[4]

EL EXORCISTA ASISTE A LA IGLESIA

Poco después de que se estrenara El Exorcista estaba en mi púlpito el domingo por la mañana, predicando un sermón de la serie sobre la cruz. Mientras hablaba oí que alguien sollozaba en la congregación.

Busqué con la mirara de dónde provenía el llanto, cada vez más audible, y vi que se trataba de una chica muy hermosa, una adolescente. El llanto fue haciéndose más fuerte y comenzó a gemir. Así que le hice una seña a uno de nuestros ancianos para que la ayudara. Mientras este la acompañaba —compasivo— hacia la puerta, los dos pasaron frente a mi esposa, Diana, que en ese momento tenía varios meses encinta.

La joven, obviamente angustiada, se cubría el rostro con las manos. Diana pensó que tal vez necesitaría el consuelo de parte de una mujer, por lo que acompañó a la jovencita y al anciano por el pasillo que llevaba a mi oficina.

Cuando llegaron allí, la chica se volvió contra la pared y siguió llorando descontroladamente. Diana le puso las manos sobre los hombros para tranquilizarla y entonces sucedió algo: aquella linda joven de repente se transformó en una embajadora del mal y dio la vuelta para mirar a Diana.

Sus ojos eran como pozos negros y profundos. Enfrentó a Diana con una mirada penetrante que le llegó a mi esposa hasta el corazón. Diana sintió que su vientre se endurecía, como si nuestro inocente bebé quisiera huir de la satánica confrontación.

Cuando el anciano intentó extender su mano para ayudarla, la adolescente emitió un grito que helaba la sangre y que resonó en todo el edificio: «¡Quítame las manos de encima! ¡Te odio! ¡Los odio a todos!».

El anciano, impresionado, retiró su mano. Mientras tanto la madre de la desesperada adolescente fue a buscar a su hija porque había oído sus gritos. El anciano las acompañó a las dos hasta mi oficina y les pidió que esperáramos hasta que yo pudiera ir a verlas después del servicio.

Cuando terminó el servicio, Diana y el anciano me contaron su escalofriante vivencia. Entré en mi oficina y vi que la madre estaba abrazando a su hija. Las dos estaban avergonzadas.

Le pregunté a la madre por su familia. El esposo era un reconocido médico y me dijo que eran cristianos.

La mujer relató que su hija había ido la semana anterior a ver *El exorcista*, y añadió:

—Cuando volvió a casa me dijo: «Algo cambió en mí mientras veía esa película. Me sentí diferente por dentro; ya no quiero estar con mis amigos».

La madre, preocupada, prosiguió:

—La he visto estos últimos días cada vez más retraída y ella no es así. Por lo general es una chica feliz, cordial y amorosa. Supe que algo estaba mal y una amiga me sugirió que visitáramos su iglesia.

—Creo que un espíritu demoníaco entró en su hija mientras veía la película —respondí—. Y pienso también que el demonio que habita en su hija protestó contra el mensaje que yo estaba predicando. Este espíritu maligno se enojó porque sabía que lo expondría.

Así que aconsejé a la madre que buscara liberación para su hija, de inmediato. Asintió y dijo que le hablaría a su esposo sobre mi recomendación. Después de que oráramos juntos, la madre prometió llamarme para decirme cómo iban las cosas.

A la mañana siguiente me llamó y me dijo que su esposo se negaba firmemente a cualquier intervención espiritual. Como profesional médico pensaba que estaba estar mejor capacitado para diagnosticar y tratar a su hija. La chica aceptó que la llevaran al hospital de la localidad para que la revisaran.

Le di las gracias por el llamado y nos despedimos. Sentía pena por la jovencita puesto que sabía que solamente Dios —y su poder de redención— podría librarla del verdadero origen de su tormento. El padre llevó a la chica al hospital al día siguiente y nunca volvimos a saber de la familia.

Es un hecho: cuando abres tu mente a una fuerza demoníaca corres peligro real de que ese espíritu te invada emocional, física y espiritualmente. Fíjate bien en qué cosas permites que vean tus hijos: se convertirán en lo que vean ¡y no todas las películas tienen final feliz!

BRUJERÍA EN COSTA RICA

Hace años un pastor cristiano me invitó a dar una charla en Costa Rica durante una convocatoria evangélica anual que él organiza-ba. Mientras iban llegando los asistentes desde distintos lugares de América Central y del Sur, me conmovió en lo más profundo ver que deseaban oír la Palabra de Dios. Jamás olvidaré la imagen de los fieles que llenaban el enorme edificio de latón cuyas paredes latera-les y trasera se levantaban como enormes puertas de garaje. Hubo otros santos preciosos que permanecieron de pie, afuera y bajo la lluvia, por horas con el fin de escuchar la predicación.

Después de uno de los servicios de la noche, nuestro anfitrión nos llevó a mí y a Diana a un popular restaurante ubicado fuera de la ciudad. Al salir de la camioneta oímos ruidos parecidos a los aullidos de un lobo y notamos que había fogatas sobre la ladera en la montaña.

Le preguntamos al pastor por los ruidos y las luces, nos dijo en tono casual: «Son fogatas que encienden las brujas en los aquelarres. Se preparan para su convención mundial en nuestra ciudad, la cual será muy pronto».

Diana y yo no podíamos creer lo que oíamos… ¿Una conven-ción mundial —y aceptada— de brujas en ese bello lugar? ¡Pero así era! El pastor nos dijo luego que allí es muy común la creencia en la brujería.

Por ejemplo, la ciudad de Escazú es una metrópoli colonial ubicada sobre una ladera, justo sobre San José. Escazú es una de las ciudades más ricas de la nación y se la llama la «Ciudad de las Brujas». Es famosa por las brujas especializadas en hechizos.

Después de hablar con multitudes en la convocatoria del segundo día el pastor anfitrión y yo decidimos que era hora de llevar la reunión a un lugar más grande. Un año después, tras meses de organizar y planificar, realizamos un servicio de sanidad de tres días en el estadio citadino.

El recinto estaba repleto y se respiraba expectativa mientras yo presentaba la verdad de la Biblia sobre el poder sanador de Dios. Recuerdo perfectamente haber llamado a la gente a acercarse hasta el frente para que oráramos por ellos esa primera noche, ya que quería ungir personalmente a cada uno. Lo que sucedió entonces fue de veras aterrador. Hubo cientos de personas que, como estampida, querían acercarse y los que estaban delante corrían el verdadero peligro de que los aplastaran. Así que grité enseguida y varias veces: «¡Deténganse, quédense donde están!».

La multitud obedeció mi voz, que resonaba por los altoparlantes. Les dije que iba a posponer la parte de sanidad hasta la noche siguiente para poder conducir el evento de manera ordenada y de acuerdo a las Escrituras. Doy gracias a Dios porque no hubo heridos esa noche.

Al día siguiente fui hasta el estadio y marqué cuatro carriles horizontales con una cinta, desde el frente de la plataforma, para indicar dónde podían esperar las personas para que yo orara por ellas en persona. Esa noche, tras el sermón, indiqué cómo realizaríamos el servicio de sanidad. La presencia del Espíritu Santo saturaba el lugar mientras la multitud se acercaba en plena expectativa de recibir un milagro de Dios.

Mientras cientos de personas se acercaban para recibir sanidad, Diana iba traduciendo al español y yo ungía con aceite a cada persona —hombres, mujeres, niños— y oraba sobre ellos. Fue una noche de restauración poderosa.

Una de las personas que llegó al frente era una mujer vestida con un traje elegante. Diana le pidió que nos dijera cuál era su necesidad y la mujer contestó:

—Quiero que el pastor ore por mi mente.

En mi espíritu sentí que había algo más, por lo que le indiqué a Diana que volviera a preguntarle para que la mujer pudiese dar más detalles.

—Creo que estoy enloqueciendo. Si estoy conversando con alguien, de repente siento que mi mente queda en blanco; pero cuando «me recupero» el que ha estado conversando conmigo me dice que yo sonaba diferente y, sin embargo, no puedo recordar nada de lo sucedido. En los últimos años esto parece estar pasándome con más y más frecuencia. No tengo control sobre mi mente, por lo que tengo mucho miedo.

Supe entonces que esa mujer de aspecto sofisticado necesitaba liberación de una influencia demoníaca. Le informé qué era lo que yo creía y le pregunté si deseaba ser libre del espíritu que tenía cautiva su mente.

—¡Sí! —dijo con énfasis.

Apenas ungí su cabeza con aceite y le exigí al demonio que la atormentaba que se fuera, la mujer cayó al piso como si le hubieran disparado y empezó a retorcerse como una víbora. Luego exhaló con fuerza, de un modo casi inhumano, hasta que la cara se le puso de color violeta oscuro. Parecía que los ojos se le iban a salir de sus órbitas, y tenía el cabello mojado por el sudor. Esa mujer, antes tan atractiva, ahora era casi demasiado horrenda a la vista. La gente que la rodeaba retrocedió aterrorizada.

Seguí orando y luego le ordené al demonio que se identificara. De la boca de la mujer brotaron las impactantes palabras:

—Soy el espíritu de brujería.

Invoqué la sangre de Jesucristo y le exigí al demonio que dejara a la mujer. Tras varios minutos, el demonio se fue y la mujer quedó físicamente agotada, desplomada en el piso.

Cuando el personal asistente del ministerio la ayudó a levantarse, les pregunté si conocían a aquella mujer. Me asombró la respuesta:

—Sí, pastor Hagee. Es la esposa de uno de nuestros pastores de la ciudad.

¿Cómo era posible algo así?

Pedí que ubicaran a su esposo y, cuando lo hicieron, le pregunté en tono crudo y severo:

—¿Cómo es que permitió que sucediera esto? Su esposa ha estado endemoniada por años, viviendo en casa, y usted es pastor de una iglesia.

Avergonzado, el hombre contestó:

—Nuestra ciudad está gobernada por la brujería. Estos espíritus son fuertes e implacables. Pastor, me avergüenza decir que tuve miedo de admitir o enfrentar el hecho de que había fuerzas demoníacas en mi hogar.

Mis oídos percibían lo que decía, pero yo no lograba comprender cómo el líder de una congregación grande podía permitir que los demonios invadieran a su esposa, su hogar y su iglesia. De modo que instruí al pastor sobre la absoluta necesidad de expulsar de una vez por todas a las influencias malignas. ¡El diablo no se irá a menos que encuentre resistencia!

Oramos hasta después de la medianoche por los cientos de personas que se acercaron para pedir sanidad. Fue una noche que ha quedado grabada por siempre en mi memoria. Había encontrado a la esposa de un ministro, viviendo en esclavitud espiritual en una iglesia que sencillamente no enseñaba las palabras y las acciones de Jesucristo para tratar con los espíritus del mal.

EL MUÑECO KACHINA

Kachina es un término de los indios Hopi que significa «padre espíritu» o «ser espíritu». También usan esta palabra los Pueblo, que creen que los kachinas son los espíritus de nuestros ancestros, intermediarios de los dioses.

Hay más de cuatrocientos kachinas diferentes en las culturas de los indios Hopi y Pueblo, y el panteón de los kachinas se extiende desde los muertos hasta el sol, las estrellas, las tormentas eléctricas, el viento, el maíz y aun los insectos.

A cada kachina se le considera un ser poderoso, y si se le adora y respeta, uno puede usar su capacidad particular para beneficio humano, como producir lluvias, sanidad, fertilidad o protección. Por otra parte se cree que los kachinas «malos» tienen poder para atacar y matar.[5]

Un observador señaló: «El tema central del Kachina [la religión] es la presencia de vida en todos los objetos que llenan el universo. Todo tiene una esencia o fuerza vital y los humanos tienen que interactuar con tales fuerzas o no sobrevivirán».[6]

Los muñecos Kachina son muy codiciados por los coleccionistas que se sienten cautivados por el arte tan particular de los indios americanos de determinadas partes del sudoeste de la Unión Americana. Un coleccionista tal vez pague desde unos pocos cientos y hasta 250.000 dólares por los muñecos más antiguos, de buena calidad y confeccionados a mano.[7] Pero esos compradores tal vez no sepan ni sospechen que también están invirtiendo en un antiguo plano espiritual que forma parte del idólatra reino de las tinieblas.

Avergüéncense todos los que sirven a las imágenes de talla, los que se glorían en los ídolos. Póstrense a él todos los dioses (Salmos 97.7).

Además su tierra está llena de ídolos, y se han arrodillado ante la obra de sus manos y ante lo que fabricaron sus dedos (Isaías 2.8).

Ese fue el caso de unos muy buenos amigos nuestros que aman y sirven al Señor. No conocían el poder espiritual que poseen esos muñecos.

Hace unos años invitamos a esos amigos a asistir a un seminario especial de la Iglesia Cornerstone, en el que Derek Prince enseñaría acerca del tema de exponer y expulsar demonios.

Durante dos noches, el hermano Derek presentó metódicamente los fundamentos bíblicos de la Palabra de Dios en cuanto a ese tema. Y luego, en la tercera y última noche del seminario, ofreció un servicio de liberación. Fue durante ese servicio que el hermano Prince habló de los ídolos y la idolatría. Entre los ídolos que enumeró estaban los muñecos Kachina.

Después del servicio nuestros amigos nos pidieron, al hermano Derek y a mí, que sostuviéramos una reunión en privado. Nos explicaron que dentro de su enorme colección de objetos de arte había varios muñecos Kachina muy valiosos. La pareja nos informó que no conocían los vínculos de esos muñecos con lo oculto pero que, al oír la enseñanza de Derek, se habían preocupado. Así que preguntaron: ¿Qué debían hacer?

El hermano Derek los escuchó con atención y les contestó de inmediato:

—Tienen que librarse de esos objetos lo antes posible.

Nuestros amigos dijeron que encontrarían compradores para los muñecos cuando volvieran a casa. Pero el hermano Derek respondió con firmeza:

—No. No pueden venderlos. El dinero que reciban de la venta estaría maldecido. Hay que destruirlos. Les recomiendo que los quemen.

Quedaron asombrados puesto que esos muñecos representaban una inversión considerable, sin embargo acordaron destruirlos.

Días después me llamaron por teléfono.

«Pastor Hagee, quemamos toda la colección de muñecos Kachina como nos lo indicó el hermano Derek y queremos contarle las cosas extrañas que sucedieron. Mientras lanzábamos los muñecos al fuego, surgió de entre las llamas un ruido como de un llanto. Nos asustó puesto que parecía un lamento humano. Los muñecos tardaron muchísimo en quemarse[8] pero, al fin, tras varias horas, nos quedamos tranquilos porque estaban todos incinerados».

Yo escuchaba atentamente. Pero la historia continuó:

«Cuando volvimos a entrar en la casa para quitarles el polvo a los estantes donde habían estado en exhibición los muñecos, nos asustamos porque había una serpiente enroscada en medio de la sala. Pastor Hagee, ¡jamás hubo una serpiente en ningún lugar de nuestra casa! Era una serpiente diferente a las que uno suele encontrar en la zona», dijo la esposa. «Logramos sacarla de la casa, pero se nos hacía imposible matarla. Después de varios intentos por matar a la víbora finalmente mi esposo tuvo que usar el hacha y partirla en pedazos, ya que seguía moviéndose. Luego tiró los pedazos en la fogata y volvimos a entrar en la casa, muy cansados, física y emocionalmente».

La señora prosiguió: «Estábamos más decididos que nunca a eliminar de nuestro hogar cualquier rastro de los kachinas. Cuando estábamos ordenando la sala encontré el cuaderno con las fotos y el valor de cada muñeco. Mientras pasaba las páginas, ¡no podía creer lo que veía! Uno de los muñecos Kachina más caros de nuestra colección, ahora destruidos, tenía en las manos una réplica exacta de la víbora que habíamos encontrado en la casa. ¿Qué significará esto, pastor?».

Mi respuesta fue: «El mundo de los espíritus tiene poder sobrenatural. El demonio que había en ese muñeco intentaba sobrevivir y, para lograrlo, se manifestó en la víbora».

Felicité a la pareja por haber hecho caso a las instrucciones espirituales del hermano Derek Prince (Levítico 26.1) y oré para que la paz de Dios llenara sus vidas y su hogar.[9]

Esta familia cristiana, sin saberlo, le había abierto la puerta al mal cuando adquirió esos «muñecos» para adornar su casa. Recuerda esta verdad: Satanás es el gran mentiroso. Te tentará con objetos que parezcan, se sientan o suenen atractivos. Él sabe que si permites que esos objetos entren en tu hogar, entonces la maldad que representan infectará a toda tu familia.

¿Hay algo que tengas que pueda estar bajo la influencia de lo oculto? ¿Conoces la historia que hay tras los objetos que coleccionas o usas como decoración?

¡Revisa tu casa con ojos nuevos!

¿Estás leyendo libros sobre ocultismo o escuchando música con temas demoníacos? ¿Juegas con las cartas del Tarot o coleccionas estatuillas y obras de arte de orígenes dudosos? Si es así, mi sugerencia urgente es que te deshagas de todo eso tan pronto como puedas. Depende de ti que resistas al diablo y sus tácticas para proteger tu hogar. ¡Tú eres centinela de las puertas de tu corazón, tu mente y tu alma!

He relatado estas historias reales para que veas que la presencia amenazante del mal en nuestra sociedad y dentro de nuestras iglesias es real. Nadie es inmune a los ataques de Satanás, pero podemos ser victoriosos y vencerlo.

Avancemos por el camino de la liberación que marcan claramente las palabras y las acciones de Jesucristo: «Así que, si el Hijo os libertare, seréis verdaderamente libres» (Juan 8.36).

CAPÍTULO 8

LA EVOLUCIÓN DEL MAL

Uno pensaría que los productos que enumeré en los capítulos anteriores —juguetes, videojuegos, libros, música y películas— son lo suficientemente destructivos y atroces. Pero la evolución del mal en nuestra sociedad, a través de esas diferentes puertas, ha logrado crecer hasta alcanzar niveles que horrorizan.

LA PUERTA DEL DIABLO

Cuando en 1973 escribí el libro *Invasión de demonios*, eran especialmente populares las películas sobre lo oculto, como *El exorcista*. En consecuencia, la venta de juegos relativos al ocultismo como los tableros Ouija aumentaron extraordinariamente y, de hecho, unos cinco años antes de que se estrenara *El exorcista* Parker Brothers compró los derechos de fabricación de Ouijas y vendió dos millones de tableros, ¡más que las ventas de Monopolio![10]

Al día de hoy se han vendido en todo el mundo unos veinticinco millones de tableros Ouija desde la creación de ese artefacto. Y eso no incluye la incontable cantidad de personas que juegan en Internet, con acceso gratuito a un tablero Ouija virtual, así como a otros juegos de lo oculto como «Lectura de cartas de Tarot», «Pregúntele a la bola de cristal», «Numerología», o «Asylum», entre muchos otros.

Si el juego Ouija original no alcanzó para seducir a la sociedad, hay ahora una película con el mismo nombre, que se estrenó en el otoño de 2014. *Ouija* fue éxito de taquilla al instante, con un total de treinta y cinco millones de dólares en nuestro país en las primeras dos semanas después de su estreno.[11]

La película *Ouija* trata sobre la vida de una chica asesinada misteriosamente después de haberse filmado mientras usaba un antiguo tablero Ouija. Los amigos de la joven víctima investigan el misterioso poder del tablero y descubren que hay ciertas cosas que no son un juego, en especial, cosas de «el otro lado».[12]

¡Los tableros de Ouija no son inofensivos!

Si te metes con ellos es como si dejaras la puerta de tu casa abierta de par en par en medio de la noche, en un barrio donde la tasa de criminalidad y violaciones es la más alta del país, esperando que ningún monstruo malvado entre a tu casa para matar o violar.

Tu puerta abierta es la invitación para que entre el diablo.

Tres jóvenes estadunidenses fueron llevados recientemente al hospital luego que supuestamente fueran dominados por unos espíritus malignos mientras usaban un tablero ouija. La que abrió la puerta fue Alexandra, de veintidós años, que jugó con el tablero junto a su hermano de veintitrés y su primo de dieciocho, durante una visita a la familia en el sudoeste de México. A minuto de empezar la «diversión» Alexandra empezó a «gruñir y agitarse, en estado como de trance». Su hermano y su primo también empezaron a mostrar señales de «manifestaciones demoníacas».

Cuando llegaron los paramédicos, debieron colocarle bandas de restricción a Alexandra para impedir que se lastimara. Luego les dieron a los tres jóvenes unos analgésicos, medicación para el estrés, y les pusieron gotas en los ojos.[13]

Los paramédicos usaron medicinas *convencionales* para tratarlos de un mal *no convencional*.

Más tarde un vocero comentó: «Fue muy complicado el rescate médico de estos tres jóvenes. Costó mucho atarlos y trasladarlos al hospital, debido a sus movimientos erráticos e involuntarios... [Los tres que habían jugado con el tablero Ouija] se quejaban de que se les dormían las extremidades, de que veían doble o no veían, de que estaban sordos, tenían alucinaciones, espasmos musculares y dificultad para ingerir».[14]

No hubo más información acerca de esos jóvenes.

Una mujer del noreste del país también relató su historia relacionada con el mal fruto del tablero Ouija. Ella y sus hermanas compraron un tablero cuando eran adolescentes. Mientras realizaban sesiones con sus amigos, a menudo les visitaban distintos espíritus, hasta que un espíritu poco amigable se identificó en particular como «Zozo» (la puerta abierta).

Las chicas le hicieron caso a su sacerdote, que les advirtió que dejaran de usar el tablero. Pero entonces una compañera de escuela perdió a su hermana en un trágico accidente y les pidió que sacaran de nuevo su tablero Ouija porque quería hablar con su hermana muerta (la puerta abierta).

¿Qué pasó entonces? Su amiga, apenada, «llorando le dijo a su hermana cuánto la amaba y echaba de menos. Ya no quería vivir sin ella y deseaba que pudieran estar juntas».[15]

Tan solo unas semanas después, dijo la mujer, esa adolescente también murió en un accidente de auto «exactamente de la misma forma... en que había muerto su hermana. Mi hermana tomó el tablero Ouija y lo puso en el basurero, y desde entonces ninguna de las dos hemos vuelto a tocar uno de ellos».[16]

No es un fenómeno nuevo. El rey Saúl tuvo una experiencia similar, la que se expone en 1 Samuel 28.

El profeta Samuel había muerto y los filisteos reunían a sus ejércitos para luchar contra Israel. El rey Saúl tuvo miedo y le preguntó al Señor, pero este no respondía ante las peticiones del rey (v. 6). Dios ya no estaba con Saúl debido a su pecado de desobediencia y rebeldía, el que el Señor equivale a con la brujería (1 Samuel 15.22-26).

Saúl, ante el silencio de Dios, decidió consultar a Samuel por medio de la hechicera de Endor (1 Samuel 28.7). La Biblia enseña con toda claridad que la comunicación con los muertos, en realidad, es contacto con espíritus demoníacos que no hacen más que imitar a los que han fallecido (Deuteronomio 18.10-12; 1 Crónicas 10.13). Si Dios se negaba a responderle a Saúl, por cierto que no iba a contestarle por medio de un espíritu demoníaco que imitara a Samuel.

La engañosa aparición de Samuel ante la bruja no era más que *un espíritu demoníaco* que se hacía pasar por el profeta fallecido. Este demonio conocía a Samuel, a Saúl, su relación en el pasado y, de hecho, hablaba por medio de la bruja (1 Samuel 28.15).

El espíritu demoníaco reveló su identidad cuando predijo que Saúl y sus hijos estarían con él al día siguiente. Y así como Lázaro estaba a salvo en el seno de Abraham, también lo estaba el profeta Samuel; pero así como el «hombre rico» estaba en el infierno (Lucas 16.22-23), allí estaba también el diablo.

Saúl consultó a un demonio y fue un demonio el que le respondió.[17]

EL MAL AVANZA

Mientras estudiaba e investigaba para escribir este libro me asombró observar el avance del mal en distintas áreas de la industria del entretenimiento en estas últimas cuatro décadas. A continuación menciono solo algunos ejemplos del avance meteórico del reino de las tinieblas en nuestra sociedad por medio de esas cosas que aparentan ser recreativas.

En 1973 los diez programas más vistos eran: *All in the Family* (conocido en el ambiente hispano como: Todo en familia), *Sanford and Son, Hawaii 5-0* (conocido en español como: Hawai cinco cero), *Maude, Bridgette Loves Bernie, Sunday Mystery Movie, The Mary Tyler Moore Show* (conocido en español como: La chica de la tele), *Gunsmoke* (conocido en español como: El pistolero), *Wide World of Disney e Ironside*.

Comparemos esa programación con los diez programas de televisión más vistos en 2014: *Breaking Bad* (que contiene uso de drogas por demás, violencia y sexo); *Game of thrones* (serie de fantasía, con mucho sexo y violencia); *The Returned* (serie de crímenes sobrenaturales); *Mad Men* (drama con sexo y desnudos, recomendado para mayores de catorce años); *Girls* (que sigue a mujeres universitarias que tienen múltiples encuentros sexuales que van desde lo más liviano a lo más gráfico); *Orange is the new black* (mezcla de drama y comedia con historias reales en la prisión, lleno de sexo y escenas obscenas); *The walking dead* (drama con zombies asesinos, sexo y desnudos que ha vencido al fútbol del domingo por las noches entre los espectadores cuyas edades van de dieciocho a cuarenta y nueve años); *Nashville* (sexo entre adolescentes); *Masters of Sex* (crónica de la vida sexual de Masters y Johnson); y *The Americans* (sexo, violencia y cosas asquerosas).[18]

La evolución de mal continúa.

En 1973 los títulos de los temas musicales más populares eran «Tie a Yellow Ribbon Round the Ole Oak Tree», «My Love», «You're So Vain», «Keep on Truckin», «Top of the World», «Midnight Train to Georgia», «Time in a Bottle» y «Will It Go Round in Circles».[19]

Pero luego, menos de veinte años más tarde, los jóvenes de nuestra sociedad conocieron los estruendosos acordes de Marilyn Manson. Su nombre artístico estaba formado por la combinación de dos íconos culturales de Estados Unidos: la actriz Marilyn Monroe y el infame asesino en masa influido por demonios Charles Manson.

Cuando le preguntaron por su seudónimo Marilyn Manson comentó: «Es algo que define mi estilo... filosofías de que Dios es un hombre... suena casi como "abracadabra". Tiene verdadero poder».[20]

En 1996 Marilyn Manson lanzó su autoproclamado álbum autobiográfico *Antichrist Superstar*, inspirado en libros como *El anticristo* de Nietzsche. Manson describió su obra: «Tan solo con el título la gente podrá percibir que es un álbum satánico. Y lo es. Pero la percepción del satanismo que tiene la gente es un poco distinta a la mía. Yo lo considero un disco sobre la individualidad y la fuerza personal; el ponerte ante muchas tentaciones y tormentos, ver tu propia muerte y lograr salir de ella, al fin y al cabo tiene un elemento casi positivo, y hasta diría que cristiano».[21]

Cuando le preguntaron a Manson si *Antichrist Superstar* era un disco apocalíptico contestó: «Diría que sí, en muchos aspectos, ya se trate del Armagedón del autoconsciente o de la destrucción del mundo físico. La mitología del anticristo puede ser tan simple como que alguien no crea en Dios... Yo me veo como la persona que despierta a los demás. El disco es una interpretación diferente de la clásica historia del ángel caído».[22]

Tan solo en los Estados Unidos, tres de los álbumes de Marilyn Manson han llegado a ganar discos de platino y otros tres son discos de oro.

La evolución continúa.

El avance de la influencia satánica en determinados géneros musicales también ha dado como resultado espectáculos ofensivos en una de las ceremonias de los premios más codiciados en el mundo de la música, los Grammy.

En los últimos cuarenta años estos mismos Grammy incluyeron a artistas como Bette Midler, Marvin Hamlisch, Natalie Cole, Christopher Cross, Mariah Carey, LeAnn Rimes, Norah Jones y Carrie Underwood, por nombrar solo unos pocos. Pero las actuaciones y excentricidades de algunos de los artistas más populares de los últimos años han glorificado a Satanás y su reino.

En la entrega de los Grammy, en 2012, Nicki Minaj caminó por la alfombra roja vestida con una bata de satén rojo con capucha, como la de una monja. Canalizaba a «Roman Zolanski», su autoproclamado alter ego demoníaco, y la escoltaba un hombre vestido como el Papa.

Nicki estrenó su álbum *Roman Reloaded* con la representación de un autoexorcismo en el escenario, con un confesionario de utilería y vitrales como los de una iglesia.

A medida que avanzaba su representación, iba burlándose más y más de la fe católica. Un coro vestido con blancas capuchas cantaba mientras Minaj se ataba a una mesa de cuero con llamas ardientes debajo. La presentación terminaba con Minaj levitando mientras el coro ofrecía su versión de «Venid, fieles todos», con un hombre vestido como obispo, que caminaba por el escenario.[23]

¿Piensas que Minaj solo atrae a los extremistas, en cantidad limitada? ¡No lo creo! El *New York Times* dijo que es: «La rapera más influyente de todos los tiempos». En abril de 2013, Minaj se convirtió en la rapera de mayor éxito en la historia según los Hot 100 de *Billboard*.[24]

Y la puerta sigue abriéndose de par en par.

En las ceremonias de los premios Grammy de 2014 otra premiada artista, Katy Perry, cantó su tema «Dark Horse». Perry dijo que quería que ese tema tuviera una «idea brujeril, hechicera, con algo de magia negra» y por eso la compuso desde la perspectiva de una bruja. Se inspiró para ello en una película de 1996, *The Craft*, una película estadounidense de horror que se centra en un grupo de cuatro chicas adolescentes que practican la brujería y la hechicería para beneficio propio».[25]

Para su actuación Perry se vistió con ropas de bruja y llevaba una cruz iluminada de los caballeros templarios. Bailaba junto a una escoba puesta al revés, y la rodeaban las llamas mientras «la quemaban en la hoguera», y todo el tiempo había demonios danzantes en escena. Incluso *E! Online* twitteó con asombro que la actuación de Perry parecía «brujería de verdad».[26]

Para demostrar la seductora popularidad de esta clase de música quiero mencionar aquí algunas estadísticas impactantes de esta canción. Desde su estreno «Dark Horse» ha sido un éxito comercial, número uno en Canadá, los Países Bajos y los Estados Unidos. En casi veinte países ha estado entre los diez temas más escuchados, incluyendo Nueva Zelanda, el Reino Unido, Suecia y Venezuela, y lo mismo en la lista de canciones digitales de la revista *Billboard*.[27] Al día de hoy la canción ha vendido en todo el mundo más de ocho millones de copias y se ha convertido en el sencillo más vendido de todos los tiempos.

Recuerda que estos son tan solo algunos ejemplos de los miles de temas musicales con los que Satanás seduce sutilmente a nuestros inocentes. La música de hoy está llena de letras e imágenes que exaltan lo oculto, de sexo promiscuo y abusivo, de violencia, asesinatos, drogas y suicidio... y *todo eso* en el nombre de la «libre expresión» y el «arte».

La evolución sigue adelante.

En 1973 las películas más taquilleras eran *The Sting, American Graffiti, Papillon, The Way We Were, Magnum Force, Live and Let Die, Robin Hood* (animada de Disney) y *Paper Moon.*[28]

Pero una tendencia oscura y maligna también fue envolviendo a la industria cinematográfica; las películas ya no eran arte que imitaba la vida sino vida que imitaba la muerte.

El film de 1994, *Natural-Born Killers,* inspiró la ola más grande de asesinatos por imitación que haya habido. Muestra a amantes homicidas que se dedican a matar sin sentido y eso al fin los catapulta a la fama. Esa notoria película no solo se ha vinculado con la más alta cifra de asesinatos en la historia sino que los asesinos admitieron sin problemas haberse inspirado en ella.

Uno de esos crímenes fue en 1994: un chico de catorce años decapitó a una jovencita de trece. El chico dijo que quería «ser famoso como los de Natural-Born Killers».[29]

Ese mismo año un chico de diecisiete años que admitió haber visto la película más de diez veces, asesinó a su madrastra y a su medio hermana mientras estas dormian. El joven dijo que antes de matarlas se afeitó la cabeza y usó gafas oscuras para imitar a Mickey, el protagonista de la película.[30]

Luther Casteel fue expulsado de un bar de Chicago en 2001 por acosar a las clientas del lugar. Furioso, fue directo a su casa y se afeitó la cabeza como mohawk, se puso un uniforme militar de faena y tomó dos pistolas, dos rifles y doscientas cargas de municiones. Casteel volvió entonces al bar y, disparando mientras reía, gritó: «Yo soy el rey... ¿Ahora me quieren?». Los conocidos dijeron que Casteel estaba obsesionado con las armas y con la película *Natural-Born Killers*.

Casteel mató a dos personas, hiriendo a dieciséis más. Algunas de ellas quedaron discapacitadas de por vida.[31]

La famosa capa negra y los asesinatos escolares en masa se presentaron en la pantalla grande al año siguiente, en *The Basketball Diaries*. La película muestra a un jugador de baloncesto de la escuela secundaria, adicto a la heroína, que en una secuencia de ensueño entra a su clase vestido con una capa negra y masacra a sus compañeros de escuela con un arma de fuego.

En 1996, en la Escuela Frontier del estado de Washington, un chico de catorce años entró con un arma y mató a su maestro de álgebra y a dos alumnos. El estudiante admitió que trataba de vivir imitando a Charlie Decker, el protagonista de la novela *Rage* [Furia] de Stephen King, que mata a dos maestros y toma de rehenes a los de su clase de álgebra. Los fiscales declararon que Barry Loukaitis se había dejado influenciar por la novela de King y por las películas *Natural-Born Killers* y *The Basketball Diaries*.[32]

En Paducah, Kentucky, un chico de catorce años llamado Michael Carneal abrió fuego contra un grupo de estudiantes que estaban orando. Fue en 1997, y murieron tres de los chicos en tanto que otros cinco sufrieron heridas. Carneal había envuelto una pistola y un rifle con una manta al salir de su casa. En su mochila había puesto una pistola Ruger MK II calibre 22, para luego salir tranquilamente hacia la escuela. Después de ponerse tapones en los oídos, sacó la pistola de la mochila y disparó ocho rondas de balas en rápida sucesión, apuntando a los de la reunión de oración.

Un amigo de Carneal que logró desarmarlo después del episodio, atestiguó que el joven lo miró a los ojos y le dijo: «Mátame, por favor. No puedo creer que haya hecho lo que hice».[33]

Tras esas matanzas escolares, hubo una demanda judicial contra los distribuidores de *The Basketball Diaries* y otras empresas de medios, acusándoles de que lo que había inspirado al joven asesino era el argumento de la película, junto con los sitios de pornografía en Internet y una cantidad de juegos de computadora.[34]

Natural-Born Killers también tuvo una decisiva influencia sobre Eric Harris y Dylan Klebold, quienes perpetraron la matanza de la Secundaria Columbine en Colorado, en abril de 1999. Los asesinos habían escrito en sus diarios la frase «somos NBK» (NaturalBorn Killers o «nacidos para matar»), como señal del inicio de su demoníaco ataque.[35] También ellos se habían puesto capas negras, y asesinaron a catorce inocentes: trece alumnos y una maestra, antes de suicidarse.

La compulsión obsesiva con los productos de lo oculto es como cualquier otra adición que al fin llega a apoderarse de la persona.

El escritor John Grisham dijo algo importante después de dos asesinatos sin sentido en Mississippi. Benjamin Darrias de dieciocho años y Sarah Edmondson de diecinueve, asesinaron a Bill Savage, «un ciudadano respetable y amable, un cristiano devoto», dejando gravemente herida y mutilada a Patsy Byers, de treinta y cinco años y madre de tres niños. Los adolescentes admitieron haber hecho lo que hicieron tras ver *Natural-Born Killers*.

A continuación, lo que escribió Grisham sobre los ataques:

Se supone que creamos que Mickey y Mallory [protagonistas de la película] están atormentados por demonios y que se ven obligados a cometer muchos de sus atroces crímenes, no porque son jóvenes idiotas y sin cerebros, sino porque los obligan las fuerzas del mal. Los dos han sufrido mucho durante sus tristes infancias disfuncionales, con padres abusivos, etc.

Los demonios los tienen en sus garras, los persiguen, los acosan y hacen que ellos maten a cincuenta y dos personas.

Este tema demoníaco, como para que no se lo pierda siquiera el espectador más tonto, ocurre cada cinco minutos a lo largo de la película.

¿Adivinen lo que vio Sarah Edmondson cuando se acercó a la salida y vio a Patsy Byers? No vio a una mujer de treinta y cinco años cerca de la caja registradora. No.

Vio a un «demonio». Y por eso le disparó.[36]

The Matrix, estrenada en 1999, supuestamente ha tenido también un papel importante en varios casos de asesinatos. Además de la capa negra del protagonista, la película presenta de manera sutil este principio filosófico: nuestra realidad no es real; es un programa virtual que cede ante la autogratificación. Varios asesinos han tomado como verdad este concepto de la fantasía y, según su lógica, las personas a las que mataban no eran reales.

Después de descuartizar a la mujer que le alquilaba su cuarto, un estudiante de intercambio sueco le dijo a la policía que «*The Matrix* lo había absorbido». Tonda Lynn Ansley también mató a la mujer que le alquilaba el cuarto pero como creyó que estaba dentro de *The Matrix*, comparó el asesinato con un sueño.[37]

Tal vez el asesino más conocido entre los influenciados por *The Matrix* sea Lee Boyd Malvo. Malvo era adolescente en ese momento y ayudó a John Allen Muhammad en los ataques del francotirador de 2002 en Washington, DC, en que murieron diez personas, tres más resultaron gravemente heridas y miles de ciudadanos quedaron aterrorizados.

Malvo le dijo al siquiatra Dewey Cornell que había visto *The Matrix* «más de 100 veces». Los abogados del joven citaron esto y el adoctrinamiento de Muhammad como argumentos de insania. Pero su defensa no logró su cometido; sentenciaron a Malvo a cadena perpetua sin posibilidades de libertad condicional.[38]

Uno pensaría que tras esos asesinatos tan horrendos motivados o relacionados con películas la sociedad clamaría pidiendo cordura. Sin embargo, hemos perdido la sensibilidad ante la realidad de la violencia, al punto de que —cuando en las noticias vemos los informes de los últimos asesinatos— de algún modo pensamos que se trata simplemente de una película más, que pronto acabará. Pero no acaba.

La evolución del mal continúa.

LAS TINIEBLAS CRECEN

La enfermedad de la violencia relacionada con el cine sigue también en esta década. En 2012 la nación americana se enfrentó a la horrible noticia de otro asesinato en masa. Ese baño de sangre, sin embargo, no sucedió en una escuela ni en un pueblo rural, sino en un cine de los tranquilos suburbios de la pintoresca Aurora, en Colorado.

Imagínate el contexto. En el cine hay amigos, parejas y familias, sentados con sus palomitas de maíz y sus bebidas sin alcohol, preparándose para ver el tan esperado estreno de la secuela de la serie de Batman, *The Dark Knight Rises*. Y de repente la vida decide imitar a la muerte, una vez más.

James E. Holmes, graduado en neurociencias con las mejores notas, y entonces estudiante de doctorado en la Universidad de Colorado, irrumpió en el cine de Aurora por una puerta de salida cercana a la pantalla, vestido con lo que los presentes describieron como un chaleco antibalas y una máscara antigás. Esos mismos testigos contaron lo que sucedió:

> Tira algo en el cine que hace un ruido como silbido y que produce humo. El hombre le dispara al cielorraso y... es como si las estrellas cayeran sobre la gente.
>
> Se desata un caos terrible mientras todos buscan dónde ocultarse... poniéndose a salvo de ese ataque demente...
>
> La policía de Aurora informa que cientos de personas llamaron al 911. El despachante comunica a las unidades: «Están diciendo que alguien dispara dentro del cine».
>
> Mientras tanto... el hombre armado sigue tranquilamente disparando, y algunas de las balas se incrustan en la pared de la sala de cine contigua. Las víctimas están en el piso mientras otras personas corren, heridas, buscando salir de allí.[97]

Este trágico ataque parece tener una escalofriante semejanza con una de las escenas de la revista de caricaturas de 1986, *Batman: The Dark Knight Returns*. Allí, un loco solitario armado entra en un cine y empieza a disparar, matando a tres personas.

La revista de caricaturas de 1986, escrita e ilustrada por Frank Miller, fue de hecho la inspiración clave de Christopher Nolan, director de las películas de Batman. La caricatura le ayudó a «reimaginar al personaje, lejos de su imagen de caricatura de los sábados por la mañana, para convertirse en un vengador oscuro, implacable».[39]

¿Estaba el atacante imitando al personaje de la caricatura?

La obsesión de James Holmes por el personaje de Batman quizá haya estado allí mucho antes de que le acusaran de abrir fuego dentro del cine de Colorado. El conductor de *Pimp My Ride* de MTV, «Diggity» Dave Aragon, recordó una conversación telefónica de semanas antes del ataque de Colorado, con alguien que se identificó como James Holmes. Holmes dijo que había visto *The Suffocator of Sins,* un tráiler de una película violenta con un falso Batman que había escrito, dirigido y protagonizado Diggity Dave.[40] Según Aragon, Holmes afirmó haber visto el tráiler docenas de veces. También tenía preguntas muy específicas, como la cantidad de víctimas de Batman y la forma en que elegía a sus víctimas.

El sicólogo clínico, doctor Michael Mantell, dijo que el interés obsesivo de Holmes era «alarmante, que inspiraba miedo», y concluyó: «Esa agresividad o deseo de destacarse, ese interés extra en "¿cuántos murieron?" y "¿fue un asesinato en masa?"... dice... que había estado pensando mucho en todo esto... Era parte de su plan». Mantell concluyó que para él, algo en la sociedad está muy, muy mal. «En este país solemos derribar lo bueno y, en una manera bastante extraña, celebramos lo malo».[41]

Hasta este sicólogo secular que no está capacitado para dar credibilidad a los asuntos espirituales, entiende muy bien lo malo que hoy celebra nuestra cultura.

RECTITUD Y ANARQUÍA

La ola de sufrimiento de ese suceso fatal llegó hasta mi oficina en San Antonio, Texas, cuando recibí a los apenados y devastados padres de una de las víctimas.

Estaban allí de pie, llorando sin poder contenerse y meneando la cabeza, sin poder creerlo; yo abracé a la madre, esperando poder aliviar en algo su dolor. Entramos en mi oficina, nos sentamos y escuché a esos dolidos padres mientras me contaban la historia de su hija.

Su preciosa Jessica de veinticuatro años era hermosa y empezaba a trabajar como periodista, era una joven «con chispa, ingeniosa» según sus amigos. Pero está muerta. Se había mudado a Colorado solo un mes antes y ahora la había matado un hombre que con su «modo extraño» decidió sin emoción alguna, calmo y metódico, disparar contra los inocentes que estaban en el cine.

Su familia quería que todos supieran cómo era Jessica. Querían que el mundo recordara su espíritu bondadoso, generoso, su personalidad cálida y extrovertida. No querían que fuera tan solo una víctima más de un loco.

«Cuando entraba en algún lugar, lo iluminaba. Era como un relámpago», recordaba su madre entre lágrimas. «Su espíritu era más grande que ella, que la vida».[42]

Tienes que saberlo: existen el bien y el mal, la luz y la oscuridad, la verdad y el engaño. La película *The Dark Knight Rises* estaba impulsada por el espíritu de las tinieblas.

El asesino, inmerso en un mundo de asesina fantasía, decidió imitar a un sicópata. Según el informe policial, Holmes se identificaba como «El Guasón» y hasta se había teñido el cabello de rojo para parecerse a su ídolo.

El director cinematográfico Nolan destacó que el personaje del Guasón era un ejemplo de la «anarquía diabólica y caótica» con un «diabólico sentido del humor».[43] ¡Y tenía razón!

En las Escrituras Satanás, el príncipe de las tinieblas, tiene dominio sobre el poder de la oscuridad (Colosenses 1.13). San Pablo preguntó: ¿Qué compañerismo tiene la justicia con la injusticia? ¿Y qué comunión la luz con las tinieblas?» (2 Corintios 6.14). ¡Nada y ninguna! No puede haber comunión entre el espíritu de la luz y el espíritu de la oscuridad.

Jesús le dijo a su iglesia: «Vosotros sois la luz del mundo» (Mateo 5.14). La lógica exige que si no formas parte del reino de la Luz, entonces eres esclavo del dominio de las tinieblas.

Lo que ves es lo que piensas. Tus pensamientos se convertirán en palabras y estas, al fin y al cabo, se transformarán en acciones. ¡Te conviertes en lo que ves! El mal que permites que entre en tu mente puede dominarte y, en última instancia, destruirte así como destruir a los demás.

El apóstol Pablo les advertía a los creyentes del Nuevo Testamento acerca del control de su vida y su pensamiento:

Las armas de nuestra milicia no son carnales, sino poderosas en Dios para la destrucción de fortalezas, derribando argumentos y toda altivez que se levanta contra el conocimiento de Dios, y llevando cautivo todo pensamiento a la obediencia a Cristo (2 Corintios 10.4-5).

Hemos invitado a las fuerzas demoníacas a entrar en nuestra sociedad a través de una serie de puertas abiertas de par en par. Y el mal —contento y alegre—, entró. Satanás ha violado las mentes, los corazones y las almas de nuestros jóvenes, adoctrinándolos por medio de *su* forma de entretener, y nosotros le hemos permitido que entre por medio de juguetes, libros, juegos, música y películas sobre ocultismo.

Hay jóvenes que muestran orgullosos el número 666 tatuado en sus brazos, en sus libros de estudio, en sus camisetas. No buscan la venida de Jesucristo. ¡Están esperando al mesías de Satanás, el anticristo!

El resultado final es el rechazo a Dios Todopoderoso y la aceptación del diablo, la brujería y todos los males de lo oculto. Esta campaña bien calculada y ejecutada, tan seductora, dará resultados al maligno cuando aquellos a los que ha evangelizado para el reino de las tinieblas se arrodillen y adoren a su hijo, el hijo de la perdición, conocido como el anticristo.

CAPÍTULO 9

EL ESPÍRITU DEL ANTICRISTO

El prefijo *anti* significa oposición, antagonismo a determinada persona, práctica, partido, política o acción. En términos de la lógica si uno se opone a Jesucristo y su reino es que está bajo la influencia del «espíritu del anticristo». Este espíritu personifica la oposición a la ley, la rebeldía contra cualquier autoridad delegada, desafiando todo lo que sea de Cristo: su palabra, su nacimiento virginal, su muerte y su resurrección.

Porque muchos engañadores han salido por el mundo, que no confiesan que Jesucristo ha venido en carne. Quien esto hace es el engañador y el anticristo (2 Juan 1.7).

Hay una marcada diferencia entre el «espíritu del anticristo» y el hombre al que se hace referencia como «*el* anticristo» que todavía no ha sido revelado: «Hijitos, ya es el último tiempo; y según vosotros oísteis que el anticristo viene, así ahora han surgido muchos anticristos; por esto conocemos que es el último tiempo» (1 Juan 2.18).

Las Escrituras declaran que en los últimos tiempos se levantará el anticristo para asumir gran poder religioso, político y económico (Apocalipsis 17). Blasfemará contra Dios, perseguirá los creyentes y abolirá la observancia de las fiestas del Señor.

Y hablará palabras contra el Altísimo [Dios], y a los santos del Altísimo quebrantará, y pensará en cambiar los tiempos y la ley; y serán entregados en su mano hasta tiempo, y tiempos, y medio tiempo (Daniel 7.25).

Sabiendo que la humanidad necesita y debe tener una creencia religiosa creará una religión mundial basada en la divinidad del hombre y la supremacía del estado. Y como personificación del estado exigirá adoración y designará el sacerdocio (falso profeta) para hacer que sea obligatorio adorarle (Apocalipsis 13.12-15).

Esa diabólica transferencia de la fe en Dios a la creencia en el estado levanta la doctrina de que el gobierno es el poder supremo al que deben someterse el ser humano y su conciencia moral. Los objetivos supremos del anticristo son la abolición de Dios y la coronación de su estado, el reino de las tinieblas.[1]

En el rapto de la Iglesia los creyentes serán llevados (1 Corintios 15.51-52; 1 Tesalonicenses 4.16-17) antes de que aparezca el anticristo pero, hasta ese momento, lucharán con el espíritu del anticristo.

Todo espíritu que no confiesa que Jesucristo ha venido en carne, no es de Dios; y este es el espíritu del anticristo, el cual vosotros habéis oído que viene, y que ahora ya está en el mundo (1 Juan 4.3).

Cuando se manifiesta el poder del anticristo, de manera evidente y flagrante intenta oponerse a todo lo que representa el Dios de Abraham, de Isaac y de Jacob. Entre las cosas que se levantan en oposición se cuenta la iglesia de Satanás, fundada con el propósito de desafiar a Dios.

LA IGLESIA DE SATANÁS

La iglesia de Satanás es la antítesis de la Iglesia de Jesucristo. Su fundador, Anton LaVey, que en realidad se llamaba Howard Stanton LaVey y que nació en 1930, presentó su religión a la sociedad estadounidense en 1966. De inmediato la adoración satánica empezó a multiplicarse, como un cáncer agresivo.

LaVey acusaba a los que asistían a la iglesia de utilizar dobles parámetros y en su *Biblia satánica* dijo que ese estilo de vida hipócrita era lo que le había motivado para desafiar a la religión cristiana.[2]

Se hizo notorio por sus investigaciones paranormales y actuaciones en vivo como organista en varios bares de San Francisco y al fin formó un grupo llamado Orden del Trapezoide, dedicado al príncipe de las tinieblas.[3]

LaVey estableció su maligna religión basándose en la *Walpurgisnacht* (Noche de las brujas) el 30 de abril de 1966. Por ritual se afeitaba la cabeza, supuestamente «según la tradición de los antiguos verdugos», usaba un collar romano y una túnica negra larga, y declaró la fundación de la iglesia de Satanás. LaVey también declaró que 1966 era el «*Anno Satanas*» o el año uno de la era de Satanás.[4]

Tanto el diario *Los Angeles Times* como el *San Francisco Chronicle* lo llamaron «el Papa negro» cuando dirigió misas, casamientos y funerales satánicos. El primer bautismo satánico de la historia fue cuando LaVey dedicó a su hija de tres años al diablo.[5]

LaVey se convirtió muy pronto en una celebridad y se le da crédito por promover el satanismo y la brujería en los Estados Unidos. Creía que «hay un demonio dentro del hombre... que hay que ejercer, no exorcizar, y canalizar en odio ritual», con lo que amplió su casa negra de San Francisco por medio de sucursales de la iglesia de Satanás o «santuarios-grutas» en la Unión Americana y el resto del mundo. Los miembros de la iglesia se dedicaban a la práctica de la «magia negra, las maldiciones y la indulgencia en vez de la abstinencia».[6]

La gran expansión de la iglesia de Satanás sigue siendo atemorizante pero se trata solo de un tentáculo de un poderoso pulpo maligno que se ha ocupado de envolver a nuestra sociedad, poniendo en peligro nuestra supervivencia física y espiritual.

EL MERCADEO DEL PRÍNCIPE
DE LAS TINIEBLAS

En la década de 1980 los medios informaron que había preocupación porque existiera actividad criminal relacionada con la iglesia de Satanás. El satanismo entonces cargó con la culpa del abuso del ritual satánico (SRA, en inglés), bajo el mote de «pánico satánico». Ese pánico fue la causa de que la iglesia de Satanás actuara de manera subterránea durante un tiempo, aunque no demasiado.

Después de la muerte de LaVey en 1997, el puesto de sumo sacerdote quedó vacante hasta 2001, cuando los más antiguos miembros de la iglesia satánica asumieron como sumo sacerdote y sacerdotisa. La iglesia de Satanás sigue viva y activa, y persiste en sus intentos por convertirse en una religión socialmente aceptada mediante demostraciones públicas y prácticas rituales.

El año 2014 marcó el cuarto aniversario de los rituales satánicos realizados en el Teatro Music Hall del centro cívico de la ciudad de Oklahoma. El satanista Adam Daniels dijo respecto de la misa negra:

> Llamamos Dios mudo a Jesús… un Dios fugitivo. Que no hizo nada, que no representa nada… La base de la misa es que tomamos la hostia consagrada y la bendecimos u ofrecemos a Satanás… La reconsagramos [la hostia, cuerpo de Cristo], o mejor dicho, lo hace el diablo.[7]

El arzobispo Coakley de la arquidiócesis de la ciudad de Oklahoma afirmó que ese ritual es «la maldad en su forma más pura», y añadió: «El ritual satánico… ha de invocar a esos poderes oscuros, que creo son muy reales, para que entren en nuestra ciudad, en nuestra comunidad».[8]

Los esfuerzos de la iglesia de Satanás por expandir lo oculto y llegar así a toda la sociedad se reflejan en distintos informes de noticias.

El templo satánico de la ciudad de Nueva York lanzó una campaña para adoptar una autopista en 2013 con el fin de promover entre el público el entendimiento y la aceptación del satanismo.

> «En verdad estamos entusiasmados ante esta oportunidad de servir a nuestra comunidad y promover conciencia entre el público del satanismo socialmente responsable», dijo el vocero del templo satánico Lucien Greaves. «Y eso es solo un pequeño comienzo. En el futuro verán más ejemplos de nuestra participación pública con la comunidad».[9]

Durante las vacaciones de Navidad de 2014, el capítulo de Detroit del templo satánico presentó su «escena de la víbora-navidad» en el parque del capitolio estatal de Lansing, Michigan, con una víbora enroscada sobre una cruz satánica, ofreciendo un libro titulado *Revuelta de los ángeles*.

El vocero del templo, que llevaba un collar con una cruz cristiana puesta cabeza abajo, dijo que el grupo quería promover «perspectivas que estaban fuera de las creencias conservadoras y cristianas». Sentían que el apoyo del gobierno hacia solo un método de celebración de esta fecha (el nacimiento de Cristo) era «problemático».[10]

También al templo satánico de Florida se le permitió su exposición en Tallahassee. Era un ángel que caía en las llamas con el mensaje: «Felices fiestas de parte del templo satánico».[11]

Los satanistas han secuestrado las sagradas libertades de nuestra nación, usándolas para promoverse a sí mismos, a sus creencias y a su líder que es el príncipe de las tinieblas. Apoyándose en la Primera enmienda de nuestra Constitución que prohíbe la discriminación por creencias religiosas, la iglesia de Satanás y la Wicca hoy forman parte de la lista de religiones autorizadas para su práctica en las bases militares estadounidenses.

Los incesantes esfuerzos de la iglesia de Satanás por legitimizarse como parte aceptada de la sociedad estadounidense continuarán hasta que el mismo anticristo aparezca, como dictador global del planeta Tierra. No nos dejemos engañar, sino más bien seamos valientes en nuestra constante batalla por la verdad y la justicia tal como las define la Palabra de Dios.

RITUALES SATÁNICOS

La iglesia de Satanás y su filosofía anti Dios y anti Cristo han tenido un terrible impacto en nuestra sociedad, cosechando resultados malignos.

En 1995, tres adolescentes de San Luis Obispo «sacrificaron a Satanás» a Elyse Pahler de quince años. Fue uno de los asesinatos más atroces de California de los que se tenga memoria. Los sospechosos llevaron a la chica a un lugar oculto cerca de su casa, la drogaron, la violaron y le ataron un cinturón al cuello «para que fuera más fácil apuñalarla». Los asesinos luego ofrecieron a su víctima como «pecado supremo contra Dios» y la apuñalaron hasta que murió, sobre un supuesto «altar satánico». Los muchachos «eligieron y acecharon» a Elyse porque creían que el sacrificio de una virgen les daría «la entrada al infierno».[12]

A comienzos de 2015 los fiscales de Houston, Texas, confirmaron que el asesinato de Corriann Cervantes de quince años formaba parte de un ritual satánico. Las autoridades alegaron que José Reyes y su cómplice de dieciséis años presuntamente habían seducido a Cervantes para llevarla a un apartamento vacío que había cerca de su casa, y luego la atacaron sexualmente y la mataron a golpes.

Los presuntos asesinos habían tallado con un cuchillo una cruz invertida sobre su abdomen, acción que Reyes admitió formaba parte de una ceremonia satánica. El Fiscal del Distrito del Condado de Harris informó: «El señor Reyes dice que le ha vendido el alma al diablo. Y que si mataban a esta adolescente, también su cómplice de dieciséis años podría venderle su alma al diablo».[13]

En el otoño de 2014 se hallaron dos esqueletos en tumbas poco profundas en Clemmons, Carolina del Norte. Pazuzu Illah Algarad —conocido formalmente como John Alexander Lawson, autodefinido satanista—, su esposa y un cómplice, fueron acusados por los asesinatos de Joshua Fredrick Wetzler de treinta y siete años y de Tommy Dean Welch, de treinta y seis.

Según el *Camel City Dispatch* Lawson adoptó «el nombre de Pazuzu, el demonio protagonista de la película *El exorcista* y cultivó una personalidad que era la combinación de Charles Manson, Anton LaVey y Alistair Crowley». Su errática conducta incluía la amistad con yihadistas de Medio Oriente en Facebook, además de que se limaba los dientes con una herramienta para hacerlos puntiagudos».[14]

Lawson alardeaba ante sus amigos de que comía partes de cuerpos humanos, quemando los restos en una fogata antes de enterrarlos en el jardín de su casa. Sus vecinos decían que Lawson era un verdadero terror.

En su casa, la puerta estaba pintada de negro, tenía varias cruces invertidas y una leyenda en árabe que significaba: «la casa de los diablos». Una fuente le dijo al periódico local que la casa de Lawson estaba llena de «objetos satanicos» y que «había algo en el tipo que me hacía sentir muy mal... con su sola presencia me hacía sentir mal».[15]

Las actividades satánicas de Lawson incluían el derramamiento de sangre mutuo en los cementerios y el intento de incendiar varias iglesias. El hombre admitió ante los siquiatras que practicaba una religión sumeria que requería el sacrificio ritual mensual de pequeños animales. También reconoció que realizaba esta ceremonia de sacrificios mensuales durante la «luna negra».

Otra fuente informó que «más o menos una vez al mes, y por lo general en noches de luna llena», Lawson y su esposa «sacrificaban al menos un conejo y él se comía el corazón. Uno sabía cuándo sus demonios le exigían algo porque lo dominaban».[16]

Un ex compañero de Lawson de la escuela secundaria declaró: «Después de Columbine, él [Lawson] empezó a vestir una capa negra como el de los asesinos. Tenía tatuajes de pentagramas y el 666 por todo el cuerpo. Me dijo que practicaba el satanismo».[17]

ACTIVIDADES Y OBJETIVOS IMPÍOS

Este espíritu de adoración a la muerte no comenzó con la iglesia de Satanás y los rituales satánicos. El espíritu del anticristo ha levantado su atroz cabeza a lo largo de la historia, a través de gente como Caín, Amán, Herodes, Nerón, Stalin, Hitler, Mussolini, Tojo, Mao Tse-Tung, Pol Pot, Kim II Sung, Saddam Hussein, Al-Assad, Khomeini de Irán y otros líderes del recientemente fundado estado islámico, radicalmente extremista.

El espíritu del homicidio entró en el mundo cuando Satanás manipuló a Caín, que mató a su hermano Abel (Génesis 4.1-9). La compulsión asesina puede hallarse también a lo largo de la historia bíblica.

Abimelec codiciaba la sucesión al trono de su padre y se aseguró su reinado de tres años de Israel, matando a sus setenta hermanos (Jueces 9)

Herodes el Grande fue el monarca de Judea nombrado por los romanos. Era un hombre brutal y paranoico que mató a su suegro, a nueve de sus diez esposas y a dos de sus hijos. Se rebeló contra las leyes de Dios porque así podría cumplir sus egoístas ambiciones y mandó matar a todos los niños menores de dos años en Israel porque consideraba que el bebé nacido en Belén representaba una amenaza para su trono (Mateo 2.16).

Treinta años después el hijo de Herodes el Grande, Herodes Antipas, entró en la historia notoria de Israel. Herodes era un gobernante patético, lujurioso, que vivía francamente con Herodías su sobrina, ex esposa de su medio hermano Felipe. Cuando Juan el Bautista denunció la relación incestuosa de Herodes (Levítico 18.6), Herodes lo hizo encarcelar. Luego, por exigencia vengativa de Herodías y su hija Salomé (que pronto sería amante de Herodes) hizo decapitar a Juan el Bautista (Mateo 14.6-11). Herodes Antipas es recordado, sin embargo, como uno de los conspiradores de la acusación y de la sentencia de muerte de Jesucristo.

La historia de la Iglesia registra la persecución y matanza de inocentes por orden del loco Nerón. Eusebio de Cesarea (265-340 D.C.) escribe en la crónica que «Nerón se sumergió en prácticas y objetivos no santos» en su obra *Historia de la Iglesia*, libro II, capítulo 25. Eusebio describió al déspota romano como un «loco extraordinario», responsable de incontable cantidad de asesinatos, incluyendo el de su madre, sus hermanos y su esposa.

El estilo de vida de Nerón estuvo marcado por el lujo de la autoindulgencia y la tiranía. Su egocéntrica personalidad codiciaba la aceptación de la gente, y eso hizo que culpara por el incendio de Roma a una nueva secta religiosa conocida como los cristianos. Durante su reinado de maldad, los cristianos eran arrestados y echados a la fosa con bestias salvajes o eran crucificados. También los quemaban vivos durante la noche, para que sirvieran de «luces» en los jardines de Nerón.

Su brutal persecución inmortalizó al gobernante de Roma como primer anticristo a los ojos de la Iglesia cristiana. También durante el imperio de Nerón fueron ejecutados Pedro y Pablo, uno de ellos crucificado cabeza abajo y el otro decapitado.

La historia mundial contemporánea no está exenta de la matanza en masa y planificada de gente inocente.

José Stalin, dictador de la Unión Soviética entre 1922 y 1953, es conocido como uno de los asesinos más prolíficos de la historia.

El brutal gobierno de Stalin cometió tantas atrocidades (incluyendo hambrunas de su creación, tortura, asesinatos masivos y masacres) que jamás podrá conocerse la cantidad exacta de víctimas de su derramamiento de sangre. Sin embargo, varios historiadores han llegado a la conclusión de que el total que puede atribuírsele a ese hombre malvado impulsado por el espíritu del anticristo, oscila entre los cuarenta y los sesenta millones de personas. El desprecio absoluto de Stalin por la vida humana se refleja de manera acabada en sus propios dichos: «La muerte es la solución a todos los problemas. Si no hay hombre, no hay problema». También dijo: «Una sola muerte es una tragedia pero, un millón, no es más que una estadística».[18]

El régimen de Stalin fue la máquina de matar más devastadora que haya existido, hasta el surgimiento de Mao Tse Tung. Mao fue el fundador de la República Popular de China (1949-1976), primer presidente del partido comunista chino y responsable de la desastrosa hambruna que costó la vida de millones de chinos. Esa atrocidad fue consecuencia directa de la ciega filosofía política de Mao y su abusivo poder totalitario. Jamás mostró respeto alguno por la humanidad.

En poco tiempo, tan solo cinco años, murieron entre cuarenta y cinco y sesenta millones de hombres, mujeres y niños, a causa del hambre, la enfermedad o la tortura, y todo en nombre de la revolución del presidente Mao. Este príncipe de la muerte escribió en su famoso *Libro rojo*, un tesoro para muchos de sus seguidores, que «la revolución no es un banquete».

Se dijo de Mao: «Para una enorme cantidad de personas bajo su gobierno, la cena no era más que los restos de la cosecha del maíz, o la corteza que podían arrancar de los árboles, y la única fiesta que conocían era la de los azotes crueles, la de la tortura que los sometía y condenaba a una vida cruel, a una muerte terrible. Como dice un antiguo aforismo chino, su vida era "comer amargura"».[19]

El espíritu del anticristo también estuvo personificado en el endemoniado líder nazi Adolfo Hitler, cuyo terrible odio al pueblo judío se vio alimentado por el maligno fuego del antisemitismo.

¿Por qué odia tanto el diablo al pueblo judío? La respuesta yace en el hecho de que Dios le dio a Moisés su Palabra en el monte Sinaí, escogiendo al pueblo judío para que llevase la luz de Dios y su mensaje de salvación a los gentiles. Los patriarcas eran judíos, los profetas eran judíos, Jesús de Nazaret era judío. Es esta la Luz que pronto conquistará un día al príncipe de las tinieblas por toda la eternidad.

Jesús era hijo de Abraham, tras muchas generaciones, y hoy es el exaltado Conquistador de la muerte, del infierno y de la tumba. ¡Cada uno de los atributos de Cristo es una bofetada para el diablo!

Al llamar a Abraham, padre de la nación judía, Dios hizo una promesa que afecta a los gobiernos políticos incluso en nuestros días: «Bendeciré a los que te bendigan y maldeciré a los que te maldigan; ¡por medio de ti serán bendecidas todas las familias de la tierra!» (Génesis 12.3).

Toda nación que ataque al pueblo judío sería destruida por Dios mismo ya que «no se adormecerá ni dormirá el que guarda a Israel» (Salmos 121.4). Todo antisemitismo será sentenciado en los últimos tiempos en el juicio a las naciones y su veredicto se determinará según la forma en que las personas y las naciones hayan tratado a Israel y al pueblo judío.

Recuerda esta verdad: el antisemitismo es pecado y, como sucede con todo pecado del que no nos arrepentimos, maldice el alma.

Hitler fue uno de los dictadores más dominantes en el siglo XX. Después de la Primera Guerra Mundial, fue ascendiendo en los rangos del partido alemán de los trabajadores nacionales socialistas y asumió el control del gobierno de Alemania en 1933. En cinco años más, con su engañosa propaganda y los fatales pogromos, Hitler intensificó la persecución contra el pueblo judío hasta dar inicio a su «solución final».

En enero de 1939 ese malvado líder declaró que una nueva guerra mundial llevaría a la «aniquilación de la raza judía en Europa». Tenía un doble objetivo: lograr la dominación del mundo y exterminar al pueblo judío. Y aunque no concretó ninguno de los dos objetivos el mundo perdió a más de cuarenta y dos millones de vidas, en su combate contra ese maligno dictador. Su reino del terror propagó el horror sin precedentes del Holocausto y, como consecuencia, seis millones de judíos fueron ejecutados de manera sistemática.

HITLER Y LO OCULTO

El ideal nazi de Hitler consistía en que la raza alemana era superior a todas las demás. Creía que si lograba adoctrinar a los jóvenes en esa creencia, lograría formarlos como adultos que serían leales a los ideales nazis.

Desde que comenzaban a asistir a la escuela, a los niños alemanes se les lavaba el cerebro con «el culto a Adolfo Hitler». Los educadores de la escuela pública empleaban libros de texto que entrenaban a los alumnos para que adoraran al líder del Tercer Reich, obedecieran la autoridad del estado y se adhirieran al militarismo, al racismo y al antisemitismo.

A continuación incluyo un juramento con el que los niños de diez años dedicaban sus vidas a Hitler, ante la bandera nazi:

En presencia de este estandarte de sangre que representa a nuestro Führer, juro dedicar todas mis energías y mis fuerzas al Salvador de nuestro país, Adolfo Hitler. Estoy dispuesto a dar mi vida por él, con ayuda de Dios. Un pueblo, un Reich, un Führer.[20]

Desde sus inicios el partido nazi se centró en la juventud alemana, considerando a esta vibrante generación como mercado principal para su propaganda. En enero de 1933 la juventud de Hitler solo tenía cincuenta mil miembros, pero para fines de ese mismo año la cifra había aumentado a más de dos millones. Para 1936 la membresía de la juventud hitleriana ya contaba con 5.4 millones.

Antes del meteórico ascenso de Hitler al poder, este había conocido a un hombre llamado Dietrich Eckart, que era el rico editor en jefe de una editorial que publicaba un periódico antisemita cuyo nombre en alemán significaba *En alemán claro*. Eckart también era ocultista, maestro de magia y pertenecía a la Sociedad Thule. En el círculo interno de Thule creían que podían establecer contacto con «seres altamente inteligentes» de la antigüedad, por medio de rituales místicos. Esos seres o «Antiguos» podían —según su creencia— dotar a los miembros del círculo interno con fuerza y energía sobrenaturales. Con ayuda de esas «energías» los electos de la Sociedad Thule podían supuestamente crear una raza de superhombres arios que exterminarían a todas las razas «inferiores».[21]

Hay abundante documentación de que Hitler era un experto orador, con gran carga emocional, capaz de fascinar a grandes auditorios. Eckart entrenó a Hitler en la confianza en sí mismo, la proyección, la oratoria persuasiva, el lenguaje corporal y el discurso convocatorio, duro pero persuasivo. Con esas herramientas Hitler pudo convertir un ignoto partido obrero en un movimiento político masivo que casi llegó a dominar a Europa.[22]

Uno no debe subestimar la influencia del ocultismo en Hitler. La raíz de la codicia de Hitler por llegar a ser dios, su motivación de dominar el mundo y sus retorcidas filosofías de autosatisfacción y antisemitismo nacían del propio Satanás.

RADICALIZADO O DEMONIZADO

Así como Cristo representa a la vida el espíritu del anticristo representa a la muerte. El extremismo fanático ha sido responsable de innumerable cantidad de asesinatos a lo largo de la historia. Es un ideal amoral y sicópata que existirá hasta que regrese el Mesías.

Últimamente el mundo entero ha quedado impactado, apenado y enfurecido ante los recientes titulares que muestran a personas «fanáticas o radicalizadas» que en violentas y atroces acciones atacan y matan a víctimas inocentes.

En mayo de 2013, un soldado británico que no estaba de guardia fue atacado por dos personas en las calles de Londres. Lo descuartizaron vivo con una cuchilla de carnicero, a plena luz del día. Las autoridades llegaron a la conclusión de que los responsables de ese ataque deliberado eran dos ciudadanos británicos convertidos al islam, conocidos por ser «extremistas».

En octubre de 2014 hubo dos incidentes separados que ocurrieron uno tras otro en Canadá. El primero fue el de un atacante a quien se describió como «radicalizado, clasificado como importante amenaza potencial para el país». Con su automóvil atropelló a dos miembros de las fuerzas armadas canadienses que simplemente caminaban por un patio de estacionamiento. Uno de los soldados murió en el acto y el otro sufrió graves heridas.

Tres días después, en el corazón de la capital canadiense, un hombre disparó contra un cabo del ejército con un rifle. Le disparó por la espalda. El cabo estaba de guardia ante la tumba del Soldado Desconocido en el Monumento Nacional de los Caídos. El incidente fue, según lo describieron, «el ataque de un lobo solitario por parte de un canadiense radicalizado».

En ese mismo período, un loco «armado con una hachuela» atacó a un grupo de oficiales de la policía en la ciudad de Nueva York. Confesó haberse convertido al islamismo y ser un extremista, gracias a la propaganda de Al Qaeda y el Estado Islámico (IS).

En poco más de una década la sociedad mundial ha sido bombardeada con cantidad de nombres que describen a organizaciones terroristas extremistas como Al Qaeda, los talibanes e ISIS (también, ISI, ISIL, del estado islámico extremista). ¿Quiénes son esos grupos? ¿Qué representan? ¿Y de qué manera nos afectan?

Primero consideremos qué significa el término *radicalizado*. La radicalización es la práctica mediante la cual un grupo o persona adopta ideales políticos, sociales o religiosos que son extremos. El objetivo del radicalizado —o extremista— es echar por tierra las ideas contemporáneas y acallar toda expresión de libertad.[23]

Casi todos los casos de radicalización tienen que ver con el extremismo violento. Es un extremismo que recibe ayuda de muchas redes unificadas, lo cual aumenta en mucho la capacidad letal y de resistencia del grupo en particular.[24] Al poner en riesgo la capacidad de la persona de poder convivir o mezclarse con la sociedad moderna, la radicalización también sirve como trampa sociológica puesto que el adoctrinado no encuentra ningún otro lugar en el cual pueda satisfacer sus necesidades materiales o espirituales.[25]

El movimiento islámico extremista radical logró imponerse durante el reavivamiento islámico de la última parte del siglo veinte.[26] La primera consecuencia de este reavivamiento que vamos a tratar aquí es *Al Qaeda*, que en árabe significa «La Base».

Es un grupo fundado durante la ocupación soviética de Afganistán (1979-1989). Miles de personas de todo Medio Oriente llegaron a Afganistán, en capacidad de *mujahideen* (guerreros islámicos) para unirse a la lucha contra los soviéticos.

El renombrado historiador judío Bernard Lewis explicó el resentimiento islámico contra Occidente y su influencia en su escrito «Las raíces de la furia musulmana»:

El musulmán ha pasado por etapas sucesivas de derrota. La primera fue su pérdida de dominio en el mundo frente al poder creciente de Rusia y Occidente. La segunda fue el debilitamiento de su autoridad en su propio país gracias a la invasión de ideas, leyes y modos de vida foráneos y a veces hasta de gobernantes o colonizadores extranjeros, así como también a la aceptación de elementos no musulmanes. La tercera —la gota que derramó el vaso— fue el desafío a su supremacía en su propia casa por parte de mujeres emancipadas e hijos rebeldes. Era pedir demasiado, y el estallido de ira ante esas fuerzas ajenas, impías e incomprensibles que subvirtieron su dominio, desordenaron su sociedad y, a la postre, violaron el santuario de su hogar, fue inevitable. También fue natural que esa ira se dirigiera principalmente hacia el enemigo milenario y que se fortaleciera con antiguas creencias y lealtades.[27]

Lo que fue «antinatural» fue la manifestación de esa ira.

A mediados de la década de 1980, Al Qaeda llegó a ser reconocida como la red terrorista internacional financiado y liderado por el extremista radical Osama bin Laden. El principal objetivo del grupo era la purga de los países musulmanes, eliminando la influencia occidental directa para reemplazarla con regímenes islámicos fundamentalistas. Tras luchar contra los soviéticos, bin Laden llevó la ideología de la *yihad* (guerra santa) a otros países musulmanes.[28]

El término *taliban* significa «estudiantes» en la lengua pashto, una de las dos lenguas oficiales en Afganistán. Los talibanes surgieron en la ciudad de Kandahar, al sur de Afganistán, en el otoño de 1994 cuando se retiraron las tropas soviéticas.[29] El grupo estaba principalmente compuesto por afganos y ex luchadores islámicos entrenados en seminarios religiosos de Paquistán, casi todos financiados por Arabia Saudita. Los talibanes profesaban la línea más dura de la secta sunita —primera gran división del Islam— prometiendo restaurar la paz y la seguridad al tiempo de imponer su propia forma extrema de la *sharia* o ley islámica.[30]

La atención del mundo se centró en los talibanes tras los ataques contra el World Trade Center en la ciudad de Nueva York y el Pentágono, en el año 2001. Se acusó al grupo de brindarle asilo a Osama bin Laden y al movimiento Al Qaeda, que se adjudicó la responsabilidad de los ataques.

Un equipo SEAL de la Armada de Estados Unidos mató a bin Laden en Paquistán en 2011, y eso acabó con la amenaza del malvado genio que había orquestado los ataques del 11 de septiembre en suelo estadounidense una década antes. A poco de su muerte, una coalición militar liderada por Estados Unidos expulsó a los talibanes del poder en Afganistán.[31] Pero los talibanes juraron seguir atacando objetivos extranjeros, apostando a echar a las fuerzas estadounidenses e internacionales de la región. Y han cumplido con su palabra.

En diciembre de 2014 siete terroristas talibanes irrumpieron en la Escuela Pública del Ejército Paquistaní en Peshawar. Los atacantes fueron de aula en aula y mataron a 141 personas (132 eran niños), hiriendo a decenas de víctimas.[32]

Mientras tanto, Al Qaeda —el grupo terrorista que formó bin Laden para instaurar el islamismo global— ha seguido creciendo, y mucho. Katherine Zimmerman, analista superior del American Enterprise Institute, declaró: «La red sigue gozando de buena salud y hay poca evidencia que indique que haya disminuido su poder. Los que se adhieren a Al Qaeda en realidad han fortalecido sus posiciones en 2011, a pesar de la muerte de bin Laden».[33]

Otro clásico ejemplo de grupo unificado extremista y radicalizado es el Estado Islámico, en Irak y Siria (ISIS). En sus inicios, ISIS era un grupo desprendido de Al Qaeda que buscaba crear un estado islámico en las áreas sunitas de Irak y Siria. El objetivo de Al Qaeda era la secta shiíta, segunda gran división del Islam.

En términos demográficos, las dos facciones del Islam están representadas por un setenta y cinco a un ochenta por ciento de sunitas y un diez a un veinte por ciento de shiítas.[34] La histórica división entre sunitas y shiítas ocurrió cuando murió Mahoma en el año 632.

El término *sunita* proviene de «Ahl al-Sunna» o «pueblo de la tradición». Los musulmanes sunitas, que se consideran la rama ortodoxa y tradicionalista del Islam, creen que Mahoma murió sin nombrar a un sucesor. Por eso eligieron a Abu Bakr —el suegro de Mahoma— como primer califa o cabeza temporal y espiritual del Islam. Esto, en oposición a la creencia de los musulmanes shiítas que creen que Mahoma mismo designó a su yerno Alí como primer califa.

Pero la diferencia más importante entre estas dos sectas es su interpretación fundamental del Corán. Los sunitas creen en la interpretación literal de sus escritos y en la estricta observancia de sus preceptos; los shiítas, por otra parte, siguen una interpretación más figurada.

La intensa división en el Islam entre los musulmanes sunitas y los shiítas se basa en esas antiguas cuestiones de liderazgo e interpretación de las doctrinas del Corán.[35] En esencia, esa división de las sectas sigue siendo un clásico feudo familiar que en la actualidad implica a millones de personas ¡y miles de millones de dólares! Una vez más el deseo del poder total y la dominación ocupa el centro de una batalla religiosa extremista que produce muertes y caos.

El grupo terrorista sunita ISIS existe desde 1999, y tuvo distintos nombres y formas. Su crecimiento exponencial no es más que la crónica de la forma en que ha evolucionado el terrorismo moderno, del ideal político y religioso al culto a la muerte.

ISIS, conocida antes como Al Qaeda en Irak (o AQI) surgió hace más de dos décadas bajo el liderazgo del jordano Abu Musab al-Zarqawi que se alió con Osama bin Laden. Este último a su vez le dio a Zarqawi su bendición para que estableciera «La Base» en Irak.[36]

Zarqawi se oponía con vehemencia a la presencia de fuerzas militares occidentales en el mundo islámico, así como también al apoyo occidental a Israel. Sus objetivos establecidos consistían en expulsar a las fuerzas extranjeras de Irak mediante decapitaciones y bombardeos suicidas al tiempo que incitaba a la lucha sangrienta y sectaria entre sus correligionarios musulmanes sunitas y los miembros de la mayoría shiíta iraquí.[37] Zarqawi lideró el AQI, un grupo de terroristas mayormente no iraquíes, hasta su muerte en 2006 durante un ataque aéreo de los estadounidenses.[38]

En algún momento entre 2005 y 2006, como parte de una gran redada contra los insurgentes, uno de los compañeros de Zarqawi fue capturado por fuerzas estadounidenses en Fallujah. Era Abu Bakr al-Baghdadi, que quedó detenido en el Campamento Bucca, ubicado en el sur de Irak, con otros futuros líderes de ISIS. Tras ser liberado del Campamento Bucca al-Baghdadi reanudó sus actividades militantes. En 2006, un grupo «sombrilla» de facciones terroristas que incluía a Al Qaeda, formó el Estado Islámico en Irak. A ese grupo se unió al-Baghdadi y tras la muerte del sucesor de Zarqawi fue nombrado líder de la organización en 2010.[39]

Para 2011 el recientemente nombrado jefe de ISI produjo la transformación: de un grupo de insurgentes mayormente extranjeros, a una operación gestionada principalmente desde Irak. Baghdadi luego tomó las tácticas asesinas de Zarqawi y las perfeccionó.

Los shiítas seguían siendo los objetivos principales de ISI, pero Baghdadi multiplicó los esfuerzos con bombardeos suicidas más calculados y efectivos. Además, la vinculación de los rangos cada vez mayores de ISI con los Hijos de Irak (remanentes de los ex militares de Irak) les brindaba a los luchadores de Baghdadi el aspecto de un ejército estructurado.[40]

Aprovechando el caos de la guerra siria, ISIS adoptó una forma nueva, aumentando su influencia y ampliando su territorio. Ahora, Baghdadi contaba con miles de hombres armados a su mando, por lo que extendió su frente militar en contra del régimen de Siria respaldado por Irán. De repente, las banderas negras de ISIL con la inscripción «No hay otro dios más que Alá» se hicieron reconocidas en todo el mundo, como banderas de conquista.[41]

La toma de la ciudad de Mosul, en Irak, por parte de Baghdadi (en junio de 2014) marcó una nueva fase en el rápido crecimiento de ISIL. Esta conquista dio como resultado un efecto dominó de inestabilidad en el resto de Irak y Medio Oriente. Los guerreros de ISIS tomaron armas esenciales de las fuerzas iraquíes de seguridad de Mosul, que luego utilizaron para seguir avanzando hacia Siria y el oeste y norte de Irak.[42]

Más allá de usar suicidas cargados de bombas, estaban ganando control del terreno que incluía los ricos pozos petrolíferos de Irak. Esos botines de guerra brindaban un fundamento económico muy fuerte a la máquina militar de Baghdadi.

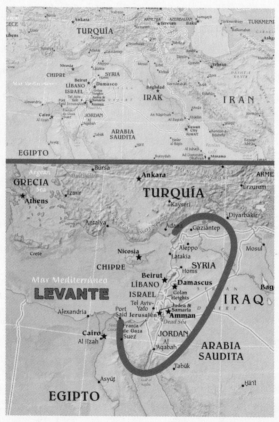

1. Mapa original cortesía de la CIA

Para reflejar su mayor y más fanática ambición de gobernar toda la región, desde el Mediterráneo hasta el Golfo Pérsico, Baghdadi cambió el nombre del grupo y lo llamó «Estado Islámico».[43] Con el fin de entender mejor sus implacables, aunque estratégicas metas, es importante destacar que los combatientes del Estado Islámico son todos grupos sunitas extremistas yihadistas que controlan territorios en Irak, Siria, el Sinaí y el este de Libia.

En el proceso de formación del Estado Islámico o «califato» (que no ha existido desde la disolución del Imperio Otomano en 1924),[44] Baghdadi declaró que todas las fronteras de los estados se eliminaban en teoría y que por ello él era el dictador espiritual de facto de los musulmanes del mundo.[45]

Pero, ¿qué pasa con Irán, cuyo objetivo es *también* convertirse en el poder regional con reconocimiento mundial? ¿Cómo responde el líder supremo de Irán ante la autoproclamación de Baghdadi como «Califa»? ¿Qué es lo que hace que Irán sea diferente a las demás naciones islámicas?

La República Islámica de Irán tiene sus orígenes en el antiguo Imperio Persa. Este imperio, una de las civilizaciones más grandes y antiguas de los tiempos bíblicos, aparece en escena en el Antiguo Testamento en 2 Crónicas, y existió en la época en que vivió Daniel.

En 1501, la escuela de pensamiento «de los doce» —la rama más grande del islamismo shiíta— se convirtió en la religión oficial de Persia. El nombre «de los doce» hace referencia a doce líderes divinamente ordenados, que se conocen como los Doce Imanes. Los islamistas shiítas creen que el retornado Imán número doce será el mesías islámico o Mahdi.[46]

El profesor Ehsan Yarshater, autor de «Persia or Irán» [Persia o Irán] declaró que en 1935 el gobierno iraní cambió el nombre para que se llamara Irán por sugerencia del embajador iraní en Alemania, que había sido influido por la propaganda nazi. Este cambio de nombre marcaría un nuevo comienzo en la historia política iraní, que incluiría su separación de Rusia y Gran Betaña. También daría inicio al equivalente iraní de la gesta aria por una «sociedad pura».[47]

Hoy Irán cuenta con la mayor población shiíta del mundo. La secta shiíta representa a más del noventa por ciento de los musulmanes iraníes, un total de casi setenta millones de personas.[48]

Desde la revolución de 1979 que derrocó al Sha que gobernaba, Irán ha tenido dos líderes supremos: el Ayatolá Ruhollah Khomeini y el actual Ali Khamenei. El líder supremo es la autoridad política y religiosa de más alto rango en la República Islámica de Irán. Esta posición autocrática le impone como Comandante en Jefe de las fuerzas armadas y Jefe provisional de las tres ramas del gobierno (judicial, legislativo y ejecutivo).

La jefatura del líder supremo quedó establecida por la nueva constitución que se redactó después de la revolución y la mayoría de sus doctrinas se basan en escritos del mismo Ayatolá.[49]

Se ha dicho que Khomeini era un «revolucionario estratégico [que] creó su propio estado islámico por encima de la ley islámica».[50] Tras la muerte de Khomeini, en 1989, el segundo líder supremo Ali Khamenei, continuó allí donde habían quedado las políticas de su predecesor. En sus discursos Khameini menciona con regularidad temas de la revolución de 1979, que incluyen el deseo de destruir a Israel y a Estados Unidos. Esa oposición está en el corazón mismo de la actual poítica exterior de Irán.[51]

Según Khamenei, la República Islámica tiene cuatro principales prioridades de política exterior. La primera es la guerra contra Estados Unidos e Israel, a quienes él ve como enemigo unificado.

En segundo lugar, el apoyo a grupos terroristas de Hezbolá y Hamas en Líbano y Gaza respectivamente. El desprecio de Khamenei por Israel es congruente; cree que «apoyar al pueblo palestino y libanés es uno de los principales deberes islámicos [de Irán]».[52]

La tercera prioridad en política exterior ei el programa nuclear de Irán. Para Khamenei, la producción de una bomba nuclear es la corporización de los temas centrales de la revolución: la lucha por la independencia (con la creación de una dictadura puramente musulmana sobre el mundo), la injusticia de los poderes extranjeros (aniquilación de Estados Unidos e Israel) y la necesidad de autoabastecimiento (mediante el control económico del petróleo de Medio Oriente).[53]

La prioridad final abarca a la comunidad islámica. Khameini concibe a Irán como «vanguardia» del mundo islámico y se refiere a sí mismo como «Líder Supremo de los musulmanes». Khamenei cree que ninguno de los problemas más graves que enfrentan Medio Oriente y el mundo musulman de Irak, Afganistán y Líbano —incluido el conflicto árabe-israelí y la seguridad del Golfo Pérsico— podrán resolverse o tratarse del todo sin la injerencia de Teherán.[54]

Hay que recordar lo siguiente: Irán está trabajando con diligencia para producir una bomba nuclear con el fin de alcanzar su objetivo de dominar al mundo entero.

El problema es que el líder supremo shiíta de Irán (Khamenei) no tiene intención de permitir que un califa sunita autoproclamado (Baghdadi) tenga la posición de jefe del Islam. De hecho, al momento en que escribo esto, el Pentágono ha confirmado que Irán está atacando por aire el este de Irak, compartiendo con Occidente el deseo de derrotar al extremista Estado Islámico.[55]

No nos equivoquemos: ¡Persia sigue viva y en pie! El coronel Ralph Peters simplificó una muy complicada situación, en pocas palabras: «Los imperios han regresado y nosotros fingimos que la historia no importa».[56]

Además, estamos actuando como si la profecía no fuese verdad.

VOLUNTAD Y PODER

Hoy el Islam es la segunda religión más grande del mundo, con 1.6 mil millones de seguidores.[57] Para el año 2030 la cantidad de personas que practican la fe islámica crecerá al doble del ritmo con que crece la población no musulmana, y se calcula que llegará a un total de casi 2.2 mil millones de personas.[58]

Es importante destacar que no todos los musulmanes son extremistas radicales; pero si uno calcula que entre el quince y el veinticinco por ciento de la cantidad total de musulmanes afirman ser yihadistas, la cantidad de yihadistas islámicos radicales en todo el mundo es superior a los 360 millones. ¡Casi la población total de los Estados Unidos!

El Primer Ministro de Israel, Netanyahu, declaró apenas ocurrieron los ataques terroristas del 11 de septiembre:

Hemos recibido una llamada de alerta del infierno. Ahora la pregunta que debemos hacernos es simple: ¿Nos unimos para derrotar este mal mientras todavía hay tiempo? ¿O apagamos el reloj despertador y seguimos como hasta hoy? Es hora de actuar, ahora. Hoy los terroristas tienen la *voluntad* de destruirnos pero no tienen el *poder*.[59]

Hoy, la terrible verdad es que en menos de quince años tras el 11 de septiembre los yihadistas radicalizados no solo tienen la *voluntad* de destruir a Israel, Estados Unidos y Occidente, sino que ¡cuentan con el *poder* económico para hacerlo!

Que no nos engañen. La voluntad del Estado Islámico extremista de destruir tanto a cristianos como a judíos tiene sus orígenes en las fuentes del mal y su poder económico proviene de la extorsión, el robo y la apropiación de territorios ricos en petróleo.

Bloomberg informó que en su momento más importante en el verano de 2014 «el Estado Islámico que ahora controla una zona de Irak y Siria que es más grande que el Reino Unido, recaudará más de dos millones de dólares al día por las ventas de petróleo, la extorsión, los impuestos y el contrabando, según funcionarios de la inteligencia estadounidense y expertos en finanzas y antiterrorismo».[60] Observemos que esos ingresos diarios compuestos han disminuido a medida que bajó el precio del petróleo. Pero no pensemos que esos grupos extremistas radicales acuden a auditores como Ernst and Young todos los años para una auditoría interna. Nadie sabe de veras cuál es su patrimonio o sus ingresos reales. Lo que sí sabemos con certeza es que siguen recaudando dinero por medio de la actividad criminal, al día de hoy.

El Estado Islámico es una mortal máquina hambrienta de poder extremista-religiosa, que probablemente tenga activos por más de dos mil millones de dólares. El «valor» de los Estados Unidos no cuenta para nada porque todo su financiamiento es de deuda, debido a la continua devaluación monetaria de la reserva mundial.[61]

Las cifras son inversamente proporcionales; mientras el valor y la riqueza del Estado Islámico crece cada día, Estados Unidos acumula una deuda superior a los dieciocho billones de dólares, que crece cada minuto. Es más, ¡Estados Unidos está en bancarrota!

Tenemos que recordar esta verdad histórica: la fortaleza monetaria conforma la base del poder militar. ¡Si no hay dinero, no hay poder! Esta es la razón por la que Estados Unidos no quiere desatar una guerra agresiva en Medio Oriente contra tiranos y déspotas ya probados: ¡Estamos quebrados!

Baghdadi no solo ha aumentado la riqueza del Estado Islámico sino que amplió su lista de objetivos. Antes, cuando el ISIL encontraba minorías religiosas y grupos étnicos como los cristianos o kurdos de Siria, sus guerreros tenían libertad para decidir el destino de la gente, a su sola discreción. Pero en la ciudad de Mosul, el Califa declaró que «los incrédulos o bien tienen que pagar un impuesto especial, o irse, o convertirse o enfrentar la muerte», y las opciones preferidas del Califa son las últimas dos.[62]

La antigua comunidad cristiana de Mosul fue el primer objetivo, por lo que miles huyeron de allí. Pero cuando el Estado Islámico amplió sus operaciones, muchos cristianos más se encontraron en graves aprietos. A medida que los yihadistas islámicos han ido ganando poder en Medio Oriente en los tres últimos años, la comunidad cristiana ha sufrido persecución en varios países como Egipto, Irán, Irak, Libia y Siria.

El Padre Gabriel Nadaf, un sacerdote de la iglesia ortodoxa griega de Nazaret, habló ante el Consejo de Derechos Humanos de las Naciones Unidas sobre el sufrimiento de los cristianos en Medio Oriente. El Padre Nadaf, que ha hecho campañas en defensa de los derechos de cristianos y árabes, y que promueve el apoyo a Israel por parte de los cristianos locales, dijo: «En los últimos diez años han muerto asesinados 100,000 cristianos por año… debido a su fe. Los que logran escapar de la persecución de los extremistas musulmanes se han do. Los que quedan se convierten en ciudadanos de segunda o tercera clase para sus gobernantes musulmanes».[63]

La escalofriante cifra de muertos a manos de los extremistas islámicos radicales sigue aumentando: el Estado Islámico (ISI, ISIL e ISIS*)*, Boo Haram del continente africano, Al Qaeda y los talibanes, son responsables de la mayoría de todos los asesinatos terroristas en el mundo entero.[64] Muchos de esos horrendos asesinatos son ejecuciones públicas, crucifixiones y decapitaciones. De hecho, se informa que «en un parque de Mosul [ISIS] decapitó niños y puso sus cabezas en lanzas».[65]

En febrero de 2015 los militantes del Estado Islámico decapitaron a veintiún cristianos egipcios que habían tomado como rehenes en la ciudad de Sirte, en Libia.[66] Y al momento en que escribo esto el Estado Islámico y otros grupos yihadistas radicales se han adjudicado la responsabilidad de la decapitación de varios occidentales, y han publicado videos como prueba de ello, para que el mundo lo vea.[67]

Se ha hecho casi imposible seguir las noticias y la cifra de ataques mundiales de los islámicos extremistas desde que comencé a investigar para este libro. En enero de 2015, el Primer Ministro de Francia Manuel Valls declaró que su país estaba en guerra con el Islam radical tras los ataques asesinos que se cobraron diecisiete vidas: doce en las oficinas de la editorial de una revista francesa, una mujer policía y cuatro rehenes en un mercado judío.[68] Sin embargo, esas historias no incluyen a los miles de víctimas inocentes que no se han informado y que son asesinadas en una carnicería a sangre fría todos los días. Y todo en nombre de la religión y la dominación mundial.

Los megalomaníacos endemoniados y radicales de los que hablamos en este capítulo fueron y son personas obsesionadas con el poder total, cueste lo que cueste, iguales a su maligno mentor que ha venido a robar, matar y destruir (Juan 10.10).

La devastación que dejan detrás de sí ya les ha costado la vida a millones de inocentes y las cifras siguen aumentando.

Tal vez te preguntes: «¿Qué puedo hacer?». San Pablo nos da la respuesta: hemos de vestirnos con toda la armadura de Dios y enfrentar al enemigo en combate espiritual ¡hasta que llegue la victoria! La *única* forma en que los cristianos podemos alcanzar la victoria es apartándonos de todas las modalidades del mal.

Por lo demás, hermanos míos, fortaleceos en el Señor, y en el poder de su fuerza. Vestíos de toda la armadura de Dios, para que podáis estar firmes contra las asechanzas del diablo. Porque no tenemos lucha contra sangre y carne, sino contra principados, contra potestades, contra los gobernadores de las tinieblas de este siglo, contra huestes espirituales de maldad en las regiones celestes. Por tanto, tomad toda la armadura de Dios, para que podáis resistir en el día malo, y habiendo acabado todo, estar firmes (Efesios 6.10-13).

CAPÍTULO 10

LÍBRANOS DEL MAL

Tengo que confesar que escribir estos últimos capítulos fue una tarea ardua y difícil. Cuando más investigaba, tanto más confirmaba mi conclusión de que los planes y agenda de Satanás están prosperando en todos los frentes. Cada vez hay más maldad, en todas sus variedades. Nuestro mundo está lleno de locura, de terrorismo, asesinatos, blasfemia, degeneración, engaño y actividad ocultista.

Busqué la paz del Señor muchas veces mientras avanzaba con dificultad por esos indecibles relatos del mal. Me afligí por el cáncer fatal que con nuestra anuencia ha consumido a los inocentes de nuestra sociedad. Y, al orar, el Señor puso en mi mente un recuerdo muy especial que me ancló una vez más a la promesa de que no importa qué tan oscuro se vuelva el mal, ¡Jesucristo es la luz que echa fuera la oscuridad!

Ese recuerdo fue del día en que Derek Prince enseñaba sobre el tema de la liberación en la Iglesia Cornerstone.

EXPULSIÓN DE DEMONIOS

Invité a Derek a San Antonio para que presentara ante mi congregación lo que él sabe sobre demonología. Sus enseñanzas eran requeridas en tantos lugares que pasaron varios meses hasta que pudo venir. Pero valió la pena esperar. Mi iglesia viviría una explosión espiritual que nunca antes había visto.

Derek Prince había estudiado griego y latín en Eton y la Universidad de Cambridge, Inglaterra. Era un académico. También era miembro del cuerpo de académicos del King's College, especializado en filosofía antigua y moderna. Estudió varios idiomas, incluidos el hebreo y el arameo en la Universidad Hebrea de Jerusalén. Mientras formó parte del ejército británico, durante la Segunda Guerra Mundial, comenzó a estudiar la Biblia como obra filosófica. Y el resultado inesperado fue un encuentro con Jesucristo que transformó su vida.

Se conocía internacionalmente al hermano Derek por presentar sólidos fundamentos bíblicos de manera detallada, paso a paso, sin tocar lo emocional, avanzando de precepto en precepto. Metódicamente le enseñó a nuestra congregación las doctrinas básicas sobre la demonología durante dos noches.

Todos lo escuchaban absortos mientras relataba el episodio de una mujer que se desmayó en su iglesia mientras él enseñaba sobre el tema de los demonios. Y con su estilo tan británico explicó: «No podía ignorarla y seguir con mi sermón. Simplemente tenía que ocuparme del problema y librarla del demonio que la tenía como rehén».

Al final de la reunión de la segunda noche Derek anunció, casi en tono casual: «Les he enseñado las verdades fundamentales de la Biblia sobre la expulsión de demonios y mañana por la noche realizaremos un servicio de liberación».

Ninguno de nosotros, y me incluyo, estaba preparado para lo que iba a suceder.

Esa tercera noche el santuario y ambos lados del edificio estaban repletos. Cuando Derek dio inicio al servicio de liberación, presentó tranquilamente un breve repaso de las confirmaciones bíblicas acerca de la existencia del reino de las tinieblas, de la presencia de las legiones de demonios que obedecen a Satanás, y de la autoridad del creyente para expulsar espíritus demoníacos. Luego Derek le advirtió a nuestra congregación: «Si ustedes, o alguien que les acompaña, no cree en los espíritus demoníacos, les pido que salgan del santuario en este momento». Dejó aclarado que cuando se expulsa a los demonios de la persona pueden llegar a entrar en otra, que no esté protegida por la sangre de Jesucristo. Hubo entonces varios asistentes que se apresuraron a salir. Se sentía que la tensión iba en aumento.

Luego Derek dijo: «En cuanto a la actividad demoníaca, primero nos ocuparemos de luchar contra el espíritu de la brujería». Y declaró con voz calmada pero decidida: «En la autoridad del nombre de Jesús y por el poder de la sangre de su cruz, ordeno a todo espíritu de brujería que salga de aquí».

Lo que pasó entonces fue casi increíble. Unas diez o doce mujeres se pusieron de pie, casi de un salto y al mismo tiempo, y empezaron a gritar. Realmente asustaban. Miré al otro lado del santuario y vi que algunos de los de mi congregación estaban viendo hacia atrás, como buscando refugio en la puerta de salida.

Mientras aquellas mujeres gritaban, un hombre de veintitantos años corrió hacia el frente por el pasillo de la iglesia, empujó a un lado la mesa de la Santa Cena y cargó contra Derek, que estaba detrás del púlpito, de pie sobre la tarima. Tres de nuestros ujieres más fuertes debieron interceptar al joven y echarlo al piso por la fuerza. Derek ni siquiera parpadeó.

Siguió orando por las mujeres que, aún de pie, gritaban a voz en cuello hacia el cielo. Había un reportero independiente que cubría nuestro servicio y tomaba fotos tan rápido como se lo permitían sus dedos. Algunos de los asistentes corrieron hacia las salidas porque la manifestación demoníaca era más de lo que podían soportar.

Observando a mi congregación fui testigo de una lucha libre mundial allí en la tarima, con doce mujeres gritando como sirenas de los bomberos y los que se iban, corriendo hacia la puerta trasera. Fue una noche para recordar. ¡Hasta me reí de buena gana! ¿Quién dijo que la iglesia es un lugar aburrido?

Tras dos horas de intenso combate espiritual, Derek completó su lista de objetivos. Hubo un momento de silencio y luego ¡toda la congregación irrumpió en una estruendosa explosión de gozo! La celebración espontánea, ungida por el Espíritu Santo, duró media hora. Todos sabíamos que nuestra iglesia había vivido una nueva dimensión de la guerra espiritual y que la victoria era nuestra.

Cuarenta años después seguimos usando los mismos principios bíblicos de liberación con regularidad, para combatir y conquistar al reino de las tinieblas. Satanás es implacable en sus esfuerzos por destruir el hogar, la iglesia y a las naciones del mundo. Sin embargo, la Palabra de Dios, el nombre de Jesús y el poder de su sangre tienen autoridad suprema sobre cualquier ataque satánico.

Es obvio que vivimos en un mundo que personifica a la cultura de la muerte, pero no tenemos por qué aceptar esa filosofía destructiva. El Señor nos manda a apartarnos del mal. Nos anima a elegir la bendición en lugar de la maldición, la vida en vez de la muerte, a llevar una vida en victoria:

A los cielos y a la tierra llamo por testigos hoy contra vosotros, que os he puesto delante la vida y la muerte, la bendición y la maldición; escoge, pues, la vida, para que vivas tú y tu descendencia; amando a Jehová tu Dios, atendiendo a su voz, y siguiéndole a él; porque él es vida para ti, y prolongación de tus días; a fin de que habites sobre la tierra que juró Jehová a tus padres, Abraham, Isaac y Jacob, que les había de dar (Deuteronomio 30.19-20).

LIBERACIÓN DE LOS CAUTIVOS

El tema de la liberación no es algo que goce de amplia aceptación en el ministerio cristiano. En mis años de estudio e investigación he hallado que la Iglesia Católica tiene el único procedimiento establecido para el exorcismo.

Mucha gente responde al tema de los demonios con apatía, superstición o miedo, en tanto que otros califican esas fuerzas como alucinaciones, fantasmas, exageraciones o fobias. No te dejes engañar: Satanás prefiere ocultar el objetivo real de sus malignas actividades para así poder cumplir con sus metas.

La Iglesia de Jesucristo ya no puede seguir ignorando esa presencia diabólica en nuestra sociedad. Es hora de quitar el velo del engaño que nos ha cegado a la influencia satánica durante demasiado tiempo. Estamos llamados a imitar a Cristo, siguiendo los ejemplos que el Señor nos dio (1 Pedro 2.21-25). Como Cristo ¡tenemos que ser valientes y no temer en la lucha contra el príncipe de las tinieblas!

He tratado de mostrar tan solo una pequeña parte del enorme ataque integral de Satanás en nuestra sociedad. Ha llegado la hora de dar el siguiente paso y aprender de las Escrituras cómo pueden ser libres los creyentes de los intentos del maestro del engaño, que busca influir en nuestras vidas, nuestras familias, nuestra nación.

El Antiguo Testamento cita muchos milagros obrados por Dios y su pueblo, pero no contiene la expulsión de los demonios. No fue sino hasta que Jesús dio inicio a su ministerio en la tierra que leemos algunos relatos sobre liberación. Las Escrituras del Nuevo Testamento dan testimonio de que Jesucristo expulsó espíritus malignos una y otra vez. Uno de los primeros relatos que aparecen del ministerio de liberación de Jesús está en el Evangelio de Lucas:

Estaba en la sinagoga un hombre que tenía un espíritu de demonio inmundo, el cual exclamó a gran voz, diciendo: Déjanos; ¿qué tienes con nosotros, Jesús nazareno? ¿Has venido para destruirnos? Yo te conozco quién eres, el Santo de Dios. Y Jesús le reprendió, diciendo: Cállate, y sal de él. Entonces el demonio, derribándole en medio de ellos, salió de él, y no le hizo daño alguno. Y estaban todos maravillados, y hablaban unos a otros, diciendo: ¿Qué palabra es esta, que con autoridad y poder manda a los espíritus inmundos, y salen? Y su fama se difundía por todos los lugares de los contornos (4.33-37).

Pienso que vale la pena destacar que ese hombre estaba atormentado por espíritus demoníacos ¡mientras estaba en la sinagoga! Él es el equivalente a un miembro de la iglesia en nuestros días. No te dejes engañar: ¡las fuerzas del diablo actúan *dentro* y *fuera* de las paredes del edificio de la iglesia!

Después de que Jesús salió de la sinagoga, se dirigió directamente a casa de Simón Pedro, reprendió a la fiebre que enfermaba a la suegra de Simón, cenó y, antes que cayera el sol, expulsó más espíritus demoníacos (Lucas 4.38-41). La liberación era parte normal del ministerio de Jesús.

Hay algunos teólogos escépticos que sugieren que la actividad demoníaca solo se dio en la época de Cristo. Me permito disentir porque personalmente he sido testigo de manifestaciones satánicas en nuestros días, de sus consecuencias destructivas y del éxito en cuanto a su expulsión.

Para transmitir la importancia de la liberación en la vida del cristiano de hoy, te desafío a estudiar la cantidad de veces que Jesucristo expulsó demonios y les enseñó a sus discípulos a hacer lo mismo. En el Nuevo Testamento hay más de sesenta referencias a «demonios», «espíritus malignos» o «diablos» al referirse a una persona atormentada por demonios.[1]

Quiero advertir que no toda persona perturbada está afectada por un demonio. Como soy consejero entrenado y ministro del evangelio desde hace más de cincuenta y siete años, puedo dar testimonio de que hay ciertas semejanzas entre las influencias demoníacas y las enfermedades mentales. Es absolutamente esencial que se haga un diagnóstico adecuado del problema. Lo mismo sucede con el hecho de que no todas las enfermedades mentales tienen causas físicas. En algunos casos, las raíces son espirituales.

Cuanto más uno estudia la Palabra de Dios, tanto más nos revela el Espíritu Santo las áreas de nuestras vidas que tienen que someterse a la autoridad absoluta de la Palabra de Dios. Con tal revelación es esencial que se actúe. Pero si uno decide no apartarse de tales influencias destructivas estará permitiendo que esas fuerzas del mal se hagan cada vez más fuertes (Mateo 12.45). Recuerda esta verdad: no puedes cambiar aquello que no confrontas. ¡Lo que no conquistes, te conquistará!

LAS PUERTAS DEL MAL

Es probable que en este momento estés pensando lo siguiente: *Yo no escucho música satánica, no juego con tableros Ouija ni hago sesiones de espiritismo, tampoco veo películas de horror, ni leo libros sobre lo oculto. Menos aun me adhiero a las doctrinas del «anticristo» ni intento dominar el mundo… ¡así que no necesito preocuparme por la liberación!*

Una vez más, ¡Satanás te ha engañado con esa sutileza que le es tan propia!

Así como tenemos que reconocer y obedecer las señales de tránsito para llegar a salvo a nuestro destino, también debemos reconocer las señales de advertencia que Dios define con claridad en su Palabra, para que no caigamos en las trampas del diablo. En mis muchos años como ministro he podido identificar algunas «puertas» o puntos de entradas, que usan Satanás y sus acólitos —los demonios— para tratar de entrar a nuestras vidas. Lo que sigue es una lista parcial de los portales por los que pueden invadir las legiones del maligno.

EL PORTAL DE LA MENTE

Satanás, al igual que sus esbirros, no deja de luchar y esforzarse por oprimir nuestros pensamientos. Cuando logra captar la mente, toda la persona se convierte ineludiblemente en prisionero de guerra. Y eso incluye al alma. San Pablo nos advirtió acerca de la intención de Satanás de contaminar nuestros pensamientos: «Pero temo que como la serpiente con su astucia engañó a Eva, vuestros sentidos sean de alguna manera extraviados de la sincera fidelidad a Cristo» (2 Corintios 11.3).

No te equivoques: ¡el campo de batalla es la mente! Entre las armas de guerra que usan las fuerzas demoníacas de Satanás para atacar tus pensamientos están la duda, la confusión, la indecisión, la negociación de principios, el humanismo y la preocupación o el miedo excesivos. Las personas más vulnerables a este tipo de ataques demoníacos son aquellas que confían en su propio intelecto, más que quienes tienen fe en la Palabra de Dios para atravesar las tormentas de la vida.

Nuestros pensamientos determinarán nuestro destino. Dime qué es lo que piensa un hombre todo el día y te diré hacia dónde va en la vida. La sabiduría del Espíritu Santo dice: «Porque cual es su pensamiento en su alma, tal es él» (Proverbios 23.7).

Mi madre tenía este proverbio personal: «Aunque probablemente no seas responsable de que los pájaros vuelen sobre tu cabeza, sí lo eres de permitirles que hagan su nido en tu cabello». La traducción sería algo así como que el pensamiento que no viene de Dios debe reconocerse como lo que es: un intento del diablo por poner pie en tu mente. Esos ataques instantáneos, repentinos, deben repelerse de inmediato. Si no lo haces, estarás permitiendo que se arraigue esa raíz que significará tu destrucción.

Como el objetivo principal de Satanás es nuestra mente, tenemos que protegernos de los pensamientos que son contrarios a las Escrituras y someterlos a lo que nos manda la Palabra de Dios.

Las armas de nuestra milicia no son carnales, sino poderosas en Dios para la destrucción de fortalezas, derribando argumentos y toda altivez que se levanta contra el conocimiento de Dios, y llevando cautivo todo pensamiento a la obediencia a Cristo (2 Corintios 10.4-5).

A Satanás no le importa si vas a la iglesia, siempre y cuando tus pensamientos no se enfoquen en Cristo. No le importa si sirves en la congregación mientras pueda ser el amo de tus pensamientos. Es más, se deleita de manera siniestra al influir con sus demonios a la gente que tiene que ver con la iglesia puesto que así puede usarlas para difundir sus doctrinas —en cuanto a peleas, duda y discordia—, como virus mortales.

Juan 10.12 dice: «el lobo arrebata las ovejas y las dispersa». Ahora imagínate esta escena, domingo tras domingo, en que una jauría de lobos disfrazados de inofensivas ovejas invade tu iglesia. No se apresuran para anunciar sus intenciones como depredadores. Más bien andan sutilmente al acecho entre el rebaño incauto, plantando ideas de división y disenso.

El apóstol Pablo, soldado de la cruz de Jesucristo, emitió una orden que sigue vigente para que todos los cristianos la sigamos:

Por lo demás, hermanos, todo lo que es verdadero, todo lo honesto, todo lo justo, todo lo puro, todo lo amable, todo lo que es de buen nombre; si hay virtud alguna, si algo digno de alabanza, en esto pensad (Filipenses 4.8).

Tenemos que preguntarnos: ¿hacia dónde me están llevando mis pensamientos? La respuesta a esta pregunta esencial tendrá impacto en tu vida, para bien o para mal, ahora y siempre.

EL PORTAL EMOCIONAL

Derek Prince enseñaba que la persona que tiene un estallido de ira o un miedo repentino, por ejemplo, no necesariamente estará bajo la influencia del demonio de la ira o el miedo; sin embargo, si esas emociones pasan a ser descontroladas, habituales, obsesivas o dañinas, entonces sí es posible que esté operando un espíritu demoníaco.[2]

He llegado a la conclusión de que las emociones extremadamente negativas o las actitudes destructivas, potencialmente pueden abrirle la puerta a un espíritu de las mismas características para que entre en nuestras vidas. Los demonios tienden a operar en grupos o legiones (Marcos 5.9). Como ejemplo, digamos que el espíritu del rechazo abrirá la puerta de la mente y la mantendrá abierta para que entren otros demonios de sus mismas características. Una vez que entran y se establecen esos espíritus invasores pueden manifestarse de manera pasiva a través de la autocompasión, la soledad, la depresión o la angustia, o más agresivamente por medio del enojo crónico, el odio, o la violencia física, la rebeldía o la brujería. Cuando se abre la puerta de la mente a los malos pensamientos, las emociones y las actitudes empiezan a reflejar influencias demoníacas específicas.

Consideremos el caso del espíritu de la muerte. Es un espíritu que se manifestará de distintas formas que atormentan, como la profunda depresión, el deseo de lastimarnos a nosotros mismos (cortarse) o la obsesión con la mortalidad (que en casos extremos podría manifestarse al fin como asesinato o suicidio).

Los espíritus demoníacos no hacen diferencias entre persona y persona, y atacarán con saña a quien les sea asignado, lo cual nos incluye a ti y a mí. Nadie es inmune, ni siquiera los que estamos cubiertos por la sangre de Jesucristo. La sangre de Cristo protege totalmente al redimido de la *posesión* demoníaca, pero seguimos estando sujetos al *ataque* de los demonios.

Como seres humanos, a todos nos causan problemas determinadas emociones de vez en cuando. Pero si esos sentimientos parecen salirse de control, cuando afectan nuestra capacidad para pensar con claridad y nos obsesionan, dominando nuestra vida cotidiana, entonces tenemos que reconocerlos como un ataque demoníaco, rechazarlos con la autoridad del Nombre de Jesús, y apartarnos de ellos. Aquí presento algunos de los que tenemos que cuidarnos en especial.

La duda

«¿Conque Dios os ha dicho...?» (Génesis 3.1). Eso fue lo primero que le preguntó la serpiente a Eva en el jardín. Parece inocente, pero la pregunta fue la que echó los cimientos para todas las otras formas de duda.

Al principio este espíritu se manifiesta como esas preguntas simples que todos nos formulamos de vez en cuando. Pero cuando el maligno planta su semilla de incredulidad, y se le permite que eche raíz, cultivará la incertidumbre sobre la existencia de Dios. La duda fue el portal por el que entraron en la mente de Adán y Eva la desobediencia y la rebeldía. La duda sigue siendo el arma potente que usa el antiguo enemigo contra la humanidad. Dudar es descreer.

Hace poco salió de mi oficina un hombre cuya vida había estado dominada por la incertidumbre. Cuestionaba la lealtad de su esposa aunque ella lo amaba mucho; cuestionaba su capacidad para poder proveer a su hogar, aunque era un hombre muy calificado; cuestionaba su autovalía aunque había logrado grandes cosas. Y, en última instancia, dudaba de sí mismo y de la influencia de Dios en su existencia. Tenía una vida de bendición, pero vivía atormentado porque había permitido que el espíritu de duda destruyera su paz y su tranquilidad mental.

Somos lo que somos gracias al genio del Maestro Creador, que lo controla todo. Sin embargo, el espíritu de la duda desconfía de todo lo que Él ha hecho por nosotros en el pasado, de lo que está haciendo por nosotros en el presente y de lo que hará por nosotros en el futuro. La duda ¡cuestiona la existencia y el poder sobrenatural de Dios!

Reconoce la duda cuando intente abrir la puerta para entrar en tu mente. Rechaza ese espíritu de crítica y todo pensamiento que perturbe tu capacidad para alcanzar tus metas o tu destino divino. Mejor, escucha las palabras de Jesús. Él declara que puedes lograr lo imposible: «Porque de cierto os digo que cualquiera que dijere a este monte: Quítate y échate en el mar, y no dudare en su corazón, sino creyere que será hecho lo que dice, lo que diga le será hecho» (Marcos 11.23).

Así que medita y abraza la siguiente verdad: si tus pensamientos no te traen paz, gozo y esperanza ¡no son de Dios!

La preocupación

Preocuparse es estar inquieto o atormentarse con pensamientos que perturban. Un sabio dijo: «Casi todos los problemas que tuve en la vida no sucedieron jamás».

¿Te consume la ansiedad? ¿Ataca a alguien de tu familia? ¿Piensas en «qué pasaría si…» más de lo que confías en la Palabra de Dios y en sus promesas de provisión divina? «La preocupación es una corriente fina de miedo filtrada en la mente. Si lo dejas, erosionará tu mente hasta formar un canal por el que se irán escurriendo todos los demás pensamientos».[3]

Al fin y al cabo la preocupación es la fe en el miedo ¡no en Dios!

Todos pasamos por pruebas y tribulaciones en esta vida. Es normal sentir preocupación por la crisis que tal vez enfrentes tú o alguien de tu familia. Pero la preocupación excesiva por una situación no logrará cambiarla. Solo al presentar ante el Señor tus preocupaciones en oración, y dejándolas en el altar, podrá haber un resultado diferente.

La ansiedad ocupa tu mente sin producir nada bueno. Es como mecedora: te da algo que hacer, pero no te lleva a ninguna parte.

Muchas personas le han abierto la puerta al espíritu de la preocupación y su presencia les ha consumido. Jesús predicó un sermón entero a sus discípulos respecto a esta mentalidad, que vale la pena compartir de principio a fin.

Ubícate: estás en la ladera de la montaña con las multitudes que han acudido a oír al Rabí, el que ha estado enseñando y predicando en las sinagogas, y también sanando a los enfermos y liberando a los oprimidos en toda Galilea.

Por tanto os digo: No os afanéis por vuestra vida, qué habéis de comer o qué habéis de beber; ni por vuestro cuerpo, qué habéis de vestir. ¿No es la vida más que el alimento, y el cuerpo más que el vestido? Mirad las aves del cielo, que no siembran, ni siegan, ni recogen en graneros; y vuestro Padre celestial las alimenta. ¿No valéis vosotros mucho más que ellas? ¿Y quién de vosotros podrá, por mucho que se afane, añadir a su estatura un codo? Y por el vestido, ¿por qué os afanáis? Considerad los lirios del campo, cómo crecen: no trabajan ni hilan; pero os digo, que ni aun Salomón con toda su gloria se vistió así como uno de ellos. Y si la hierba del campo que hoy es, y mañana se echa en el horno, Dios la viste así, ¿no hará mucho más a vosotros, hombres de poca fe? No os afanéis, pues, diciendo: ¿Qué comeremos, o qué beberemos, o qué vestiremos? Porque los gentiles buscan todas estas cosas; pero vuestro Padre celestial sabe que tenéis necesidad de todas estas cosas. Mas buscad primeramente el reino de Dios y su justicia, y todas estas cosas os serán añadidas (Mateo 6.25-33).

No lo olvides. Cuando la preocupación golpee a la puerta, envía a la fe para que responda. Esto garantiza que no habrá nadie al otro lado de la puerta.

La preocupación y la fe no pueden coexistir. Puedes elegir: orar, creer que Dios responderá o bien preocuparte por tu situación... pero no podrás hacer las dos cosas. La preocupación da como resultado ansiedad, frustración, indefensión y derrota. La fe, en cambio, te lleva a la certeza, el éxito, la confianza y la victoria.

El miedo

La Biblia utiliza las frases «No temas» o «No tengas miedo» más de cien veces. Nuestro misericordioso Padre celestial sabía que Satanás muchas veces utilizaría el miedo para aprisionar los corazones y las mentes. El miedo paraliza la mente, debilita la voluntad y destruye nuestros sueños.

El presidente Franklin D. Roosevelt en su intento por consolar a la nación de Estados unidos, que sufría miedo y dolor después del bombardeo a Pearl Harbor, dijo algo que tiene mucho poder: «A lo único que hemos de tenerle miedo es al miedo mismo». Esto es una profunda verdad en la vida del creyente. Cuando permitimos que nos controle el espíritu del miedo, quedamos atados por una emoción que nos consume por completo y destruye nuestras vidas así como también nuestro futuro.

Jesús, que es el Príncipe de Paz, no el autor del miedo, afirmó: « No temas; yo soy el primero y el último; y el que vivo, y estuve muerto; mas he aquí que vivo por los siglos de los siglos, amén. Y tengo las llaves de la muerte y del Hades» (Apocalipsis 1.17-18).

El miedo es la antítesis de la fe puesto que la gran fe echa fuera el temor. El miedo es una de las armas intimidantes que usa Satanás

195

para destruir nuestra paz. Aférrate a lo que Dios te ha prometido: «No temas, porque yo estoy contigo; no desmayes, porque yo soy tu Dios que te esfuerzo; siempre te ayudaré, siempre te sustentaré con la diestra de mi justicia» (Isaías 41.10).

El resentimiento

El resentimiento es ira contra una persona que sientes que te ha ofendido. No puedes ser responsable de lo que te pasa pero sí tendrás que rendir cuentas siempre por la forma en que respondas a lo que te ocurra.

El pastor Brian Houston, de la Iglesia Hillsong, comentó algo que revela gran entendimiento: «No hay cristiano maduro que conozca bien la Palabra, con excusa razonable para vivir su vida ofendido». Así que te pregunto esto: ¿Te ofendes como cosa de rutina y vives con resentimiento habitual?

Algunos hemos sufrido heridas debido a las palabras o hechos de otras personas. El rey David a menudo clamaba al Señor para que le sanara de las ofensas ajenas (ver Salmos 17; 27; 35; 109; 143). Cuando permitimos que el insulto o la injuria provoquen en nosotros resentimiento, es porque hemos caído en la trampa de Satanás.

El resentimiento, en última instancia, se lleva tu gozo y tu paz; además, arruina tus relaciones. Si sientes resentimiento contra alguien —por su éxito material o profesional, porque no te incluyó en algún evento social o por cometer siquiera la ofensa más pequeña— eso es parte del plan de Satanás para llenar tu mente con un veneno emocional que puede llevarte a la amargura, la cual no es de Dios.

Para que el resentimiento pueda dominarte debes abrirle la puerta. El resentimiento fue el combustible del primer asesinato, cuando Caín mató a Abel. El resentimiento hizo que Jacob codiciara los derechos de primogenitura de su hermano. El resentimiento hizo que el rey Saúl persiguiera a David por las colinas de Israel en su intento por impedir que llegara a ser rey.

El resentimiento es el cianuro del alma. ¡Reconócelo y expúlsalo!

La rebeldía

¿Por qué las ciudades de la Unión Americana están llenas de anarquía y falta de ley, contrarias a la autoridad civil? ¿Por qué hay una generación que se gratifica insensiblemente saqueando o quemando casas, iglesias, negocios, bajo la apariencia de que tienen «derecho a protestar»? ¿Por qué están haciendo alboroto los estudiantes en las aulas en vez de buscar el conocimiento y prepararse para su futuro? ¿Por qué desafían los niños la autoridad de sus padres pero se someten a los líderes de las pandillas callejeras?

La respuesta está en el espíritu de rebeldía que arrasa con nuestro país.

Este espíritu se resiste a toda forma de autoridad y la desafía.

¿Cuándo oíste por última vez un sermón en tu iglesia sobre el tema de la sumisión a la autoridad? La predicación del evangelio ahora en nuestras iglesias trata más de la Nueva Era que del Nuevo Testamento, buscando más la autosatisfacción que el agradar a Dios. No estamos enseñando los preceptos básicos que contiene la Palabra de Dios.

La sumisión a la justa autoridad es uno de esos mandatos esenciales. Es hora de que los que tienen posiciones de autoridad en nuestros hogares, iglesias, escuelas y gobiernos le cierren las puertas a la rebeldía que ha permitido que las influencias demoníacas corrompan nuestra sociedad.

Dios describe más en detalle esta emoción: «Porque como pecado de adivinación es la rebelión, y como ídolos e idolatría la obstinación. (1 Samuel 15.23).

No hace falta ponerse el sombrero negro con alas puntiagudas y recitar encantamientos junto a un caldero para que influya en ti el espíritu de la brujería. Las invasiones más sutiles de este espíritu maligno —como la dominación, la intimidación y la manipulación— intentan anularnos. Son fortalezas que se han infiltrado en nuestras vidas y las de nuestros seres queridos.

¿Cómo librarnos de las garras mortales de esos espíritus?

Ante todo debemos reconocer que ese espíritu demoníaco y dañino es de Satanás (Lucifer), primer origen de la rebeldía. Luego tenemos que analizarnos para reconocer de qué forma ese espíritu de rebelión se ha manifestado en nosotros. Como sucede con todos los demás espíritus demoníacos, va entrando poco a poco, subrepticiamente, en nuestros pensamientos. Y allí se arraiga, aunque con frecuencia ni lo notemos.

La dominación es la actitud de imponerse en la vida o los sentimientos de otros, para controlarlos. El que busca dominar a otro puede hacerlo con observaciones abusivas o condescendientes, con burlas, con cantidad de artimañas más. El espíritu de dominación exige atención y poder.

El espíritu de intimidación obliga al otro a hacer lo que no quiere o bien le impide hacer lo que quiere induciendo el miedo a la otra persona. La explotación y el *bullying* son dos de las tácticas más elementales.

En los programas de noticias hallamos cantidad de historias acerca de jóvenes que se suicidan por el incesante acoso de la intimidación cibernética (Bullying). El tráfico de personas para su explotación sexual ha llegado a proporciones de epidemia, lo que arruina las vidas de incontable cantidad de jóvenes, varones y mujeres. Incluso los padres son víctimas de ese espíritu destructivo y manipulador. Un estudio reciente reveló que hay padres que no quieren disciplinar a sus hijos por miedo a lo que pudieran *postear* en Facebook o Twitter.

La manipulación es la acción de dirigir las acciones o emociones de alguien de manera injusta. Ya sea con métodos sutiles o de confrontación, el manipulador atrae o seduce al otro para lograr sus propios fines. Las mujeres suelen usar el sexo y los hombres el dinero. Los niños usarán arranques de rabia y caprichos para obtener lo que quieren. El espíritu de la manipulación no es más que la búsqueda de la autosatisfacción.

El espíritu de la rebeldía convierte en ídolos a la propia voluntad, la propia opinión y la lujuria. Pero hay una verdad que tenemos que considerar: Dios no comparte su soberanía con nadie, sea hombre o espíritu.

No te has de inclinar a ningún otro dios, pues Jehová, cuyo nombre es Celoso, Dios celoso es (Éxodo 34.14).

Solo a través del arrepentimiento y la sumisión a la voluntad de Dios podemos liberarnos de las garras de la rebeldía.

La puerta a las emociones del cristiano debe estar bien protegida, para resguardar la paz sobrenatural de los creyentes, lo que la Biblia describe como «la paz de Dios, que sobrepasa todo entendimiento» es lo que «guardará vuestros corazones y vuestros pensamientos en Cristo Jesús» (Filipenses 4.7).

EL PORTAL DE LAS PALABRAS

La presencia de la influencia demoníaca también puede reflejarse en el contenido de las palabras de la persona, como las mentiras compulsivas, los chismes, el lenguaje vulgar o las declaraciones destructivas.

La lengua es un arma poderosa, para bien y para mal. Según Santiago 3.6 «es un fuego, un mundo de maldad. La lengua está puesta entre nuestros miembros, y contamina todo el cuerpo, e inflama la rueda de la creación, y ella misma es inflamada por el infierno».

Toda persona que compulsivamente mienta estará motivada por un espíritu contrario a la Palabra de Dios. El rey David nos advirtió: «Guarda tu lengua del mal, y tus labios de hablar engaño» (Salmos 34.13).

Pablo incluyó el pecado del chisme junto con el adulterio, el asesinato y la maldad (Romanos 1.29-32). Pocos miembros de la iglesia pensarían en ser adúlteros o asesinos, pero hay muchísimos que son chismosos. A los ojos de Dios, matar el carácter de alguien con tu lengua (injuriándolo) es tan malo como quitarle la vida. Dios no tolerará ninguna de esas cosas.

El hombre perverso levanta contienda, y el chismoso aparta a los mejores amigos (Proverbios 16.28).

Al que solapadamente infama a su prójimo, yo lo destruiré; no sufriré al de ojos altaneros y de corazón vanidoso (Salmos 101.5).

El lenguaje vulgar o indecente es suelo fértil para los virus espirituales. Podrá cultivar pensamientos y conductas lujuriosas e indecentes que luego llevan a acciones pecaminosas.

Llena está su boca de maldición, y de engaños y fraude; debajo de su lengua hay vejación y maldad (Salmos 10.7).

El lenguaje burdo, explícito y ofensivo no es un escudo de honor sino una mortaja de asquerosa desviación demoníaca.

Pero ahora dejad también vosotros todas estas cosas: ira, enojo, malicia, blasfemia, palabras deshonestas de vuestra boca. No mintáis los unos a los otros, habiéndoos despojado del viejo hombre con sus hechos, y revestido del nuevo, el cual conforme a la imagen del que lo creó se va renovando hasta el conocimiento pleno (Colosenses 3.8-10).

El decir cosas destructivas como «¡Te odio!», «¡Desearía no haber nacido!», o «¡Me quiero morir!» es otra de las formas en que permitimos la entrada del mal a través de nuestras palabras.

La muerte y la vida están en poder de la lengua, y el que la ama comerá de sus frutos (Proverbios 18.21).

Cuando declaras algo estás poniendo tu destino en movimiento. Si tus palabras son afirmativas, tus acciones pronto lo reflejarán: «Todo lo puedo en Cristo que me fortalece» (Filipenses 4.13). Y si tus palabras son negativas, actuarás igualmente en ese sentido:

Si alguno enseña otra cosa, y no se conforma a las sanas palabras de nuestro Señor Jesucristo, y a la doctrina que es conforme a la piedad, está envanecido, nada sabe, y *delira acerca de cuestiones y contiendas de palabras, de las cuales nacen envidias, pleitos, blasfemias, malas sospechas, disputas necias de hombres corruptos de entendimiento y privados de la verdad*, que toman la piedad como fuente de ganancia; apártate de los tales (1 Timoteo 6.3-5).

El origen de tus palabras, o es Dios o de Satanás, y lo que fluye de tu boca refleja el contenido de tu corazón.

Porque de la abundancia del corazón habla la boca. El hombre bueno, del buen tesoro del corazón saca buenas cosas; y el hombre malo, del mal tesoro saca malas cosas (Mateo 12.34-35).

Tus palabras tienen el poder de traer bendición a tu vida y a la de tus seres queridos. O pueden abrir las puertas del infierno por medio de maldiciones e insultos, afectando de manera adversa tu futuro por generaciones.

EL PORTAL CARNAL

La mentalidad pecaminosa es muerte, mientras que la mentalidad que proviene del Espíritu es vida y paz (Romanos 8.6, NVI).

A los cristianos se nos manda controlar nuestros hábitos físicos: «Los que son de Cristo *han crucificado la carne con sus pasiones y deseos*. Si vivimos por el Espíritu, andemos también por el Espíritu» (Gálatas 5.24-25). ¿Controlas tus deseos carnales? ¿Has hecho un inventario de tus hábitos negativos? ¿Alimentas al hombre espiritual o al carnal? Tus deseos, ¿llevan a la vida o a la destrucción?

Las mismas fuerzas que llevan a los drogadictos a estropearse obsesivamente con una aguja son las que impulsan a millones de personas a destruirse a sí mismas con otros hábitos menos obvios. Si «no tienes control» podrías estar bajo la influencia de poderes destructivos demoníacos. Es esencial que hagas un diagnóstico adecuado.

¿Comes compulsivamente? ¿Bebes alcohol en exceso? ¿Fumas un cigarrillo tras otro? ¿Eres adicto a la pornografía? ¿Tienes sexo fuera del matrimonio? Si has respondido que sí a cualquiera de estas preguntas, entonces pregúntate: «¿Dios quiere esto para mi vida o yo elegí un veneno que a fin de cuentas me destruirá?». Estos hábitos compulsivos han llenado penitenciarías, centros siquiátricos, hospitales y tribunales de divorcio, además de proveer cantidad de invitados a los programas de televisión que reflejan la realidad (los llamados *reality shows*).

Si ignoras la causa y raíz de esas conductas abusivas, terminarás muy mal. Puesto que Satanás y sus demonios son monstruos sádicos que se deleitan con la destrucción humana y promueven constantemente las «virtudes» del vicio, bombardeando a nuestra generación con falsas promesas de aceptación, significado y escapismo. El enemigo seduce, engaña, corrompe, atormenta, esclaviza y destruirá a todo el que invite a esos poderes demoníacos a invadir su vida.

Tenemos que reconocer que nuestro cuerpo es el templo del Espíritu Santo y que Jesús nuestro Redentor —que pagó el precio supremo por nuestra vida en abundancia— no se agrada para nada al ver la autodestrucción de la creación de Dios.

Dios padre tiene un plan divino para nuestras vidas.

San Pedro presentó una disertación profunda que nos advierte sobre los peligros de la carne y describe los dones que Dios promete:

Como todas las cosas que pertenecen a la vida y a la piedad nos han sido dadas por su divino poder, mediante el conocimiento de aquel que nos llamó por su gloria y excelencia, por medio de las cuales nos ha dado preciosas y grandísimas promesas, para que por ellas llegaseis a ser participantes de la naturaleza divina, habiendo huido de la corrupción que hay en el mundo a causa de la concupiscencia; vosotros también, poniendo toda diligencia por esto mismo, añadid a vuestra fe virtud; a la virtud, conocimiento; al conocimiento, dominio propio; al dominio propio, paciencia; a la paciencia, piedad; a la piedad, afecto fraternal; y al afecto fraternal, amor.

Porque si estas cosas están en vosotros, y abundan, no os dejarán estar ociosos ni sin fruto en cuanto al conocimiento de nuestro Señor Jesucristo.

Pero el que no tiene estas cosas tiene la vista muy corta; es ciego, habiendo olvidado la purificación de sus antiguos pecados. Por lo cual, hermanos, tanto más procurad hacer firme vuestra vocación y elección; porque haciendo estas cosas, no caeréis jamás. Porque de esta manera os será otorgada amplia y generosa entrada en el reino eterno de nuestro Señor y Salvador Jesucristo (2 Pedro 1.3-11).

La defensa perfecta contra el príncipe de las tinieblas y sus legiones de demonios no puede lograrse sin ayuda divina. Satanás susurrará a tu oído que ya no podrás más, que te han derrotado, que tu futuro es horrible y no tiene esperanza alguna. San Pablo nos da el contraataque: «Mas gracias sean dadas a Dios, que nos da la victoria por medio de nuestro Señor Jesucristo» (1 Corintios 15.57).

Que todo corazón desanimado, toda mente preocupada y atormentada, todo espíritu derrotado deprimido, grite: ¡Hay liberación en Jesucristo!

RECONOCE, RECHAZA Y APÁRTATE

Recuerdo que Derek Prince habló acerca de una verdad eficaz respecto de la actividad demoníaca:

Desearía que fuese cierto que los cristianos somos inmunes a la invasión demoníaca. Por desdicha, nuestro ser corruptible todavía no se ha «vestido de lo incorruptible» y nuestra mortalidad no se ha «vestido de inmortalidad», como dice en 1 Corintios 15.43. Hasta que eso suceda nuestras mentes y cuerpos seguirán siendo vulnerables al enemigo. Un demonio puede ir dondequiera que pueda ir el pecado.

Recuerda esta verdad: Allí donde no hay pecado no hay ofensa; allí donde no hay ofensa no hay culpa; allí donde no hay culpa no hay vergüenza.

No se pueden expulsar demonios con frases pías y fórmulas frívolas; hay que derrotarlos en un campo de batalla espiritual. No se negocia con los demonios. ¡Se los expulsa! Jesús proclamó en Mateo 12.28: «Si yo por el Espíritu de Dios echo fuera los demonios, ciertamente ha llegado a vosotros el reino de Dios».

Hace falta poder espiritual y verdad bíblica para resistir a Satanás y sus insidiosas tentaciones.

Jesús, lleno del Espíritu Santo, volvió del Jordán, y fue llevado por el Espíritu al desierto por cuarenta días, y era tentado por el diablo. Y no comió nada en aquellos días, pasados los cuales, tuvo hambre (Lucas 4.1-2)

Jesús volvió en el poder del Espíritu a Galilea (Lucas 4.14).

Cuando llegó a Nazaret, leyó del libro de Isaías:

El Espíritu del Señor está sobre mí ... Me ha enviado a ... pregonar libertad a los cautivos, y vista a los ciegos; a poner en libertad a los oprimidos (Lucas 4.18).

Jesucristo, que conocía todas las cosas, dio testimonio con sus palabras y sus acciones de que a Satanás solamente se le derrota con el poder del Espíritu Santo.

El creyente ha recibido autoridad para expulsar demonios (Marcos 16.17). Cuando Jesús envió a los setenta creyentes a ministrar, ellos volvieron a Él y le dijeron: «Señor, aun los demonios se nos sujetan en tu nombre» (Lucas 10.17). Cuando a Pablo lo confrontó la mujer endemoniada de Filipo, él habló en el poder del nombre de Jesús: «Te mando en el nombre de Jesucristo, que salgas de ella. Y salió en aquella misma hora» (Hechos 16.18).

La Biblia declara con claridad: «Someteos, pues, a Dios; resistid al diablo, y huirá de vosotros» (Santiago 4.7). Una vez que hemos *reconocido* al Maligno intruso, tenemos que *rechazar* su influencia y *apartarnos* de su presencia. Si por alguna razón esto te incomoda o sientes que no podrás, acude a tu autoridad espiritual (pastor o sacerdote) que tiene sólido conocimiento de la doctrina bíblica sobre demonios y liberación, y pide que te ayude. De una u otra forma los creyentes tenemos tanto la autorización como la capacidad de ser victoriosos por sobre los poderes y principados del diablo.

EL CAMINO A LA LIBERTAD

Deja que te guíe a lo largo del mismo camino a la libertad que Derek Prince le enseñó a mi congregación hace unos cuarenta años.

Primero y ante todo, entrega tu vida a Jesucristo y reconoce su señorío. No puedes esperar liberación sin rendirte a Cristo y a su Palabra.

Por tanto, hermanos santos, participantes del llamamiento celestial, considerad al apóstol y sumo sacerdote de nuestra profesión, Cristo Jesús (Hebreos 3.1).

Segundo, tienes que humillarte y crucificar el pecado del orgullo. El orgullo te hará elegir tu ego por encima de tu libertad.

«Igualmente, jóvenes, estad sujetos a los ancianos; y todos, sumisos unos a otros, revestíos de humildad; porque: Dios resiste a los soberbios, y da gracia a los humildes. Humillaos, pues, bajo la poderosa mano de Dios, para que él os exalte cuando fuere tiempo» (1 Pedro 5.5-6).

Según las Escrituras, a los creyentes que se humillan se les garantizan las siguientes promesas:

- Redención (Filipenses 2.5-8)
- Riquezas y honor (Proverbios 22.4)

- Dulce comunión (Isaías 57.15)
- Paz (Mateo 11.29)
- Grandeza (Mateo 23.11)
- Exaltación (Lucas 14.11)
- Unidad (Efesios 4.1-3)
- Una victoriosa vida cristiana (Romanos 12.9-21)

Tercero, debes confesar totalmente y con sinceridad los pecados que han permitido que Satanás y sus fuerzas demoníacas entraran en tu vida. No es momento de ocultarse tras el velo de los secretos. ¡Dios lo sabe! Él conoce cada uno de los pecados que has cometido y que estás cometiendo en el presente: «Porque nada hay oculto, que no haya de ser manifestado; ni escondido, que no haya de ser conocido, y de salir a luz» (Lucas 8.17). Los únicos pecados que Dios no recordará son aquellos que han sido confesados y cubiertos por la sangre de Jesucristo.

El que encubre sus pecados no prosperará; mas el que los confiesa y se aparta alcanzará misericordia (Proverbios 28.13).

Porque seré propicio a sus injusticias, y nunca más me acordaré de sus pecados y de sus iniquidades (Hebreos 8.12).

Cuarto, tenemos que arrepentirnos de nuestros pecados asumiendo la responsabilidad de nuestras acciones y apartándonos de ellos (2 Pedro 3.9). Como el rey David, tenemos que clamar a Dios, admitir que hemos pecado en contra de Él y solo de Él (Salmos 51.4). Tenemos que aprender a despreciar el pecado tanto como lo desprecia nuestro Padre (Proverbios 6.16-17).

El quinto paso para avanzar por este camino a la liberación es perdonar a quienes te hayan ofendido o perjudicado. Antes de recibir el perdón de Dios primero tienes que tener la voluntad para perdonar a los demás. La oración de nuestro Señor, el Padre Nuestro, confirma esta verdad: «Perdónanos nuestras deudas, como también nosotros perdonamos a nuestros deudores» (Mateo 6.12).

Las Escrituras nos explican en mayor detalle por qué es tan importante hacer eso:

Porque si perdonáis a los hombres sus ofensas, os perdonará también a vosotros vuestro Padre celestial; mas si no perdonáis a los hombres sus ofensas, tampoco vuestro Padre os perdonará vuestras ofensas (Mateo 6.14-15).

El odio que albergamos hacia los demás nos obstaculizará y, en última instancia, impedirá nuestra liberación. Es imperativo perdonar por completo para poder experimentar la dulce comunión con Jesucristo.

A veces el perdón nos parece imposible porque consideramos que la ofensa es demasiado grave. Es en esos momentos en que tenemos que pedirle a Dios que nos dé la voluntad para perdonar. Uno de los mejores ejemplos de este tipo de acción en cuanto a la voluntad es el que mostró una mujer notable que tuve el honor de conocer durante un banquete para escritores.

Corrie ten Boom, autora del éxito de ventas internacional *El refugio secreto* sobrevivió a los infernales e incomprensibles horrores del holocausto, y soportó tratos brutales y pérdidas terribles, al punto que la mente ni siquiera podría abarcarlo todo.

Uno de los guardias del campo de concentración de Ravensbruck cometió en persona cosas horribles e inhumanas, contra ella y los prisioneros con los que estaba, por lo que causó la muerte de su única hermana, Betsie.

Después de que Corrie hablara sobre el perdón en uno de sus muchos compromisos después de que terminara la guerra, un hombre del público se le acercó. De inmediato lo reconoció. Era su «atacante ofensor» de Ravensbruck, aunque él no la recordaba a ella.

Fue hasta donde estaba Corrie y le dijo que había sido guardia en un campo de concentración, pero que después se había convertido y era cristiano. Sabiendo que Dios le había perdonado, seguía desesperado porque le perdonaran los que habían estado en su campo de concentración.

Allí estaba ese hombre contra el que ella había sentido tanto odio durante todos esos años, pidiendo perdón. Corrie permaneció de pie, sin hablar, prácticamente paralizada durante un instante que pareció, más bien, horas.

Los recuerdos y los pensamientos se arremolinaban en su mente mientras se preguntaba cómo podría perdonar a alguien como ese tipo que había sido en parte la causa de la muerte de su hermana. Pero también pensó en cuántas veces Dios le había perdonado a ella sus pecados.

En ese momento su obediencia al Espíritu Santo venció su deseo carnal de rebelarse:

Tenía que hacerlo... lo sabía. El mensaje de que Dios perdona tiene una condición previa: que perdonemos a quienes nos perjudicaron...

«¡Auxilio!», oré en silencio. «Puedo levantar mi mano. Puedo hacer eso nada más. Tú dame el sentimiento...». «¡Te perdono, hermano!», grité. «¡Con todo mi corazón!».[4]

Durante un largo rato el ex guardia y la ex prisionera —el ex opresor y la ex oprimida— se tomaron de las manos. Ella dijo que en ese momento sintió el amor de Dios más intensamente que nunca.

No puedo imaginar una demostración de perdón más hermosa entre dos personas. Tenemos que conquistar y dominar nuestra voluntad para que el perdón pueda convertirse en parte de nuestra liberación espiritual y de nuestra sanidad espiritual.

El siguiente paso esencial es romper lazos con toda forma de actividades de lo oculto, falsas religiones e ídolos. ¡Y no hay excepciones!

No traerás cosa abominable a tu casa, para que no seas anatema; del todo la aborrecerás y la abominarás, porque es anatema (Deuteronomio 7.26).

El séptimo y último paso es preparar tu corazón, tu mente y tu espíritu para la liberación, de modo que rompas con la esclavitud del infierno mismo. Has vivido bajo la maldición de Satanás durante suficiente tiempo y ahora ha llegado el momento de entrar en la Luz de la bendición de Dios ¡y ser libre por siempre!

En el momento en que Cristo moría en la cruz ocurrió un intercambio grandioso. Pablo describió esa libertad milagrosa de esta manera:

Cristo nos redimió de la maldición de la ley, hecho por nosotros maldición (porque está escrito: Maldito todo el que es colgado en un madero, para que en Cristo Jesús la bendición de Abraham alcanzase a los gentiles, a fin de que por la fe recibiésemos la promesa del Espíritu (Gálatas 3.13-14).

EL ACTO DE LIBERACIÓN

Hemos cerrado el círculo, por lo que ahora estamos dispuestos a someternos a Dios y a su Palabra, así como también a exigir que el diablo huya de nosotros (Santiago 4.7). Tenemos que pronunciar el nombre de Jesús porque los demonios tiemblan con solo oírlo (Santiago 2.19).

Cuando hayas cumplido cada uno de estos pasos identifica al enemigo por nombre —lo que sea que hayas reconocido en tu vida— y recházalo, quítalo de tu vida; luego pronuncia la oración de liberación. El espíritu demoníaco que te ha tenido de rehén no tendrá más opción que irse.

Te ofrezco esta oración sencilla pero poderosa, como ejemplo que podrás usar para completar tu camino a la libertad:

Satanás, en el nombre de Jesús, por el poder de su sangre derramada y por la autoridad que tengo a través de la Palabra de Dios, renuncio a ti y a tu reino. Rechazo tus espíritus demoníacos [nómbralos] y su influencia sobre mi vida. Ya no me dejaré dominar por ninguna fortaleza que me haya tenido como cautivo. Recibo mi liberación en el nombre de Jesucristo. ¡Soy libre! Amén.

Derek declaró la siguiente promesa sobre mi congregación después de un servicio de liberación, por lo que ahora yo la declaro sobre tu vida: «Toda oración de un cristiano orada con fe, según la Palabra de Dios —basada en sus promesas—, que oramos en el nombre de Jesucristo, inspirada por el Espíritu Santo, sea para bendición temporal o espiritual, tendrá plena respuesta».

PROTEGE TU LIBERTAD

Cuando ya hayas experimentado la liberación de Dios es imperativo que te sumerjas en su Palabra, que asistas a una iglesia centrada en la Biblia —que predique el evangelio de Cristo sin negociación alguna—, y que permanezcas en comunión con creyentes de un mismo pensar (Salmos 133.1; Filipenses 1.5-6).

Jesús nos advirtió que debemos:

1. Guardar nuestras mentes, corazones y espíritus después de recibir liberación;
2. Mantenernos lejos de Satanás y su reino de las tinieblas.

Si no hacemos estas dos cosas, recuerda que somos susceptibles a un ataque siete veces más grande que antes (Lucas 11.24-26).

Tú tienes el control de tu destino. No le des pie a Satanás para que entre en tu vida, para que te robe tu paz, tu gozo, tu esperanza. Dios promete que nunca ha de dejarnos ni abandonarnos. Nos ha dado su Palabra para nuestra instrucción, a su Hijo para nuestra redención, y al Espíritu Santo para nuestro consuelo y guía. Dios también creó a las huestes celestiales para protegernos y defendernos: «Pues a sus ángeles mandará acerca de ti, que te guarden en todos tus caminos» (Salmos 91.11).

Ahora vamos a conocer el invisible mundo de los ángeles, y a descubrir su poder para protegerte y defenderte, a ti y a tus seres amados. En este mismo momento hay ángeles de pie junto a ti...

CAPÍTULO 11

POR QUÉ CREO
EN LOS ÁNGELES

Porque ¿a cuál de los ángeles dijo Dios jamás: Mi Hijo
eres tú, yo te he engendrado hoy, y otra vez: Yo seré a él
Padre, y él me será a mí hijo? Y otra vez, cuando introduce
al Primogénito en el mundo, dice: Adórenle todos los ángeles
de Dios. Ciertamente de los ángeles dice: El que hace a sus
ángeles espíritus, y a sus ministros llama de fuego ... Pues, ¿a
cuál de los ángeles dijo Dios jamás:
Siéntate a mi diestra, hasta que ponga a tus
enemigos por estrado de tus pies? ¿No son todos
espíritus ministradores, enviados para servicio a
favor de los que serán herederos de la salvación?

(Hebreos 1.5-7; 13-14)

Yo creo en los ángeles de Dios, no por alguna pintura de un
artista del Renacimiento que los muestra con alas y tocando
el arpa mientras flotan entre nubes blancas e infladas; no porque

Hollywood haya hecho películas taquilleras y místicas sobre el tema; ni porque alguien haya dicho que tuvo una visión, o porque yo haya visto un ángel (que no he visto nunca). ¡Creo en los ángeles porque la Biblia me dice que existen!

La Biblia es la infalible Palabra de Dios y es la *absoluta* verdad (Juan 17.17). La palabra es un manantial de vida para el creyente (Juan 4.14), leche para los más pequeños (1 Pedro 2.2) y carne para los hombres grandes (Hebreos 5.14); es nuestra perpetua fuente de bendiciones (Deuteronomio 28.2); es la luz que nos guía en el viaje de la vida (Salmos 119.105), nuestra eterna promesa de la redención para el futuro (Salmos 111.9).

¿QUÉ SON LOS ÁNGELES?

Para poder apreciar plenamente la realidad de los ángeles y su importancia en la vida del creyente uno tiene que estudiar primero las Sagradas Escrituras, las cuales presentan relatos detallados de su existencia, sus características, su oficio o función y sus rangos, su poder para proteger y defender, y las tareas que el Dios todopoderoso les asignó.

Según el apóstol Pablo los ángeles son seres creados: «Porque en él fueron creadas todas las cosas, las que hay en los cielos y las que hay en la tierra, visibles e invisibles; sean tronos, sean dominios, sean principados, sean potestades; todo fue creado por medio de él y para él» (Colosenses 1.16). Los ángeles también son seres espirituales (Salmos 104.4) que aparecen y desaparecen a voluntad, a una velocidad inimaginable.

Los ángeles son puramente espíritu pero pueden adoptar la forma de humanos (Génesis 19.1-3). Los ángeles viven en el tercer cielo (Marcos 13.32; Apocalipsis 10.1) pero no están limitados a ningún lugar específico; sirven en los cielos o en la tierra dependiendo de la misión de Dios (Daniel 10.13; Hebreos 1.14). Los ángeles son obedientes; cumplen sus comisiones sin cuestionar o dudar (Salmos 103.20; 1 Pedro 3.22; Judas 6).

Los ángeles están vivos (Ezequiel 1.1-5), son inmortales (Lucas 20.34-35) y presentan las proclamaciones del Señor (Lucas 2.10-11). Los ángeles alaban a Dios (Lucas 2.13) y le adoran (Hebreos 1.6). Los ángeles son mansos. No son ni resentidos ni críticos (2 Pedro 2.11; Judas 9). Los ángeles han sido apartados por y para Dios, porque son santos (Lucas 9.26; Apocalipsis 14.10) y ven su rostro (Mateo 18.10; 1 Timoteo 3.16) y guardan su trono.

Y miré, y oí la voz de muchos ángeles alrededor del trono, y de los seres vivientes, y de los ancianos; y su número era millones de millones (Apocalipsis 5.11).

CARACTERÍSTICAS DE LOS ÁNGELES

Los ángeles están sujetos a la autoridad de Dios (1 Pedro 3.22). Su naturaleza (Hebreos 2.7) y conocimiento (2 Samuel 14.20), son superiores a los del ser humano. También tienen poder y fuerza sobrenaturales (2 Pedro 2.11). Pueden volar (Isaías 6.6), hablar (Hebreos 2.2) y reflejan el gozo de Dios (Lucas 15.10). Los ángeles no se casan ni mueren (Lucas 20.35-36). Los ángeles de Dios pueden discernir entre el bien y el mal (2 Samuel 14.17) y son nuestros santos escoltas en la vida (Hebreos 1.14) y en la muerte (Lucas 16.22).

¡Los ángeles no pueden contarse!

Daniel 7.10 informa: «Un río de fuego procedía y salía de delante de él; millares de millares le servían, y millones de millones asistían delante de él; el Juez se sentó, y los libros fueron abiertos». Jesús hizo referencia a más de «doce legiones de ángeles» (Mateo 26.53); Lucas 2.13 describe a las multitudes de las huestes celestiales y Hebreos 12.22 declara que hay «muchos millares de ángeles».

Piensa en eso. Como hijos de Dios estamos rodeados de una orden inconmensurable, invisible e invencible de seres inteligentes sobrenaturales enviados en alguna misión especial por Dios mismo ¡para defendernos, consolarnos y protegernos!

Los ángeles son los mensajeros de Dios que transmiten sus órdenes y cumplen sus juicios. Hacen lo que Dios manda.

Bendecid a Jehová, vosotros sus ángeles, poderosos en fortaleza, que ejecutáis su palabra, obedeciendo a la voz de su precepto. Bendecid a Jehová, vosotros todos sus ejércitos, ministros suyos, que hacéis su voluntad. Bendecid a Jehová, vosotras todas sus obras, en todos los lugares de su señorío. Bendice, alma mía, a Jehová (Salmos 103.20-22).

OFICIO O FUNCIÓN DE LOS ÁNGELES

El oficio o función de un ángel tiene cuatro aspectos.

El primero es adorar al Dios viviente, Creador del cielo y de la tierra, y a su Hijo Jesucristo. Juan el Revelador escribió: «Y miré, y oí la voz de muchos ángeles alrededor del trono, y de los seres vivientes, y de los ancianos; y su número era millones de millones, que decían a gran voz: El Cordero que fue inmolado es digno de tomar el poder, las riquezas, la sabiduría, la fortaleza, la honra, la gloria y la alabanza» (Apocalipsis 5.11-12).

Segundo, los ángeles son siervos de Dios enviados a ministrar (Hebreos 1.14), sostener (1 Reyes 19.5; Mateo 4.11; Lucas 22.43), preservar (Génesis 16.7; 24.7; Éxodo 23.20; Apocalipsis 7.1), liberar (Génesis 48.16; Números 20.16; Salmos 34.7; 91.11; Isaías 63.9; Daniel 6.22; Mateo 26.53), interceder (Zacarías 1.12; Apocalipsis 8.3) y asistir a los justos después de la muerte (Lucas 16.22).

Tercero: los ángeles son mensajeros de Dios. La palabra *ángel*, de hecho, significa «mensajero» en griego (*angelos*) y en hebreo (*mal'ach*). A través de sus ángeles Dios envía anunciaciones (Mateo 1.20-21; Lucas 1.11-29), advertencias (Daniel 4.13-17; Mateo 28.2-6; Hechos 10.3), aliento (Hechos 27.23) y revelación (Daniel 9.21; Hechos 7.53; Gálatas 3.19; Hebreos 2.2; Apocalipsis 1.1).

El cuarto oficio de los ángeles es ser agentes de Dios y ejecutores de sus decretos y sus juicios sobre la humanidad (Génesis 3.24; 19.1; Números 22.22-27; 2 Samuel 24.16; 2 Reyes 19.35; Mateo 13.39, 41, 49; 16.27; 24.31; Marcos 13.27; Hechos 12.23; y a lo largo del libro de Apocalipsis).

RANGOS Y MISIONES ASIGNADAS

Los ángeles dispensan y administran la beneficencia divina para con nosotros; se ocupan de nuestra seguridad, nos defienden, dirigen nuestros caminos y son solícitos para que no caiga sobre nosotros ningún mal (Juan Calvino).

En treinta y cuatro libros de la Biblia hay referencias a los ángeles, desde Génesis a Apocalipsis. Ocupan posiciones específicas y tienen tareas designadas. Dios creó la tierra a partir de la nada y como «el orden es la primera ley del cielo»[1] es lógico que los ángeles estén clasificados por orden de rango y misión. Ellos están organizados en términos de su autoridad, poder y gloria. Los rangos son: arcángeles, serafines, querubines, principados, poderes, tronos y dominios (Efesios 1.21; Colosenses 1.16; 1 Pedro 3.22).

El ángel del Señor

Es importante destacar que, en el Antiguo Testamento, el Señor mismo se apareció como un ángel, una categoría angélica en sí misma. Cuando eso sucedía, se usaba la expresión «ángel del Señor» o «ángel de Dios». Dios Padre también envió a su Hijo al hombre bajo la forma de un ángel.

He aquí yo [Dios Padre] envío mi Ángel delante de ti [Moisés] para que te guarde en el camino, y te introduzca en el lugar que yo he preparado. Guárdate delante de él, y oye su voz; no le seas rebelde; porque él no perdonará vuestra rebelión, porque mi nombre está en él. Pero si en verdad oyeres su voz e hicieres todo lo que yo te dijere, seré enemigo de tus enemigos, y afligiré a los que te afligieren. Porque mi Ángel irá delante de ti, y te llevará a la tierra del amorreo, del heteo, del ferezeo, del cananeo, del heveo y del jebuseo, a los cuales yo haré destruir (Éxodo 23.20-23).

Este ángel del Señor guió a Moisés y a los hijos de Israel en el desierto. No es un «ser creado» y se distingue por encima de todos los otros ángeles por su poder para perdonar o retener transgresiones. ¡El nombre de Dios *está en* Él!

Éxodo 33.14 dice: «Mi presencia [mi rostro] irá contigo, y te daré descanso». Y Éxodo 32.34 declara: «He aquí mi ángel irá delante de ti». El estudioso de la Biblia y autor Myer Pearlman comparó los versículos de Éxodo con Isaías 63.9 (NVI): «de todas sus angustias. Él mismo los salvó; no envió un emisario ni un ángel. En su amor y misericordia los rescató».

Pearlman llegó a dos conclusiones respecto del ángel al que hacen referencia estos versículos. Ante todo, que el nombre de Jehová (su carácter revelado) está *en Él*. Segundo, que el rostro de Jehová (su santa Presencia) también puede verse *en Él*. Es el ángel que identifica Jacob en Génesis 32.30: «Vi a Dios cara a cara, y fue librada mi alma»; y nuevamente en 48.16: «el Ángel que me liberta de todo mal». Pearlman concluye entonces que «este ángel misterioso al que hacen referencia todos estos versículos no es otro más que el Hijo de Dios, el Mesías, el Libertador de Israel, el que sería el Salvador del mundo».[2] De este ángel, Derek Prince dijo: «Era la misma Persona que luego se manifestó en la historia como Jesús de Nazaret».[3]

El ángel del Señor se le apareció a Agar, cuando la celosa Sara la echó (Génesis 16.9-10). Y volvió a aparecérsele a Agar cuando ella y su hijo fueron expulsados al ardiente desierto sin más que una vasija con agua y una hogaza de pan. El ángel la llevó a un pozo, la bendijo, y profetizó que su hijo llegaría a ser una nación poderosa y rica (Génesis 21.17-19).

Su hijo era Ismael, el hijo de Abraham, padre de las naciones árabes que hoy representan la enorme riqueza y poder de la OPEP (Organización de Países Exportadores de Petróleo). Solo Dios mismo podría hacer esas promesas y cumplirlas: "Yo multiplicaré su descendencia en extremo y le haré una gran nación."

En lo personal quiero señalar que si eres madre soltera y estás pasando por dificultades, has de saber que Dios tiene su ojo sobre ti. Él personalmente proveerá lo que te haga falta, cuando te haga falta, y tu semilla será bendecida mucho más allá de lo que pudieras pedir o imaginar.

Moisés recibió una visita: «Y se le apareció el Ángel de Jehová en una llama de fuego en medio de una zarza» (Éxodo 3.2). Dos versículos después, al mismo ángel se le llama Dios: «Viendo Jehová que él iba a ver, lo llamó Dios de en medio de la zarza», y en el versículo 6 Dios se identifica, específicamente: «Yo soy el Dios de tu padre, Dios de Abraham, Dios de Isaac, y Dios de Jacob». Esa visita fue el comienzo de una extraordinaria relación entre Dios y Moisés, el inicio del relato escrito de la Palabra de Dios a través del Pentateuco, que son los cinco primeros libros de la Biblia.

También Gedeón fue visitado: «Y el ángel de Jehová se le apareció, y le dijo: Jehová está contigo, varón esforzado y valiente» (Jueces 6.12). Y la madre de Sansón: «Y la mujer vino y se lo contó a su marido, diciendo: Un varón de Dios vino a mí, cuyo aspecto era como el aspecto de un ángel de Dios, temible en gran manera; y no le pregunté de dónde ni quién era, ni tampoco él me dijo su nombre» (Jueces 13.6).

Este Ángel se le apareció a Balaam: «Entonces Jehová abrió los ojos de Balaam, y vio al ángel de Jehová que estaba en el camino, y tenía su espada desnuda en su mano. Y Balaam hizo reverencia, y se inclinó sobre su rostro» (Números 22.31). Y luego Dios personalmente fue al encuentro de Balaam (Números 23.4) y, como resultado de ese encuentro singular, Balaam pronunció cuatro profecías que revelaban el destino de Dios para Israel y el pueblo judío.

La primera profecía (Números 23.9-10) cumple la promesa de Dios a Abraham que leemos en Génesis 13.16:

Y haré tu descendencia como el polvo de la tierra; que si alguno puede contar el polvo de la tierra, también tu descendencia será contada.

La segunda (Números 23.21-24) se refiere a la profecía de Jacob respecto de las tribus de Israel, en Génesis 49.9:

Cachorro de león, Judá; de la presa subiste, hijo mío. Se encorvó, se echó como león, así como león viejo: ¿quién lo despertará?

En este caso Judá (de donde proviene el nombre *judío*) representa a toda la nación de Israel, que al fin gobernó el rey David.

La tercera profecía y también la cuarta de Balaam están en Números 24.7-9, 17-19. Son la revelación del Mesías y su reino venidero sobre la tierra (Isaías 9.6-9) e incluyen las bendiciones de las naciones respecto de Israel, que encontramos en Génesis 12.3.

El arcángel

Ni siquiera el arcángel Miguel, cuando argumentaba con el diablo disputándole el cuerpo de Moisés, se atrevió a pronunciar contra él un juicio de maldición, sino que dijo: «¡El Señor te reprenda!» (Judas 9).

Arc es el término griego que significa «gobernar» o «jefe» y por eso el arcángel es un ángel de alto rango. En la Biblia aparece dos veces la palabra *arcángel* (1 Tesalonicenses 4.16; Judas 9) y solo se relaciona con Miguel, específicamente con este título. Miguel también se describe como «uno de los príncipes de primer rango» en Daniel 10.13 (NVI), y líder por sobre los otros ángeles («sus ángeles») en Apocalipsis 12.7.

El nombre hebreo Miguel significa ¿«Quién como Dios»? y su misión principal es vigilar al estado de Israel y al pueblo judío: «En aquel tiempo se levantará Miguel, el gran príncipe que está de parte de los hijos de tu pueblo» (Daniel 12.1).

Hay tres pasajes en la Biblia que presentan a Miguel como defensor de Israel (Daniel 10.13, 21; 12:1). Repasemos el primer incidente que encontramos, en el que el ángel Gabriel, mensajero de Dios, le comunicó el mensaje transformador de Dios para Daniel, el profeta de Israel.

Gabriel salió del tercer cielo y no podía avanzar más allá del príncipe de Persia y sus principados (ángeles caídos asignados por Satanás) al segundo cielo para completar su misión. Miguel, «el príncipe de los ángeles» de Israel, entró en esta batalla sobrenatural de los cielos y despejó el camino para que Gabriel llegara a Daniel con la revelación de Dios para el futuro de Israel y las naciones del mundo.

Para el versículo 21 del capítulo 10, Gabriel le transmite a Daniel el mensaje del Señor: «Pero yo te declararé lo que está escrito en el libro de la verdad; y ninguno me ayuda contra ellos, sino Miguel vuestro príncipe».

La tercera referencia en el libro de Daniel (12.1, NVI) amplía y confirma la posición de Miguel como protector del pueblo judío, a través de una profecía de los últimos tiempos.

Entonces se levantará Miguel, el gran príncipe protector de tu pueblo [de Daniel]. Habrá un período de angustia, como no lo ha habido jamás desde que las naciones existen. Serán salvados los de tu pueblo, cuyo nombre se halla anotado en el libro [del plan de Dios para los suyos].

Israel ha enfrentado muchas batallas y guerras a lo largo de su rica historia y el Señor siempre ha rodeado a su pueblo con protección sobrenatural, desde la primera hasta la última batalla. Hace poco la nación de Israel libró una guerra de cincuenta días con Gaza, llamada Operación Borde de Protección. Lo que sigue son algunas de las milagrosas historias de la sobrenatural protección de Dios para con el pueblo de Israel, asignada al arcángel Miguel.

El protector de Israel: Una unidad de la Fuerza de Defensa Israelí (IDF, en inglés) identificó la casa de un buscado terrorista de Hamas en Gaza y se preparó para arrestar a su objetivo al amanecer. Cuando los soldados estaban a punto de entrar en el edificio vieron que los sobrevolaba una paloma blanca. Es algo que no se ve usualmente en una zona activa de batalla, por lo que se detuvieron un momento para ver cómo se posaba la paloma sobre un cordón delgado.

Un segundo después de que la paloma se posara allí, hubo una explosión enorme y la casa quedó destruida, junto con todo lo que había dentro. Era una trampa. El cordón conectado a la puerta había detonado la bomba cuando la paloma se posó en él.

Uno de los soldados dijo luego en su sinagoga: «Si no hubiera sido por la protección de Dios toda nuestra unidad del ejército habría perdido la vida».[4]

Oración por la bendición: Otro joven soldado de la IDF cuenta esta milagrosa historia. Su comandante le había dado permiso para envolver y llevar algunas galletas de chocolate que los israelíes les enviaron cuando su unidad entró en Gaza.

Tras un día y medio de lucha constante con casi nada de alimento estábamos... en una casa y recordé que tenía galletas en mi mochila. Abrí la caja y encontré una nota escrita por un niño: «Sé que me están protegiendo y les envío esta pequeña muestra de aprecio. Todavía soy pequeño, pero tengo algo que pedirles: bendigan los alimentos».

Soy judío laico y no sabía cómo bendecir la comida. Un soldado amigo mío era observante pero estaba sentado en la esquina opuesta. Fui, a gatas, hacia donde estaba mi amigo y le pedí que me enseñara a decir la bendición...

Cuando terminó... cayó un cohete RPG directamente dentro de la casa y explotó exactamente en el lugar donde yo había estado minutos antes... Solo sufrí heridas leves, pero no morí. ¡El ángel de Dios estaba conmigo![5]

Salmo 30: Hay otra milagrosa historia de protección angelical. El día en que comenzó la Operación Borde Protector, Avraham se preparaba para dejar la IDF y volver a su *yeshiva* (escuela de estudios de la Torá). Pero lo enviaron desde su posición sobre las alturas de Golán para luchar en la guerra de la franja de Gaza.

En medio de las batallas, durante las breves misiones hacia la parte trasera para reparar el tanque o buscar municiones, Avraham se contactaba con sus padres, usando el teléfono del comandante de la unidad. Cada una de esas conversaciones era un regalo del cielo. La madre de Avraham le pedía que observara todas las regulaciones de seguridad y su padre le pedía que leyera del libro de los Salmos todos los días.

Fueron encuentros feroces, con francotiradores que disparaban ráfagas de balas desde túneles subterráneos mientras el enemigo sostenía su ataque con misiles antitanque. Durante una de las escaramuzas hubo un fogonazo muy fuerte que rodeó el tanque de Avraham, seguido del ruido de una explosión ensordecedora. El tanque se llenó de humo y el comandante anunció por la radio: «El tanque número 3 ha sido destruido». ¡Ellos eran el tanque número 3!

Avraham quedó desorientado por la explosión y no sabía si él o sus compañeros estaban heridos. En uno segundos más oyó que su comandante gritaba: «¿Están todos vivos?». Todos respondieron que sí y al instante se les ordenó que devolvieran el fuego; así que le dieron directamente al terrorista que había disparado el misil contra ellos.

Avraham describe con sus propias palabras lo que sucedió entonces, un milagro aun más grande que el primero.

Hubo un cese al fuego y nos retiramos a descansar a una posición segura. El comandante nos dio permiso para dejar el tanque. Habíamos pasado dentro 48 horas en él. Hacía mucho calor y estábamos exhaustos, impactados ya que casi morimos. Pero decidí quedarme dentro y leer los Salmos, como se lo había prometido a mi padre.

El de ese día era el Salmo 30: «Te glorificaré, oh Jehová, porque me has exaltado, y no permitiste que mis enemigos se alegraran de mí». Mis compañeros se quedaron conmigo para oír la lectura de las Escrituras.

Aunque estábamos ocultos en una plantación de olivos, los centinelas de Hamas nos vieron. Nos dispararon con un Sagger, un misil antitanque dirigido, que estalló detrás del tanque.

Salimos del tanque y con asombro vimos el lugar exacto donde nos tocaba estar durante nuestro período de descanso. Todo el equipo estaba calcinado... el misil había pasado por detrás, precisamente a un metro del tanque.

Cuando volvió de la guerra, Avraham les contó a sus padres el milagro que había vivido gracias a los salmos del rey David y al Guardián de Israel enviado por Dios.[6]

El mensajero especial de Dios

Yo soy Gabriel, que estoy delante de Dios; y he sido enviado a hablarte, y darte estas buenas nuevas (Lucas 1.19).

Gabriel en hebreo es *Gavri'el*, que significa «Dios es mi hombre fuerte», «Dios es mi guerrero», y es uno de los únicos cuatro ángeles que la Biblia menciona por nombre. El primero es Lucifer (Isaías 14.12), el segundo es Miguel (Judas 9) y el último es Abadón (Apocalipsis 9.11), el ángel caído del abismo.

Gabriel tiene una posición superior a la de los otros «mensajeros», basándonos en el tipo de comunicaciones sobrenaturales que Dios le ordena transmitir a la humanidad. Es el emisario personal de Dios.

Hay al menos cuatro referencias específicas a Gabriel en las Escrituras.

La primera es que fue enviado por Dios (Daniel 8.15-16) para darle al profeta Daniel la interpretación de su visión acerca de los hechos mundiales que llevarían a los últimos tiempos (Daniel 8.1-14). La segunda es cuando Gabriel le explicó a Daniel los hechos de las «setenta semanas» con respecto a Israel y la ciudad santa de Jerusalén (Daniel 9.21-27). La tercera es cuando el ángel Gabriel le anunció a Zacarías el nacimiento de Juan el Bautista (Lucas 1.11-20). Y por último, la más importante, cuando Gabriel le llevó a María el mensaje de Dios como lo registra el primer capítulo del Evangelio de Lucas (1.26-33).

Querubines

> Echó, pues, fuera al hombre, y puso al oriente del huerto de Edén querubines (Génesis 3.24).

Los querubines guardaban las puertas del jardín de Edén para impedir que entrara el hombre pecador (Génesis 3.24). Estos ángeles fueron creados por Dios con poderes y belleza indescriptible, como nos lo dice el profeta Ezequiel en el capítulo 1. En el antiguo templo de Israel, los querubines eran las figuras de oro que cubrían el propiciatorio sobre el arca del pacto en el Lugar Santísimo (Éxodo 25.17-22).

El rey David describe al Señor bajando del tercer cielo montado en un querubín «sobre las alas del viento» (2 Samuel 22.11). El rey Salomón utilizó figuras de querubines para adornar el santuario interior y exterior del templo (1 Reyes 6). Y en la visión que Dios le dio a Ezequiel, este vio a los querubines escoltando la gloria del Señor que se elevó sobre el templo (Ezequiel 1.4-5; 10.15-20).

Lucifer era un querubín, el más sabio y bello de todos los seres creados por Dios (Ezequiel 28.14, 16). Dios le dio autoridad por sobre los querubines que rodean el trono de Él. El orgullo hizo que cayera del tercer cielo, como lo describe el capítulo 4 de este libro. Los ángeles que no siguieron a Lucifer y sus ángeles caídos (Mateo 25.41) y permanecieron fieles a Dios, son los que se conocen como «santos ángeles» (1 Timoteo 5.21, NVI).

Se describe a los querubines como fuertes, como leones, con inteligencia como la del humano, veloces como las águilas, brindando servicio como bueyes (Ezequiel 1.10).[7]

Estos cuatro símbolos también representan las cuatro características de los santos siervos de Dios en la tierra.

Los creyentes tienen que tener valentía divina:

El justo está confiado como un león (Proverbios 28.1).

La Iglesia de Jesucristo en este siglo veintiuno tiene que recordar esto: ¡Vivir para Cristo sin miedo! Cuando el malvado te difame, responde con un rugido «regocijándote en extremo». Cuando te persigan, ¡sigue adelante! Cuando te ataquen ¡vístete con toda la armadura de Cristo y lucha! Cuando sientas que ya no puedes más, recuerda el mensaje del León de Judá: ¡Resiste!

Mas el que persevere hasta el fin, éste será salvo (Mateo 24.13).

La segunda característica del justo es la del humano:

Entonces temerán todos los hombres, y anunciarán la obra
de Dios, y entenderán sus hechos (Salmos 64.9).

Soy la quinta generación de pastores de mi familia y, cuando era pequeño, en la mesa de la cena escuchaba a mi padre y a sus amigos ministros, sufriendo por las vidas de los hombres y mujeres llamados de Dios que habían caído de la gracia y habían abandonado su misión celestial.

¿Qué había pasado?

Habían olvidado que eran humanos, fatalmente débiles. No habían reconocido que la sabiduría del hombre es de Dios y que hay que usarla según el propósito de Él. Habían tratado de andar por sus propias fuerzas, no por la fuerza de Dios. ¡El reino... el poder... la gloria... es todo suyo!

Nosotros le servimos: ¡Él es el Salvador! Nosotros somos llamados, ungidos, escogidos, equipados, apartados, y recibimos el favor y la sabiduría de Dios, nuestro Padre Santo.

Somos *humanos*; por lo tanto, vamos a fracasar. Fracasar no es pecado. No es pecado tropesar y caer, pero si te quedas en el suelo, estás fallando. ¡Levántate! ¡Sacúdete el polvo! Fracasar no es fatal, darse por vencido lo es!

La tercera característica del santo o justo es la del águila:

Pero los que esperan a Jehová tendrán nuevas fuerzas; levantarán alas como las águilas; correrán, y no se cansarán; caminarán, y no se fatigarán (Isaías 40.31).

Las águilas vuelan sin esfuerzo con los vientos adversos de la tormenta. ¿Te enfrentas a los vientos de la adversidad? Vuela más alto... y más alto... y más alto... ¡hasta que toques el rostro de Dios!

La cuarta característica es la del buey. El buey avanza, persistiendo. Tira del arado a paso firme, desde el amanecer hasta el atardecer, día tras día hasta terminar su trabajo.

Los santos de Dios, los ganadores de esta vida, no son los que brillan, relucen y se destacan por su fama. Los que ganan son los que avanzan y aran el suelo día tras día, ¡hasta terminar su trabajo! Tras más de cincuenta y siete años de ministerio —cincuenta y siete años de arrastrar el arado— He pasado muchos de los huesos de aquellos que pensaron que la vida era una carrera de velocidad. No lo es. ¡El premio siempre es para el que tira del arado y termina su tarea!

He peleado la buena batalla, he acabado la carrera, he guardado la fe (2 Timoteo 4.7).

Serafines

Vi al Señor excelso y sublime, sentado en un trono; las orlas de su manto llenaban el templo. Por encima de él había serafines, cada uno de los cuales tenía seis alas: con dos de ellas se cubrían el rostro, con dos se cubrían los pies, y con dos volaban (Isaías 6.1-2, NVI).

El término *seraph* proviene de la raíz verbal hebrea *sarap,* que significa «quemar». Los serafines están en presencia directa de Dios. Se los ve rodeando el trono de Dios, exclamando: «Santo, santo, santo» en Isaías 6.3. Su misión es la de alabar, proclamar y proteger la perfecta santidad de Dios. El que desee acceso a Dios debe pasar por el fuego que emiten estas criaturas angélicas.

En Isaías hay un ejemplo de los serafines que guardan la santidad de Dios:

Al sonido de sus voces, se estremecieron los umbrales de las puertas y el templo se llenó de humo. Entonces grité: «¡Ay de mí, que estoy perdido! Soy un hombre de labios impuros y vivo en medio de un pueblo de labios blasfemos, ¡y no obstante mis ojos han visto al Rey, al Señor Todopoderoso!». En ese momento voló hacia mí uno de los serafines. Traía en la mano una brasa que, con unas tenazas, había tomado del altar. Con ella me tocó los labios y me dijo: «Mira, esto ha tocado tus labios; tu maldad ha sido borrada, y tu pecado, perdonado» (Isaías 6.4-7, NVI).

La brasa ardiente simboliza la purificación de pecado mediante el sacrificio de sangre *y* el fuego del Espíritu que ungió el mensaje de Isaías a la humanidad. En esencia, el profeta Isaías había vivido su propio día de expiación. Además, esa purificación era tipo y prefiguración del supremo sacrificio redentor de Cristo nuestro Salvador en la cruz, y el poder (fuego) en el que los creyentes pueden comunicar su divina Palabra.

En las Escrituras hay una procesión de ángeles enviados a cumplir deberes especiales. Dios encarga a sus agentes celestiales las tareas de guiar, proteger, defender y ministrar, así como de servirle a Él en los juicios finales.

Leeremos sobre su servicio en el próximo capítulo.

CAPÍTULO 12

DONDE LOS ÁNGELES CAMINAN

Los ángeles se deleitan en que se les conozca como siervos de Dios, que obedecen la voz de su Palabra, cumpliendo sus mandatos. Ellos caminan donde Él les lleva. Estos «siervos mensajeros» y sus deberes divinos nos ayudan a apreciar mejor la naturaleza misma de Dios.

A continuación incluyo algunos de los muchos ejemplos de intervención angélica, bíblica y contemporánea.

ESCAPE DE PEDRO

El escape de una prisión más famoso de la historia de la humanidad no fue de Alcatraz, sino el de Pedro en el libro de los Hechos (12.7-11). Herodes perseguía a la Iglesia y acababa de matar a Santiago, el hermano de Juan. Ese malvado gobernante arrestó entonces a Pedro y estaba decidido a hacer que lo ejecutaran.

Imagínate a Pedro encadenado entre dos prisioneros en una cárcel romana, mientras «cuatro grupos de cuatro soldados cada uno» le vigilan día y noche. Los guardias estaban apostados junto a su cama y junto a la puerta de la celda. ¡Era imposible escapar! Pero sucedió…

Y he aquí que se presentó un ángel del Señor, y una luz resplandeció en la cárcel; y tocando a Pedro en el costado, le despertó, diciendo: Levántate pronto. Y las cadenas se le cayeron de las manos. Le dijo el ángel: Cíñete, y átate las sandalias. Y lo hizo así. Y le dijo: Envuélvete en tu manto, y sígueme (Hechos 12.7-8).

Este texto de la Biblia nos demuestra lo poco que creían en el poder de los ángeles los seguidores de Cristo. El ángel guió a Pedro a la casa en donde los miembros de su iglesia oraban intensamente por su liberación sobrenatural de la prisión. Pedro llamó a la puerta y contestó una joven que quedó impactada al verlo y que corrió a decirles a esos «guerreros de oración» que el pastor Pedro estaba en la puerta.

¿Cómo respondieron?

Ellos le dijeron: Estás loca. Pero ella aseguraba que así era. Entonces ellos decían: ¡Es su ángel! (Hechos 12.15).

Los milagros que ocurren en este breve relato bastarían para una serie de seis sermones basados en el ángel de Dios que liberó y guió a ese ungido pastor del Nuevo Testamento para sacarlo de la prisión de Herodes.

EL FOSO DE LOS LEONES

La historia de Daniel y el foso de los leones es uno de los relatos más celebrados de la historia sobre la protección angelical de Dios con los justos, más allá del peligro que sea. Daniel servía con fidelidad al rey Darío pero, debido a las acusaciones y conspiraciones de unos hombres malvados, el rey no tuvo más opción que la de enviar a Daniel a un foso de leones hambrientos.

Debido al fiel testimonio del poder de Dios que había dado Daniel, hasta el rey Darío creyó que Dios protegería a su hombre: «El Dios tuyo, a quien tú continuamente sirves, él te libre» (Daniel 6.16).

En Daniel 6.22-23 leemos lo que pasó:

Mi Dios envió su ángel, el cual cerró la boca de los leones, para que no me hiciesen daño, porque ante él fui hallado inocente; y aun delante de ti, oh rey, yo no he hecho nada malo. Entonces se alegró el rey en gran manera a causa de él, y mandó sacar a Daniel del foso; y fue Daniel sacado del foso, y ninguna lesión se halló en él, porque había confiado en su Dios (Daniel 6.22-23).

Recuerda esta verdad: Los ángeles del Señor te protegerán en tu momento de mayor necesidad, no importa cuáles sean las circunstancias.

CARROZAS DE FUEGO

El rey de Siria envió a un gran ejército a rodear la ciudad de Dotán para capturar al hombre de Dios que saboteaba sus planes de guerra (2 Reyes 6.12-14). El siervo de Eliseo estaba aterrorizado pero el profeta oró porque su sirviente pudiera ver lo que le era revelado a él: Dios enviaba ángeles para protegerlos y librarlos del mal.

Y oró Eliseo, y dijo: Te ruego, oh Jehová, que abras sus ojos para que vea. Entonces Jehová abrió los ojos del criado, y miró; y he aquí que el monte estaba lleno de gente de a caballo, y de carros de fuego [seres espirituales] alrededor de Eliseo (2 Reyes 6.17).

Sé que algunos cristianos creen que los milagros de Dios estuvieron reservados solo para la antigüedad. No estoy de acuerdo con eso. Así como los ángeles de Dios liberaron y guiaron a Pedro, protegieron a Daniel y defendieron a Eliseo igualmente sucede hoy con todos nosotros. Quiero contar algunos de los muchísimos milagros de los tiempos modernos que obraron los ángeles enviados por Dios para proteger a los suyos.

EL SOLDADO INVENCIBLE

Mi madre adoptó el Salmo 91 como propio. Este la ayudó a criar a sus cuatro varones, la guió cuando servía en el ministerio junto a mi padre durante cincuenta y tres años, y sus divinas declaraciones la protegieron durante su exitosa batalla contra el cáncer.

Diana, nuestros hijos y yo tomamos su legado y hemos confiado en la oración del rey David en muchas tribulaciones, y hallamos gran consuelo allí en tiempos difíciles. Este salmo también ha guardado a quienes confiaron en sus potentes promesas de protección divina, habitando en la presencia de Dios.

Al Salmo 91 a menudo se le llama «el salmo del soldado». Aunque de ninguna manera está limitado a los soldados, muchos combatientes han recibido la protección sobrenatural de Dios. George Washington fue uno de ellos.

Durante la guerra entre franceses e indios (1754-1763) el ejército británico junto con los colonos estadounidenses y sus aliados indios lucharon contra los franceses. En 1755, el coronel George Washington —que entonces tenía veintitrés años—, encabezó un contingente de cien soldados a caballo para que se unieran al general británico Edward Braddock, que comandaba a 1,300 hombres. Tenían la misión de expulsar a los franceses del oeste de Pensilvania.

Los soldados de Braddock eran veteranos de las guerras europeas y estaban entrenados para pelear formados en columnas y en campos abiertos, no en los densos bosques como los que encontraban en Pensilvania. Cuando el ejército de Braddock se vio atacado y bajo fuego cerca del fuerte francés, sus hombres se formaron uno al lado del otro a lo largo del despeñadero y, por supuesto, murieron puesto que avanzaron directamente hacia una trampa.

De los ochenta y seis oficiales británicos y de la colonia que lucharon en esa batalla, sesenta y dos murieron o sufrieron heridas. Pero George Washington acabó ileso. Había estado constantemente bajo fuego mientras cabalgaba a lo largo de las líneas del frente: dos de los caballos que usó murieron; lo atacaron con bayonetas, con flechas y hachas, y cuatro balas perforaron su chaqueta. Pero los ángeles del Salmo 91 fueron su escudo.

La palabra de la protección sobrenatural de Dios sobre George Washington se esparció como reguero de pólvora por las colonias. El reverendo Samuel Davis, que en esa época era uno de los más grandes predicadores, sugirió que la forma en que Dios había intervenido directamente para salvarle la vida al coronel indicaba «que la providencia le ha preservado para algún importante servicio a su país».

George Washington, en verdad, había sido llamado para algo especial en su vida. Fue el padre de los Estados Unidos, nación que se fundó sobre principios cristianos y una fe inquebrantable en la Biblia. Los Estados Unidos de Norteamérica se convirtió en un refugio —«una ciudad asentada sobre un monte» (Mateo 5.14)— para todos los pueblos oprimidos del mundo que buscaran la vida, la libertad y la felicidad. Más de 150 años después, muchos descendientes de Abraham llegaron a Estados Unidos huyendo de los horrores del holocausto y encontraron refugio, hasta que pudieran reclamar su tierra con el renacimiento de Israel en 1948.

Por cierto que los ángeles de Dios fueron protectores divinos de George Washington, a quien los enemigos consideraban como «el soldado que no podía morir».[1]

Pues a sus ángeles mandará acerca de ti, que te guarden en todos tus caminos. En las manos te llevarán, para que tu pie no tropiece en piedra (Salmos 91.11-12).

ESPADAS ARDIENTES

El misionero Morris Plotts contó esta milagrosa historia sobre la protección angélica durante las sublevaciones tribales en el este de África.

Una banda de guerreros ambulantes de los Mau Mau rodeó la aldea de Lauri matando a sus trescientos habitantes. A menos de cinco kilómetros de allí estaba la Academia de Rift Valley, una escuela cristiana y privada donde se educaba a los niños mientras sus padres misioneros servían al Señor en otros lugares de África.

Inmediatamente después de la masacre de Lauri los Mau Mau, sedientos de sangre, avanzaron hacia la escuela armados con arcos y flechas, lanzas, palos y antorchas con la intención de seguir matando. La noticia de la matanza de Lauri ya había llegado a oídos de los maestros y los alumnos. Todos estaban aterrados. No tenían dónde esconderse. Oraron a Dios, su más alto refugio y protección.

Mientras los niños espiaban por las ventanas en la oscuridad de la noche, pudieron ver las antorchas encendidas que se iban acercando. Poco después estaban rodeados por una horda de terroristas que había cortado toda salida y escape posibles.

Los Mau vociferaban maldiciones mientras iban acercándose a sus presas. Iban cerrando su círculo, amenazantes y, cuando estaban lo suficientemente cerca como para arrojar sus afiladas lanzas, se detuvieron repentinamente. Retrocedieron inexplicablemente y huyeron corriendo, aterrorizados.

Un ejército que se había enviado a la escuela capturó a toda la banda de forajidos Mau en la jungla que rodeaba a la escuela. Luego, ante el juez durante su juicio, el líder de los Mau tuvo que ir al banquillo; el juez le preguntó:

—¿Mataron ustedes a los habitantes de Lauri?

—Sí —contestó el hombre por medio de un intérprete.

—¿Pensaban hacer lo mismo con los niños de la Academia Rift Valley?

—Sí —dijo sin arrepentimiento.

—Bueno, entonces ¿por qué no terminaron con su misión? ¿Qué pasó que no atacaron la escuela? —quiso saber el juez.

El líder que jamás había leído la Biblia ni oído el evangelio, contestó:

—Íbamos a destruir a todos los que estaban ahí. Pero a medida que nos acercábamos aparecieron de repente, entre nosotros y la escuela, una cantidad de hombres enormes vestidos de blanco brillante y con espadas de fuego. ¡Tuvimos miedo y corrimos para hallar refugio![2]

En el Salmo 34.7 el rey David escribió: «El ángel de Jehová acampa alrededor de los que le temen, y los defiende». La palabra *acampa* indica «formar un círculo permanente».

¡Los agentes de Dios siempre están de guardia!

ÁNGELES GUARDIANES

Hace años Diana y yo decidimos llevar a nuestros hijos a uno de mis compromisos como orador. Iríamos a Washington, DC, así que podríamos mostrarles la capital de nuestra nación. Visitamos los monumentos en memoria de Washington, Jefferson y Lincoln, así como varios otros sitios históricos. Tras una visita bastante larga al Smithsonian nos dirigimos al aeropuerto y abordamos nuestro vuelo a Texas. ¡Sería un día que no olvidaríamos jamás!

Antes de seguir con la historia tengo que mencionar que Diana se pone muy nerviosa cuando tiene que viajar en avión.

Cada vez que hay algún tipo de turbulencia agarra mi brazo con fuerza y sus dedos parecen pinzas de presión. En esos momentos, mientras el avión se estremece un poco, me dice: «Ve a preguntarles a los pilotos si todo está bien». Yo le palmeo la mano y confinó que «todo está bien».

Todos nuestros hijos son reyes del aire con excepción de Sandy, la hija menor. Heredó la propensión de su madre a ser miembro del «Club de los que temen volar».

Diana y yo estábamos en primera clase en ese vuelo desde DC y nuestros hijos estaban en clase turista. Sandy quería cambiar de asiento con su mamá porque se sentía más segura sentada al lado de papá. Su mamá hizo uso de su alto rango y le dijo a Sandy que volviera a su lugar, junto a sus tranquilos hermanos y hermanas.

Oramos con Sandy y le aseguramos que «todo iba a estar bien». Escéptica, me miró con sus enormes ojos color café y, sin ganas, volvió a su asiento.

Las turbinas del enorme avión rugían mientras el avión avanzaba por la pista de concreto, por lo que sentíamos el ruido de las ruedas. Levantamos vuelo y todo fue perfectamente. Diana me soltó el brazo, sonrió, y tomó un libro.

Después de un rato noté que algo no iba como siempre porque el avión no ascendía a la altura habitual. No dije nada, esperando que se tratara de una espera para que otros aviones aterrizaran o despegaran de DC pero, tras varios minutos, se me hizo evidente que algo andaba mal. Diana puede leer mis expresiones como si yo fuese un libro abierto. De modo que, con una sola mirada, me preguntó:

—John, ¿qué pasa?

—No estamos ascendiendo. ¡Me parece que volamos en círculos! —dije con calma.

—Y, ¿cómo lo sabes? —cuestionó preocupada.

—Es que acabamos de sobrevolar el monumento a Washington por tercera vez —contesté.

En unos segundos oímos la voz del piloto por el sistema de comunicación: «Señoras y señores, tenemos unas dificultades mecánicas. Por favor, permanezcan sentados y con los cinturones de seguridad ajustados».

La mano de Diana me apretaba el brazo cada vez más y yo sabía que Sandy estaba al borde del pánico total. La atmósfera de la cabina se transformó al instante. Ya no hubo risas, todo era silencio. Uno podía oír el sonido de las hebillas de los cinturones de seguridad a lo largo de las hileras.

Pero todo iba a empeorar... ¡y mucho!

El piloto volvió a hablar y sus instrucciones no fueron muy alentadoras: «Señoras y señores... nos vemos obligados a volver al Aeropuerto Dulles. Ajústense los cinturones y pongan la cabeza entre las rodillas mientras la tripulación se prepara para un aterrizaje de emergencia».

Sentí que el corazón se me iba a los pies. Por lo que estaba haciendo la tripulación, sentí que nos preparábamos para una caída inminente.

No puse mi cabeza entre las rodillas sino que empecé a orar a Dios todopoderoso, Creador del cielo y de la tierra, el Dios que tomó un puñado de polvo, le insufló aliento y produjo un alma viviente. Clamé al Dios que salpicó el cielo con estrellas que brillan como diamantes sobre el terciopelo de la noche.

Rogué ante el Dios que comanda a cada uno de los ángeles del tercer cielo: «Padre celestial, envía a tus ángeles para que escolten este avión y aterricemos a salvo. ¡Amén!».

Había gente desesperada que sollozaba sin ocultar su miedo: «¡No quiero morir!». Otros estaban en silencio, impactados, en negación, sin poder creerlo.

El avión se mecía hacia la derecha y hacia la izquierda. Era evidente que los diestros pilotos usaban todo lo aprendido para estabilizar la aeronave. A medida que nos acercábamos a la pista pude ver que había autobombas y ambulancias a ambos lados, con las luces parpadeando y los motores en marcha, preparados para el aterrizaje de emergencia.

Nos acercábamos al suelo y los vehículos de emergencia avanzaban a toda velocidad junto al avión, haciendo sonar sus sirenas. Las voces aterradas seguían… y de repente oímos el dulce ruido del chirrido de las ruedas contra la pista de concreto.

Habíamos aterrizado y estábamos a salvo.

El avión carreteó hasta la puerta, mientras los pasajeros aliviados y agradecidos aplaudían a más no poder. Se oía: «¡Gracias, Dios!» y «¡Dios bendiga a los pilotos!».

Sandy vino corriendo por el pasillo mientras una auxiliar de vuelo intentaba hacer que regresara a su asiento. La niña pudo más.

Me abrazó y empezó a llorar. La sostuve hasta que el terror que había en su corazón se fue esfumando.

Oré mientras abrazaba a mi esposa y a mi bebé: «Dios Padre, gracias porque enviaste a tus ángeles para que escoltaran este avión hasta la pista de aterrizaje. Estamos sanos y salvos porque tus ángeles guardianes se nos adelantaron y prepararon el camino».

El siguiente gran milagro del día fue lograr que Sandy subiera a otro avión, con destino a Texas.

ESCOLTAS ANGELICALES

La Biblia dice: «Estimada es a los ojos de Jehová la muerte de sus santos» (Salmos 116.15) y «Bienaventurados de aquí en adelante los muertos que mueren en el Señor» (Apocalipsis 14.13). Cuando los justos mueren son escoltados desde esta vida hasta el tercer cielo por ángeles que los llevan a sus mansiones esplendorosas creadas por el Arquitecto de la eternidad (Juan 14.2).

A continuación incluyo algunas ilustraciones de la preciosa «muerte de sus santos». Una de ellas me es muy personal, ya que se trata de mi padre, Bythel Hagee.

Mi padre era el segundo de once niños. Sobrevivió a su nacimiento prematuro, a la epidemia de gripe de la década de 1900 y a la Depresión de la década de 1930. Era el segundo hijo del segundo hijo que fue la cuarta generación de varones Hagee que predicaran el evangelio, y sirvió al Señor como ministro ordenado y evangelista durante cincuenta y tres años.

Mi padre enfermó ya pasados los setenta años de edad y, en su último día, mi madre y mis tres hermanos nos reunimos en torno a su cama para orar con él por última vez. Yo di gracias al Señor por los años de fiel servicio de mi padre, por los miles de almas que se habían

salvado, por las sanidades y los matrimonios restaurados que su ministerio había hecho posibles. También oré porque los ángeles de Dios
vinieran y lo llevaran de su lecho de sufrimiento a su hogar en el tercer
cielo. Cuando terminé de orar, mi padre fue escoltado a la gloria.

A la verdad David, habiendo servido a su propia generación
según la voluntad de Dios, durmió, y fue reunido con sus
padres, y vio corrupción (Hechos 13.36).

Muchos años antes de que mi padre muriera una miembro de su
iglesia estaba por fallecer durante una de las peores tormentas de nieve
de su ciudad. Yo tenía solo ocho años en ese momento y mi papá me
despertó y me dijo: «Ve a cantarle a la señora Moy mientras muere».

Mientras cantábamos, su rostro de noventa años se puso radiante. «¡Han llegado los ángeles de Dios!», exclamó. «Hay dos a los pies
de la cama. ¡Voy a casa!». Mientras cantábamos «Te encontraré en
la mañana justo al otro lado de la puerta del este», ella extendió su
mano hacia los visitantes que nosotros no podíamos ver.

Fue la primera vez que tuve el privilegio de ser testigo de cómo
un santo de Dios es escoltado de esta tierra a su hogar celestial.

El periodista misionero Carl Lawrence, en su libro *The Church in
China,* escribió sobre un hecho milagroso que tuvo que ver con una
mujer china de setenta años. La matriarca era la única persona que
conocía casi todo lo que hacía su familia y también lo que hacía la iglesia doméstica subterránea de su aldea. Solo ella sabía dónde estaban las
Biblias, quiénes eran los mensajeros y en quién se podía confiar o no.

Ella murió de repente de un ataque cardíaco.

Sin ella, su familia estaba perdida. Y además no había tenido oportunidad antes de su imprevista muerte para comunicar la

información que para muchos era tan importante. Su familia entonces empezó a orar pidiendo un milagro: «Señor, devuelve a nuestra madre a la vida con el suficiente tiempo como para que pueda darnos la información que necesitamos para cumplir tu obra».

De repente, y después de estar dos días muerta, ¡la mujer de Dios volvió a la vida!

Pero ella reprendió a su familia por traerla de vuelta desde el cielo.

Le dijeron que Dios había respondido a su oración y le había permitido volver para arreglar todos los asuntos pendientes. Por eso le prometieron que iban a orar para que pudiera volver con el Señor en dos días.

Tal como lo prometieron, y exactamente dos días después, ya respondidas todas las preguntas los familiares y amigos empezaron a cantar himnos y a orar porque el Señor se la llevara de vuelta a la gloria. Las últimas palabras de aquella madre antes de volver al cielo fueron: «¡Ahí vienen! Vienen dos ángeles».

El milagroso incidente hizo que toda la aldea se arrepintiera.[3]

Toma en cuenta esto: si los ángeles pueden consolar a Agar en el desierto de su época; si pueden consolar a Elías junto al arroyo de Querit cuando huía de Jezabel; si los ángeles de Dios pueden consolar a Jesucristo en el jardín de Getsemaní… ¡seguro que pueden consolarte a ti, *ahora*!

Dios sigue enviando a sus ángeles para que ministren a los justos, dándoles poder para cumplir con sus divinas misiones y tareas.

Mira al cielo y celebra, hijo e hija de Dios. ¡No estás solo! ¡No estás sola! Regocíjate, con gozo abundante, porque ¡los ángeles de Dios te cuidan! ¡Ellos son el ejército celestial de Dios en el campo de batalla!

ÁNGELES EN EL CAMPO DE BATALLA

Hay dos grupos principales de ángeles: los que obedecen a Dios y los que se rebelaron contra Él. Ambos grupos participan de la guerra espiritual y tienen áreas específicas de responsabilidad que les han asignado sus señores. Una facción lucha por el bien y la otra por el mal.

El bien no puede coexistir con el mal y por ello los ángeles de Dios y los ángeles de Satanás están siempre en conflicto directo los unos con los otros. No son batallas que puedan tomarse a la ligera porque pueden determinar el futuro de naciones (Ester) y el destino divino de la humanidad (Daniel).

Mientras luchan, los ángeles enfrentan y defienden. El arcángel Miguel enfrentó al príncipe de Persia (Daniel 10.13; 12.1). Pablo describió la guerra espiritual de manera colorida en Efesios 6.10-20 instruyendo a los creyentes a mantenerse firmes una y otra vez contra los planes del diablo y los principados de las tinieblas.

Si eres un cristiano comprometido tienes que saber que habrá guerra; y no podremos evitarla. Dios no teme a la batalla ni tampoco nosotros debiéramos temer. Se nos promete la victoria porque la batalla no es nuestra sino del Señor (1 Samuel 17.47).

Moisés describe al Señor como «varón de guerra» (Éxodo 15.3). Josué conquistó la ciudad de Jericó con ayuda del «comandante del ejército del Señor» (Josué 5.13-15, NVI). El rey David lo identificó: «¿Quién es este Rey de gloria? Jehová el fuerte y valiente, Jehová el poderoso en batalla» (Salmos 24.8). A Isaías se le dio la visión del juicio de Babilonia, y vio a un gran ejército que avanzaba contra la ciudad.

Estruendo de multitud en los montes, como de mucho pueblo; estruendo de ruido de reinos, de naciones reunidas; Jehová de los ejércitos pasa revista a las tropas para la batalla (Isaías 13.4).

¡El Señor es el comandante, Él lidera un gran ejército!

Al tomar nuestra posición en la guerra afirmamos la autoridad que Dios nos ha dado y le damos entonces la posibilidad de que envíe a sus ángeles para que nos ayuden a ganar la batalla. Los creyentes toman esa posición espiritual y firme por medio de las Escrituras, a través de proclamaciones bíblicas, ofreciendo alabanza y adorando a Dios.

Recuerda que en la guerra tu arma más potente es la Palabra de Dios. Jesús se mantuvo firme y proclamó esta verdad infalible mientras batallaba contra el tentador en el desierto:

> Entonces Jesús le dijo: Vete, Satanás, porque escrito está: Al Señor tu Dios adorarás, y a él sólo servirás. El diablo entonces le dejó; y he aquí vinieron ángeles y le servían (Mateo 4.10-11).

El rey David alabó al Señor, durante la batalla y también después:

> Jehová, roca mía y castillo mío, y mi libertador; Dios mío, fortaleza mía, en él confiaré; mi escudo, y la fuerza de mi salvación, mi alto refugio. Invocaré a Jehová, quien es digno de ser alabado, y seré salvo de mis enemigos (Salmos 18.2-3).

Dios oye el clamor de quienes lo adoran y enviará a sus ángeles para que les protejan: «Y sabemos que Dios no oye a los pecadores; pero si alguno es temeroso de Dios, y hace su voluntad, a ése oye» (Juan 9.31).

Envuelve tu mente en la milagrosa promesa de protección que el Dios de Abraham, Isaac y Jacob les ha dado a sus hijos. Piensa en Él, en su trono en el tercer cielo y rodeado de miles y miles de ángeles. Él espera que le clames y anticipa oír que proclamas su palabra sobre tu situación.

En ese mismo momento envía a sus ángeles y les dice: «Mi pueblo clama mi nombre. Están declarando mi Palabra sobre su batalla ¡y necesitan que les ayudemos! Vayan y ayuden. Vayan delante de ellos para salvaguardar su camino; caminen junto a ellos para consolarlos en la lucha, y estén detrás de ellos para protegerlos de las flechas del maligno. Traigan para ellos la victoria, ángeles, porque son míos y la sangre de mi Hijo los ha hecho justos».

El Señor está esperando para mover su mano soberana en tu favor y para enviar a sus ángeles en tu defensa.

> No temas, porque yo estoy contigo; no desmayes, porque yo soy tu Dios que te esfuerzo; siempre te ayudaré, siempre te sustentaré con la diestra de mi justicia. He aquí que todos los que se enojan contra ti serán avergonzados y confundidos; serán como nada y perecerán los que contienden contigo. Buscarás a los que tienen contienda contigo, y no los hallarás; serán como nada, y como cosa que no es, aquellos que te hacen la guerra. Porque yo Jehová soy tu Dios, quien te sostiene de tu mano derecha, y te dice: No temas, yo te ayudo (Isaías 41.10-13).

LOS ÁNGELES EN LA PROFECÍA BÍBLICA

A los ángeles se les dio el más grande honor de anunciar el nacimiento de Cristo (Lucas 2.10-11); ser testigos de su resurrección

(Lucas 24.4-7); escoltarle en su ascensión y declarar el inminente retorno a la tierra del Redentor de la humanidad.

> Varones galileos, ¿por qué estáis mirando al cielo? Este mismo Jesús, que ha sido tomado de vosotros al cielo, así vendrá como le habéis visto ir al cielo (Hechos 1.11).

> Cuando el Hijo del Hombre venga en su gloria, y todos los santos ángeles con él, entonces se sentará en su trono de gloria (Mateo 25.31).

Y la solemne misión de los ángeles ante la orden del Dios todopoderoso consistirá en distinguir a los justos de los pecadores.

> Así será al fin del siglo: saldrán los ángeles, y apartarán a los malos de entre los justos, y los echarán en el horno de fuego; allí será el lloro y el crujir de dientes (Mateo 13.49-50).

En Apocalipsis leemos que los ángeles elegidos tendrán las últimas tareas que les asigne Dios todopoderoso: ejecutar sus juicios finales sobre la tierra.

LOS ÁNGELES DEL APOCALIPSIS

En el capítulo 5 de Apocalipsis el León de la tribu de Judá, Jesucristo, abrirá el rollo y «sus siete sellos» (v. 5). Los primeros cuatro sellos representan a los jinetes del Apocalipsis: el caballo blanco del anticristo, el caballo rojo de la guerra, el caballo negro de la hambruna y el caballo amarillento de la muerte. El quinto representa a los mártires bajo el altar que fueron asesinados por su fe. El sexto sello son las calamidades naturales y físicas, marcadas por un gran terremoto y por el sol que se oscurecerá y por luna que será roja como la sangre. El último sello inicia un tiempo de silencio y entonces los ángeles de la profecía llevarán a cabo sus asignaciones.

De todos los libros de la Biblia no hay ninguno que ilustre el oficio, los rangos y misiones de los ángeles de manera tan vívida como Apocalipsis. Voy a enumerar brevemente las tareas que llevarán a cabo con fidelidad las huestes celestiales de Dios.

Y vi a los siete ángeles que estaban en pie ante Dios; y se les dieron siete trompetas (Apocalipsis 8.2).

LOS ÁNGELES Y LAS SIETE TROMPETAS

Los primeros siete ángeles harán sonar siete trompetas que anunciarán el primero de los siete juicios que caerán sobre la tierra durante la Gran Tribulación.

El primer ángel tocó la trompeta … y la tercera parte de los árboles se quemó, y se quemó toda la hierba verde (Apocalipsis 8.7).

Para quienes creen en el calentamiento global ¡sí, tienen razón! Pero es solo el principio.

El segundo ángel tocó la trompeta, y como una gran montaña ardiendo en fuego fue precipitada en el mar; y la tercera parte del mar se convirtió en sangre. Y murió la tercera parte de los seres vivientes que estaban en el mar, y la tercera parte de las naves fue destruida (Apocalipsis 8.8-9).

La forma en que podría suceder esto es más o menos así. Los científicos han advertido que hay una probabilidad real que en algún momento un enorme meteorito choque contra la tierra. Este colosal impacto podría crear un megatsunami que recorrerá los océanos del mundo destruyéndolo todo mientras avanza, partiendo plataformas petrolíferas como si fueran apenas una ramita, y millones y millones de toneladas de petróleo brotarán para mezclarse con los mares.

Hace unos años había una fotografía de un derrame de petróleo comparativamente mínimo en el Golfo de México, causado por la catástrofe de British Petroleum. El petróleo hacía que el mar pareciera cubierto de sangre. Esto podría suceder a escala mucho más épica.

Cuando el tercer ángel haga sonar la trompeta caerá del cielo una gran estrella y hará que un tercio del agua potable del mundo se vuelva tan amarga que la gente morirá al beberla (Apocalipsis 8.10-11). Y si esto no fuese lo suficientemente terrible, imagínate a un ángel en el cielo llorando angustiado por el destino de la humanidad. No por lo que ha ocurrido, sino ¡por lo que está por ocurrir!

El cuarto ángel tocó la trompeta, y fue herida la tercera parte del sol, y la tercera parte de la luna, y la tercera parte de las estrellas, para que se oscureciese la tercera parte de ellos, y no hubiese luz en la tercera parte del día, y asimismo de la noche. Y miré, y oí a un ángel volar por en medio del cielo, diciendo a gran voz: ¡Ay, ay, ay, de los que moran en la tierra, a causa de los otros toques de trompeta que están para sonar los tres ángeles! (Apocalipsis 8.12-13).

Al quinto ángel se le dará la llave del abismo y de este abismo saldrán langostas del tamaño de un caballo, que pican como escorpiones.

Herirán a todo el que no tenga en la frente el sello de Dios. Lo inimaginable es que el dolor de la picadura de esos enormes escorpiones durará cinco meses, sin alivio alguno (Apocalipsis 9.1-12).

La trompeta del sexto ángel sonó y Juan el Revelador oyó una voz que decía: «Suelta a los cuatro ángeles que están atados a la orilla del gran río Éufrates».

Así que los cuatro ángeles que habían sido preparados precisamente para esa hora, y ese día, mes y año, quedaron sueltos para matar a la tercera parte de la humanidad. Oí que el número de las tropas de caballería llegaba a doscientos millones. Así vi en la visión a los caballos y a sus jinetes: Tenían coraza de color rojo encendido, azul violeta y amarillo como azufre. La cabeza de los caballos era como de león, y por la boca echaban fuego, humo y azufre. La tercera parte de la humanidad murió a causa de las tres plagas de fuego, humo y azufre que salían de la boca de los caballos (Apocalipsis 9.15-18).

De manera increíble, un tercio de la humanidad será destruido en un solo día. ¡Piensa en eso! Hoy hay más de siete mil millones de personas en la tierra. La tercera parte serían más o menos 2,5 mil millones de personas. Es una cifra enorme, que equivale a la población total de Afganistán, China, Francia, Alemania, Italia, Japón, Paquistán, Rusia, Arabia Saudita, Siria, el Reino Unido y Estados Unidos de Norteamérica. Sí... *todos sus habitantes destruidos* ¡en veinticuatro horas!

No parece posible, ¿verdad? Pero con una guerra nuclear mundial... ¡es *muy* posible!

Una serie de desastres naturales como la erupción de enormes volcanes subterráneos como el que se documentó hace poco bajo el Parque Nacional Yellowstone, también podrían contribuir a esta destrucción global.

> Los científicos han considerado que Yellowstone no es más que la piel que cubre la cima de un supervolcán; un pozo gigante de magma, esperando justo bajo la superficie de la tierra.
>
> Pero un descubrimiento reciente ha demostrado que la cámara de magma de Yellowstone es dos veces y media más grande de lo que se pensaba.
>
> Es una caverna subterránea que mide unos 88 kilómetros por 32 kilómetros y que está a una profundidad de entre 5 y 14,5 kilómetros debajo de la tierra.
>
> Si entra en erupción, borraría del mapa a todo el continente norteamericano y tendría un impacto enorme en el resto del mundo.[4]

Sin embargo, después de todos esos juicios tan severos, Juan el Revelador escribió:

> Y los otros hombres que no fueron muertos con estas plagas, ni aun así se arrepintieron de las obras de sus manos, ni dejaron de adorar a los demonios, y a las imágenes de oro, de plata, de bronce, de piedra y de madera, las cuales no pueden ver, ni oír, ni andar; y no se arrepintieron de sus homicidios, ni de sus hechicerías, ni de su fornicación, ni de sus hurtos (Apocalipsis 9.20-21).

El séptimo ángel anunciará el magnífico triunfo de Dios sobre Satanás y su reino. Es un hecho que no se cumple sino hasta más tarde en el libro de Apocalipsis (11.15).

LOS ÁNGELES Y LAS SIETE COPAS DEL JUICIO

Juan también vio siete ángeles con siete copas llenas con las últimas siete plagas que desatan la ira de Dios sobre la tierra.

El primer ángel volcará su copa sobre la tierra y toda persona que lleve la marca de la bestia quedará cubierta de llagas (Apocalipsis 16.1).

El segundo ángel verterá su copa y todos los mares se volverán como la sangre de un muerto. Morirá todo organismo vivo en los mares y océanos del planeta Tierra (Apocalipsis 16.3).

El tercer ángel derramará su copa sobre los ríos y los manantiales (fuentes de agua dulce) que también se convertirán en sangre (16.4).

Hay quienes dicen: «¡Dios jamás haría eso!». La verdad es que lo hizo en Egipto, exactamente así durante la época de las plagas cuando el río Nilo se convirtió en sangre y murió toda criatura de sus aguas (Éxodo 7.19).

El cuarto ángel derramó su copa sobre el sol, al cual fue dado quemar a los hombres con fuego (16.8).

Los científicos hoy se preocupan por las explosiones solares. Si tan solo una de ellas se dirigiera contra la tierra, se convertiría en una bola de fuego, disparada por el espacio.

A mediados de diciembre de 2014 hubo una gran explosión solar tras días de intensas tormentas en nuestra estrella más cercana. Se registró como suceso clase X1.8, uno de los tipos más potentes de explosiones.

La detonación causó un gran apagón de señales radiales en diversas partes del mundo esparciendo el colapso de altas frecuencias radiales sobre Australia y el Pacífico sur. Esta enorme explosión solar fue la última de una activa semana de tormentas solares.

Las explosiones solares clase X son las más fuertes que pueda emitir el sol. Si se dirigieran directamente a la Tierra, interrumpirían toda comunicación y los sistemas de navegación de los GPS, convirtiéndose en un gran peligro para los satélites y los astronautas que están en el espacio.[5]

El quinto ángel derramó su copa sobre el trono de la bestia [el anticristo]; y su reino se cubrió de tinieblas, y mordían de dolor sus lenguas, y blasfemaron contra el Dios del cielo por sus dolores y por sus úlceras, y no se arrepintieron de sus obras (Apocalipsis 16.10-11).

El sexto ángel derramará su copa sobre el gran río Éufrates para que los reyes de Oriente (China y sus aliados) puedan avanzar con su ejército de doscientos millones a la batalla de Armagedón.

¿Por qué China se está convirtiendo tan rápido en una superpotencia mundial mientras Estados Unidos se debilita? ¿Por qué hemos entrado en una dimensión de la historia en la que los amigos de Estados Unidos no confían en nosotros y nuestros enemigos no nos temen? ¿Por qué reduce Estados Unidos su potencial militar mientras China y Rusia aumentan el suyo? ¡La respuesta es muy clara y dolorosa! El mundo, tal como lo conocemos, está llegando a su fin.

Todo lo que hay en la Palabra de Dios se está alineando. Juan el Revelador registró proféticamente los titulares que pronto leerá el mundo: «Las naciones se reúnen para la guerra en Armagedón».

Entonces los espíritus de los demonios reunieron a los reyes en el lugar que en hebreo se llama Armagedón (Apocalipsis 16.16, NVI).

Y entonces, todo acabará...

El séptimo ángel derramó su copa en el aire, y desde el trono del templo salió un vozarrón que decía: «¡Se acabó!» (Apocalipsis 16.17).

Al instante habrá un terremoto global mucho mayor que cualquier otro que se haya visto. Las islas del mar se hundirán en el océano y las montañas quedarán reducidas a escombros y polvo. Todas las ciudades de la faz de la tierra quedarán arrasadas, en ruinas, y se caerán los puentes, y las tuberías de petróleo se romperán y explotarán y habrá terribles incendios en todas partes. En todo el mundo habrá gente que se quemará viva y no habrá nadie que pueda acudir a rescatarlos.

En el Antiguo Testamento la firma de Dios contra el pecado era el apedreamiento. Sigue siendo igual en el libro de Apocalipsis porque Dios mismo hará caer granizo desde el cielo sobre quien haya sobrevivido.

Apocalipsis 18.1 (NVI) dice que «Después de esto vi a otro ángel que bajaba del cielo. Tenía mucho poder, y la tierra se iluminó con su resplandor». Y luego un «ángel poderoso» se regocijará por la destrucción de Babilonia (Apocalipsis 18.21).

Apocalipsis 19.17-18 (NVI) informa que un ángel estará en el sol llamando a las aves para que «coman carne de reyes, de jefes militares y de magnates; carne de caballos y de sus jinetes; carne de toda clase de gente... grandes y pequeños». Todos los que ataquen a Israel en la Batalla de Armagedón serán destruidos totalmente con la espada de dos filos que sale de la boca de Jesucristo, la Palabra de Dios hablada. El Señor, nuestro comandante, y los ejércitos del cielo que le siguen destruirán por completo a todo el que levante la mano contra su pueblo amado (Apocalipsis 19.15-16).

El siguiente ángel de la profecía proviene del cielo con la llave del abismo y una gran cadena en la mano (Apocalipsis 20.1). Este ángel arrestará al príncipe de las tinieblas, lo encadenará y lo echará en el abismo durante mil años.

El último ángel de la profecía es uno de los siete que derrama la copa de la ira de Dios. Este ángel le revela a Juan parte de la Nueva Jerusalén:

> Se acercó uno de los siete ángeles que tenían las siete copas llenas con las últimas siete plagas. Me habló así: «Ven, que te voy a presentar a la novia, la esposa del Cordero». Me llevó en el Espíritu a una montaña grande y elevada, y me mostró la ciudad santa, Jerusalén, que bajaba del cielo, procedente de Dios. Resplandecía con la gloria de Dios, y su brillo era como el de una piedra preciosa, semejante a una piedra de jaspe transparente (Apocalipsis 21.9-11, NVI).

¡La batalla por Jerusalén habrá terminado para siempre! Presidentes, primeros ministros, reyes y reinas de la tierra, todos estarán en línea en las calles de Jerusalén para inclinarse ante el Nazareno, el Hijo del carpintero. El Rey de reyes y Señor de señores, el Hijo de David (Lucas 1.32) se sentará en el trono de su Padre y ¡no habrá fin para su reino! Esto cumple la promesa que Dios le hizo al rey David hace tres mil años. ¡Aleluya!

Nuestro viaje sobrenatural nos ha llevado por el primer cielo y el segundo cielo. Ahora ha llegado el momento de explorar el destino final y más indescriptible de todos: el tercer cielo y sus maravillas.

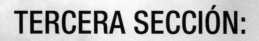

TERCERA SECCIÓN:

EL TERCER CIELO

CAPÍTULO 13

LA SALA DEL TRONO DE DIOS

Si encuentro en mí un deseo que ninguna experiencia
de este mundo pueda satisfacer, la explicación más
probable es que ese deseo corresponda a otro mundo.[1]

C. S. Lewis

La mayoría de las personas cree que el cielo es un lugar donde uno vive más allá de la tumba. En mi opinión, este es un instinto divino que nuestro Creador plantó en el alma humana. Sin embargo, esas mismas personas que creen en el cielo opinan distinto en cuanto a lo que es.

Hemos hablado del primer cielo, el cielo que vemos. Y del segundo cielo donde Satanás tiene su trono. Ahora haremos un viaje bíblico al tercer cielo.

Salomón hizo referencia al tercer cielo en su oración de dedicación del antiguo templo de Jerusalén: «Mas ¿quién será capaz de edificarle casa [al Señor], siendo que los cielos y los cielos de los cielos [el tercer cielo] no pueden contenerlo? ¿Quién, pues, soy yo, para que le edifique casa, sino tan sólo para quemar incienso delante de él?» (2 Crónicas 2.6).

Job además confirmó que hay un cielo *más alto*: «¿No está Dios en la altura de los cielos?» (Job 22.12). El cielo más alto literalmente es el tercer cielo que visitaron Juan el Revelador (Apocalipsis 4.1) y el apóstol Pablo. Como dijimos antes, Pablo estableció que hay tres cielos definidos y que al tercer cielo se la conoce también como Paraíso (2 Corintios 12.2-4).

LOS NOMBRES DEL CIELO

Paraíso

Cuando Jesús estaba en la cruz, uno de los ladrones que estaba en otra cruz a su lado, le dijo: «Acuérdate de mí cuando vengas en tu reino. Entonces Jesús le dijo: De cierto te digo que hoy estarás conmigo en el paraíso» (Lucas 23.42-43). El paraíso del que habló Jesús es el tercer cielo. Es un lugar real, donde Dios tiene su trono (Apocalipsis 4.2) y donde van los justos cuando pasan de esta vida a la eternidad.

Recuerda: ¡El paraíso y el tercer cielo son el mismo lugar! Nuestro último aliento aquí en la tierra es nuestro primer aliento en el paraíso. ¡No hay sala de espera para los justos cuando mueren!

San Pablo se vio en el paraíso (el tercer cielo):

[Pablo] fue arrebatado al paraíso, donde oyó palabras inefables que no le es dado al hombre expresar (2 Corintios 12.4).

Juan describió el paraíso como lugar de recompensa.

Al que venciere, le daré a comer del árbol de la vida, el cual está en medio del paraíso de Dios (Apocalipsis 2.7).

La casa del Padre

Jesús habló de la casa de su Padre e hizo referencia a las «muchas mansiones» o viviendas que hay en el tercer cielo. También prometió regresar y llevar a los justos a vivir con Él ¡en el lugar que personalmente ha preparado para nosotros!

En el hogar de mi Padre hay muchas viviendas; si no fuera así, ya se lo habría dicho a ustedes. Voy a prepararles un lugar. Y si me voy y se lo preparo, vendré para llevármelos conmigo. Así ustedes estarán donde yo esté. Ustedes ya conocen el camino para ir adonde yo voy (Juan 14.2-4, NVI).

La patria celestial

Todos ellos [Abraham, Isaac y Jacob] vivieron por la fe, y murieron … eran extranjeros y peregrinos en la tierra … Antes bien, anhelaban una patria mejor, es decir, la celestial. Por lo tanto, Dios no se avergonzó de ser llamado su Dios, y les preparó una ciudad (Hebreos 11.13-16, NVI).

Sabiendo que el Señor hizo la tierra en la que vivimos en solo seis días, con toda esa belleza que te quita el aliento, ¿puedes imaginar lo gloriosa que debe ser nuestra patria celestial?

Los cristianos tenemos que dejar de pensar en el cielo como un lugar invisible donde los justos flotan en nubes blancas. Más bien tenemos que imaginar el tercer cielo como lo ve Dios. El Arquitecto de los tiempos en el cielo más alto creó una ciudad espectacular con preciosas mansiones y esplendorosas calles de oro puro ¡antes del comienzo de los tiempos!

¿DÓNDE ESTÁ EL TERCER CIELO?

Isaías brinda la respuesta más clara de toda la Biblia sobre la ubicación del tercer cielo. El profeta registró estas palabras del Señor:

¡Cómo has *caído del cielo*, lucero de la mañana! Tú, que sometías a las naciones, has caído por tierra. Decías en tu corazón: «*Subiré hasta los cielos*. ¡Levantaré mi trono *por encima de las estrellas de Dio*s! Gobernaré *desde el extremo norte*, en el monte de los dioses» (Isaías 14.12-13, NVI)

El tercer cielo está ubicado arriba (Efesios 4.10); por encima de las estrellas (1 Reyes 8.23), en la parte del universo que está más al norte (Lucas 2.14) cuando se señala desde la tierra. Job declaró: «Dios extiende el cielo sobre el vacío; sobre la nada tiene suspendida la tierra» (26.7, NVI). El hombre no puede colgar siquiera una pluma de la «nada» y, sin embargo, Dios sin esfuerzo alguno salpicó el cielo de brillantes estrellas ubicadas con precisión, y también puso en su lugar a la tierra ¡y todo está sostenido por el poder de su Palabra!

El rey David —guerrero, estadista, poeta, profeta—, también indicó la ubicación del tercer cielo:

La exaltación no viene del oriente, ni del occidente ni del sur (Salmos 75.6).

La ley de la lógica indica que si la exaltación no viene de tres de los cuatro puntos cardinales, viene entonces del que queda, el norte. Por eso si el trono de Dios está en el tercer cielo y su exaltación viene del norte, la ubicación del tercer cielo es el norte.

Siempre me he preguntado por qué todas las brújulas de la tierra señalan por magnetismo al norte. Creo que es porque Dios, que reina desde su trono en el tercer cielo, ¡nos señala el camino a nuestro hogar eterno!

CARACTERÍSTICAS DEL CIELO

Un lugar de belleza inimaginable

Cuando Pablo fue llevado a visitar el tercer cielo, el hombre cuyos poderes de descripción superaban a los de Shelly, Keats, Milton y Shakespeare, dijo sencillamente:

> Antes bien, como está escrito: Cosas que ojo no vio, ni oído oyó, ni han subido en corazón de hombre, son las que Dios ha preparado para los que le aman (1 Corintios 2.9; referencia Isaías 64.4).

Lugar de brillante luz

En el tercer cielo no hace falta el sol ni la luna puesto que los redimidos caminarán en la luz y la gloria del Cordero. Juan el Revelador describió el tercer cielo de este modo:

> La ciudad no tiene necesidad de sol ni de luna que brillen en ella; porque la gloria de Dios la ilumina, y el Cordero es su lumbrera (Apocalipsis 21.23).

Un lugar de servicio

El Dios que creó al hombre y a la mujer y los puso en su jardín perfecto para que lo cuidaran, también será servido por los redimidos en el tercer cielo.

> Por esto están delante del trono de Dios, y le sirven día y noche en su templo; y el que está sentado sobre el trono extenderá su tabernáculo sobre ellos (Apocalipsis 7.15).

Un lugar de gozo

Al habitar en la presencia del Señor no tendremos peleas, desilusión, preocupaciones ni llanto de luto.

> Me mostrarás la senda de la vida; en tu presencia hay plenitud de gozo; delicias a tu diestra para siempre (Salmos 16.11).

El tercer cielo es un lugar de regocijo. El apóstol Juan describió a los ángeles y a los ancianos entre miles que cantaban: «Digno es el Cordero, que ha sido sacrificado, de recibir el poder, la riqueza y la sabiduría, la fortaleza y la honra, la gloria y la alabanza!» (Apocalipsis 5.12, NVI).

El Nuevo Testamento comienza con los ángeles que cantan sobre el pesebre de Belén: «Gloria a Dios en las alturas» (Lucas 2.14) y termina con los santos de Dios en el mar de vidrio cantando el cántico de los redimidos.

¡Empezamos con canto y terminamos con canto! ¡Somos una Iglesia gozosa porque somos una Iglesia victoriosa!

¿QUÉ VEREMOS EN EL CIELO?

Hay muchísimos tesoros reservados en el tercer cielo para los santos de Dios (Mateo 6.20).

Sabemos en base a las Escrituras que en el tercer cielo veremos ríos y árboles que producen fruto para la salud (Apocalipsis 22.1-3). Habrá animales (2 Reyes 2.11-12) incluidos los caballos que montarán Jesucristo y las huestes celestiales hacia la batalla final de Armagedón (Apocalipsis 19.11-14).

Veremos una ciudad (Apocalipsis 21.2) con mansiones (Juan 14.1-3) y doce puertas de perlas, y caminaremos las calles de oro (Apocalipsis 21.21). Oiremos instrumentos musicales y cantos gloriosos (Apocalipsis 5.8-9). Y los redimidos del Señor se sentarán a la mesa del banquete de bodas del Cordero (Apocalipsis 19.7-10).

¿QUIÉN ESTÁ EN EL TERCER CIELO?

Dios Padre está en el tercer cielo sentado en su trono (Apocalipsis 4.2), rodeado de ángeles que cantan su alabanza (7.11). El tercer cielo es donde Él habita.

> Mira desde tu morada santa, desde el cielo [tercer cielo], y bendice a tu pueblo Israel, y a la tierra que nos has dado, como juraste a nuestros padres (Deuteronomio 26.15).

Allí estarán los veinticuatro ancianos (Apocalipsis 4.4). Veremos a Enoc y a Elías y a los que han muerto en la fe. Abraham, Isaac, Jacob, el rey David y los profetas, *todos* estarán allí. Los que han sido lavados en la sangre del Cordero sin mancha estarán en el tercer cielo en sus cuerpos inmortales e incorruptibles (1 Corintios 15.42-54) y *Jesús* estará allí porque Él prometió: «que donde yo estoy, vosotros también estéis» (Juan 14.3).

El tercer cielo es un lugar real, tan real como el país en el que naciste. Hasta se le llama «una patria mejor» (Hebreos 11.16, NVI). Está por encima de la tierra (1 Reyes 8.23) y allí reside Dios Padre (Mateo 5.16). El cielo es donde está el trono de Dios (Mateo 5.34) y allí está el Señor Jesucristo sentado con su Padre (1 Pedro 3.22; Apocalipsis 3.21) esperando la llegada de los redimidos.

LAS MARAVILLAS DEL TERCER CIELO

La familia Hagee, por generaciones, ha producido una línea de predicadores y cantores. Cuando yo era niño mi madre tocaba el piano todas las noches sabatinas y la música nos atraía a todos como si fuera un imán. Papá tomaba su guitarra Gibson, mi hermano buscaba su violín bajo y yo, mi saxofón. Tocábamos y cantábamos hasta que las tejas del techo vibraban de gozo.

Cantar siempre era de gran consuelo para nuestra familia. La Segunda Guerra Mundial había terminado poco antes y Estados Unidos lloraba la pérdida de vidas y nuestra sensación de seguridad. El comunismo había empezado a asomar su fea cabeza, produciendo la sombra de una nube atómica sobre el horizonte de nuestro país. Cantábamos más que nada acerca del cielo, canciones como «Cuando allá se pase lista», «Jubileo del cielo», y «Qué bello será el cielo».

Pido disculpas de antemano a Dios, a sus santos ángeles y a ti porque no puedo describir la belleza y las maravillas del cielo. Simplemente te quita el aliento y no hay palabras terrenales que sirvan para transmitir su magnífico esplendor.

San Pablo, brillante autor de trece libros del Nuevo Testamento, fue llevado a una visita guiada por la ciudad celestial. Y cuando empezó a escribir no pudo describir lo que Dios ha preparado para quienes lo aman. Sin embargo, intentaré pintar una imagen en palabras, acerca de la majestad del tercer cielo, con solo enumerar algunas de sus incontables maravillas.

La maravilla de lo que no habrá allí

Recuerdo la historia de un joven que anhelaba entrar al servicio militar pero no quería marchar. Así que fue a ver a los Marines y preguntó:

—¿Ustedes marchan?

—Siempre. Unos treinta kilómetros al día —le informaron.

—¡Eso no es para mí! —contestó.

Entonces fue al Ejército:

—¿Ustedes marchan?

—Todos los días —le dijeron.

—¡Entonces tampoco quiero esto! —murmuró.

Finalmente, un reclutador persuasivo de la Fuerza Aérea, algo así como un «buen vendedor», le dijo:

—Hijo, lo único que tienes que hacer con nosotros es subir a un avión, saltar y tirar de la cuerda del paracaídas. Al aterrizar habrá allí un camión que te llevará a la base. La vida en la Fuerza Aérea es eso, nada más.

—¡Eso es lo que quiero! ¡Me enrolo!

Finalmente llegó el día en que saltaría por primera vez. Subió al avión con el corazón latiendo muy fuerte mientras iba ascendiendo a la altura indicada. Se encendió la luz que decía: «Salte», y el sargento lo empujó por la puerta. Terriblemente asustado el nuevo recluta tiró de la cuerda pero no pasó nada. Desesperado, tiró de la cuerda de emergencia y tampoco pasó nada. Mientras caía a toda velocidad, gritó: «¡Apuesto a que tampoco estará allí el camión!».

Basándonos en la Palabra de Dios, hay determinadas cosas que no encontraremos en el tercer cielo.

No habrá muerte, ni despedidas, ni pena ni enfermedad. San Juan dijo en Apocalipsis 21.4-5 (NVI): «Él les enjugará toda lágrima de los ojos. Ya no habrá muerte, ni llanto, ni lamento ni dolor, porque las primeras cosas han dejado de existir … "¡Yo hago nuevas todas las cosas!"».

En el tercer cielo no hay pabellón de cáncer ni terapia intensiva cardíaca, ni sillas de ruedas, ni muletas, ni extremidades retorcidas. No vas a poder encontrar ni un ojo ciego, ni un oído sordo, ni una mente consumida por la enfermedad.

El silencio de la noche no se verá perforado por las sirenas estridentes. El tercer cielo es un mundo perfecto.

En el cielo no habrá separación.

Mientras estaba exiliado en la isla de Patmos Juan registró la visión que Dios le dio acerca del tercer cielo y los últimos tiempos. En Apocalipsis 21.1 escribió «el mar ya no existía más».

¿Qué estaba describiendo?

Roma consideraba que Juan era «enemigo del estado». Lo sacaron de su iglesia de Éfeso donde era pastor y lo separaron de todo lo que amaba. Estaba aislado, abandonado, echando de menos su casa y su gente.

Cuando miraba el mar Egeo que le rodeaba, solo veía agua que le mantenía lejos de todo lo que le era precioso. Juan estaba diciendo que cuando lleguemos al cielo jamás nos separaremos de nuevo de nuestros seres amados.

Cuando nuestros seres amados parten de este mundo, nos separamos de ellos por un tiempo y sentimos pena y soledad en nuestros corazones y nuestros espíritus. Pero el Señor Jesucristo prometió que pronto habrá un día en que los fieles serán reunidos desde todos los rincones de la tierra para ir al tercer cielo y no volveremos a separarnos jamás.

> Y entonces enviará sus ángeles, y juntará a sus escogidos de los cuatro vientos, desde el extremo de la tierra hasta el extremo del cielo (Marcos 13.27).

El cielo es el único lugar que jamás ha visto una lágrima de pena y dolor puesto que allí no se oye la palabra «adiós».

En esta vida terrenal pareciera que nos debatimos entre tormenta y tormenta. Los problemas caen inesperadamente, como rayos. Se desploman nuestros sueños y esperanzas. Los planes de toda una vida cambian para siempre, en un instante. Pero llegará el día para los justos en la eternidad en que ya no habrá penas ni llanto que nuble la vista ya que atrás quedarán todas las tormentas de la vida.

La paz que sobrepasa todo entendimiento reemplazará a los problemas, esa paz que inundará nuestros corazones y mentes por toda la eternidad. ¡El cielo ha de ser muy precioso!

En el cielo no hay pecado.

¿Qué es el pecado? Santiago nos lo dice: «Al que sabe hacer lo bueno, y no lo hace, le es pecado» (4.17).

El mundo en que vivimos está infestado de autogratificación y humanismo, y por eso se ha perdido el verdadero significado del pecado. El pecado quema la conciencia del hombre y nubla nuestra capacidad para distinguir entre el bien y el mal. El humanismo secular nos ha enseñado a racionalizar nuestro pecado y a llamarlo «error, torpeza social, defecto». El pecado es un cáncer que carcome el alma. Ese cáncer nos vence si no lo vencemos nosotros antes.

Entonces Jehová dijo a Caín: ¿Por qué te has ensañado, y por qué ha decaído tu semblante? Si bien hicieres, ¿no serás enaltecido? y si no hicieres bien, el pecado está a la puerta; con todo esto, a ti será su deseo, y tú te enseñorearás de él (Génesis 4.6-7).

Algunos de los televidentes que siguen el programa de nuestro ministerio me escriben y dicen: «Pastor Hagee, me gustaría que fuese más progresista, que tuviera una actitud más positiva hacia el pecado». Bien. ¡Voy a ser muy progresista, total y positivamente progresista entonces!

Sé, positivamente, que el pecado existe (Génesis 4.7). Sé que si decimos que no tenemos pecado nos estamos engañando (1 Juan 1.8). Sé que nuestros pecados nos delatan (Números 32.23). Sé que la paga del pecado es la muerte (Romanos 6.23). Y sé con absoluta certeza que el alma que peca y no se arrepiente morirá (Santiago 5.20).

Reconozco que nuestra sociedad quiere una teología de bienestar, amigable, de hermandad, livianita. «No nos hables del pecado. Mejor, dinos cómo sentirnos bien sin ser buenos. Danos ese evangelio acaramelado que se adapte a nuestro pecado para que no haya que confesarlo. Equípanos para que seamos los amos de nuestro destino».

Yo soy un pastor que predica la Biblia. Inspiro directamente a la gente con los principios que nos da la Palabra de Dios. El *Diccionario Webster*, en su edición de la década de 1930, definía *inspiración* como «influencia sobrenatural del Espíritu Santo de Dios en la mente humana, por el cual los profetas, apóstoles y escritores de los sagrados textos estaban calificados para exponer la Divina Verdad sin una pizca de error».[2] Según esa definición el único poder con que han de contar los cristianos es el poder que hay en el Espíritu Santo (Hechos 1.8).

¡Tenemos que volver a la Biblia! Volver al Dios de Abraham, de Isaac, de Jacob. Volver a la moral, la verdad, la integridad, la responsabilidad personal. A la ética del trabajo y la santidad, ¡porque sin ello nadie verá al Señor!

Has de saber esta verdad: pecar es errar el blanco. En última instancia, separa al ser humano de Dios.

La maravilla de las recompensas

Jesús específicamente le habló a su Iglesia acerca de las recompensas:

Gozaos y alegraos, porque vuestro galardón es grande en los cielos; porque así persiguieron a los profetas que fueron antes de vosotros (Mateo 5.12).

He aquí yo vengo pronto, y mi galardón conmigo, para recompensar a cada uno según sea su obra (Apocalipsis 22.12).

Una recompensa es un honor que reconoce algún servicio. Dios mismo recompensará a sus santos con coronas especiales. La gente pregunta: «Pastor, ¿no tendremos todos la misma recompensa cuando lleguemos al cielo?». ¡No, por supuesto que no! Tu recompensa en el cielo tendrá correspondencia directa con tu servicio en la tierra.

La corona de gloria

> Cuiden como pastores el rebaño de Dios que está a su cargo, no por obligación ni por ambición de dinero, sino con afán de servir, como Dios quiere. No sean tiranos con los que están a su cuidado, sino sean ejemplos para el rebaño. Así, cuando aparezca el Pastor supremo, ustedes recibirán la inmarcesible corona de gloria (1 Pedro 5.2-4, NVI).

El Señor Jesucristo es el Pastor en Jefe y todo creyente maduro tiene la oportunidad de ser pastor de ovejas bajo su autoridad (quien enseñe la Palabra de Dios en el ministerio que sea).

La corona de gloria no es solo para aquellos que se consideren pastores. Pedro deja bien en claro que la forma en que ministremos a las ovejas y el espíritu en que lo hagamos, determinarán si recibes o no esta corona especial.

> Por lo tanto, mis queridos hermanos, manténganse firmes e inconmovibles, progresando siempre en la obra del Señor, conscientes de que su trabajo en el Señor no es en vano (1 Corintios 15.58, NVI).

Corona de gozo: Jesús habló de la respuesta del cielo a la salvación del hombre:

> Así os digo que hay gozo delante de los ángeles de Dios por un pecador que se arrepiente (Lucas 15.10).

San Pablo se dirigió a sus conversos de Filipo diciendo: «Hermanos míos amados y deseados, gozo y corona mía» (Filipenses 4.1)

Si dirigiste a alguien alguna vez al conocimiento salvador de Cristo experimentarás este tipo de gozo. Un día su viaje terrenal acabará y esa persona, ¡estará en absoluta perfección en presencia de Dios! Porque antes estaba muerto y ahora ¡vive en la eternidad para siempre!

En resumidas cuentas, ¿cuál es nuestra esperanza, alegría o motivo de orgullo delante de nuestro Señor Jesús para cuando él venga? ¿Quién más sino ustedes? Sí, ustedes son nuestro orgullo y alegría (1 Tesalonicenses 2.19-20, NVI).

Charles Haddon Spurgeon, uno de los más grandes ministros que hayan recorrido el camino de la historia de la evangelización, decía esto en cuanto a ganar a los perdidos para Cristo:

Si los pecadores son malditos, al menos deja que salten al infierno pasando sobre nuestros cadáveres. Y si perecen, que perezcan con nuestros brazos abrazándoles las rodillas, implorándoles que se queden. Si ha de llenarse el infierno, que se llene a pesar de nuestros esfuerzos. Que nadie se vaya sin haber sido advertido. Sin que hayamos orado por ellos.[3]

Te animo a esto: si tienes una canción, cántala ahora. Si tienes un don para dar, dalo ahora. Si tienes una oración que orar, órala ahora. Si tienes un alma por ganar, gánala ahora… ¡mientras puedas todavía!

Los que ganan a los perdidos para Cristo serán recompensados con la corona del gozo, ¡la corona del que gana almas!

Corona de justicia: A mi congregación le enseño que cuando estudian las Escrituras deben preguntarse lo siguiente:

1. ¿Quién es el autor?
2. ¿A quién le escribía?
3. ¿En qué circunstancias lo escribió?
4. ¿Con qué propósito lo escribió?

Mientras Pablo estaba preso en Roma le escribió a su discípulo Timoteo, diciendo:

> Por lo demás, me está guardada la corona de justicia, la cual me dará el Señor, juez justo, en aquel día; y no sólo a mí, sino también a todos los que aman su venida (2 Timoteo 4.8).

Pablo había estado ante Nerón, el juez injusto, y sabía que iban a ejecutarlo pronto. Pablo le decía a Timoteo que había terminado su carrera pero quería que su trabajo se continuara y que pronto estaría ante el *Juez justo* que iba a recompensarle con la corona de justicia.

No somos justos por lo que hagamos. Somos justos por lo que Cristo nos imputó en la cruz. Toda persona que acepta a Cristo como Salvador, que obedece su Palabra y espera su regreso recibirá la corona de justicia. Por el martirio de Pablo a esta corona también se la conoce como corona del mártir.

Corona imperecedera

¿No saben que en una carrera todos los corredores compiten, pero sólo uno obtiene el premio? Corran, pues, de tal modo que lo obtengan. Todos los deportistas se entrenan con mucha disciplina. Ellos lo hacen para obtener un premio que se echa a perder; nosotros, en cambio, por uno que dura para siempre (1 Corintios 9.24-25, NVI).

Pablo le enseñaba a la Iglesia que si esperamos nuestra recompensa tenemos que hacer todo lo que podamos por Cristo con la misma disciplina que muestra el mundo cuando entra en una competencia para ganar un premio. El creyente ha de correr la carrera de la vida con fidelidad, negando la carne, señalando al Redentor para que los demás lo conozcan. Los premios terrenales son coronas que se marchitan con el tiempo, pero nuestra recompensa celestial durará por toda la eternidad.

Corona de vida:

Bienaventurado el varón que soporta la tentación; porque cuando haya resistido la prueba, recibirá la corona de vida, que Dios ha prometido a los que le aman (Santiago 1.12).

Los que amamos al Señor haremos todo lo posible por *agradarlo*, no porque le *temamos* sino porque *lo amamos*.

Esta corona le será dada a quienes pasen por grandes dificultades, pruebas, tribulaciones y hasta la muerte, a causa de su amor y devoción a Cristo. Los cristianos martirizados por su fe en nuestros días, y también los que han muerto en la fe a lo largo de la historia, recibirán la corona de la vida.

No temas en nada lo que vas a padecer. He aquí, el diablo echará a algunos de vosotros en la cárcel, para que seáis probados, y tendréis tribulación por diez días. Sé fiel hasta la muerte, y yo te daré la corona de la vida (Apocalipsis 2.10).

Sí, estamos en la batalla pero cuando hayamos resistido y la batalla termine ¡llevaremos puesta la corona! Y sí, «muchas son las aflicciones del justo, pero de todas ellas le librará Jehová» (Salmos 34.19).

En el valle más oscuro y profundo puedes entonar la canción más dulce puesto que el Dios del valle es el mismo Dios de la montaña.

LA MARAVILLA DE LOS POCOS QUE IRÁN ALLÍ

Hace años Diana y yo íbamos en automóvil por las colinas de Texas. Disfrutábamos del panorama: colinas y verdes valles. Un paisaje bellísimo. Al tomar una curva, vimos la mansión más hermosa que hubiésemos visto jamás. No sé cuántos millones de dólares habrá costado construirla, pero era hermosa. Se veía como el Partenón de Grecia.

Tenía un enorme cerco que rodeaba unas veinte hectáreas y literalmente parecía como si alguien hubiera dejado caer el paraíso en medio del campo. Llegué hasta el portón de la entrada y se ve que hice disparar algún tipo de sensor cuando me acerqué puesto que de repente oímos una voz monótona grabada, que anunciaba: «Salga de la entrada… salga de la entrada… salga de la entrada… salga de la entrada».

Me volví a Diana y le dije: «Creo que no nos quieren aquí».

¿A qué me refiero? El dueño de esa propiedad, que construyó una mansión de millones de dólares, quería asegurarse de que no se acercara nadie. Pero Dios Padre, Creador de todas las cosas, nos ha invitado a todos a estar con Él en el tercer cielo:

Y el Espíritu y la Esposa dicen: Ven. Y el que oye, diga: Ven.
Y el que tiene sed, venga; y el que quiera, tome del agua de
la vida gratuitamente (Apocalipsis 22.17).

Casi todo el mundo quiere ir al cielo por la misma razón por la
que quiere ir a Florida: hay buen clima y piensan que la mayoría de
sus parientes estarán ahí.

En una encuesta dirigida por Pew se reveló algo asombroso: el
noventa y dos por ciento de los estadounidenses afirma creer en el
cielo. Pero basándose en otras respuestas de la encuesta, ¡nadie se
está preparando para ir allí!

Cantamos «Cuando allá se pase lista». Pero hay que saber que
podemos cantar mentiras, lo mismo que cuando las hablamos.

Mateo 7.22 (NVI) dice: «Muchos me dirán en aquel día:
"Señor, Señor, ¿no profetizamos en tu nombre, y en tu nombre
expulsamos demonios e hicimos muchos milagros?"». ¿Qué con-
testará Jesús? «Jamás los conocí. ¡Aléjense de mí, hacedores de maldad!» (Mateo 7.23, NVI).

Todo el que esté ante Dios en el Gran Trono Blanco el Día del
Juicio se perderá por toda la eternidad.

1 Pedro 4.18 es un versículo impactante:

Si el justo con dificultad se salva, ¿En dónde aparecerá el
impío y el pecador?

¿Qué significa eso? La familia del Noé y el Diluvio ya
respondieron esa pregunta, con toda claridad.

Un hombre predicó durante ciento veinte años sin siquiera
conseguir un converso. Su comisión divina era construir un barco

en una sociedad que jamás había visto la lluvia. El público reía, se burlaba, lo despreciaba y los medios locales informaban: «Noé es un tonto y un loco. Nunca hemos visto la lluvia, ¡pero el tipo cree que su Dios va a juzgar al mundo con un gran diluvio!».

A medida que los cielos se nublaban más y más, Noé y su familia abordaron ese bote y Dios cerró la puerta para que nadie pudiera abrirla. Empezó a llover y se abrieron todas las fuentes de las profundidades; el agua brotaba del suelo. Los que se habían burlado de Noé ahora gritaban, corriendo hacia el arca. Los que se habían reído ahora temblaban aterrorizados. El barco de Noé era la única forma de salvarse.

La gente golpeaba, arañaba los lados del enorme barco, gritando a Noé con voces de terror. Y mientras las aguas furiosas crecían, los débiles se ahogaron en una tumba de agua mientras los más fuertes corrían a terrenos más altos. Cuando las aguas llegaron a cubrir las cimas de las montañas, los que todavía estaban vivos, nadaron hasta que el agotamiento los sumió en una eternidad sin Dios. Mientras tanto, los solitarios sobrevivientes navegaban todo ese tiempo en la seguridad del arca.

La aplicación para el siglo veintiuno es esta. Así como el arca era la única vía de rescate, Jesucristo es el único camino al cielo puesto que Él declara: «Nadie llega al Padre sino por mí» (Juan 14.6, NVI).

Por tanto, no te salvará la filantropía. No te salvarán tus buenas acciones. No te salvará tu inteligencia superior, ni tu poder económico o político. Podrás mover gobiernos con tu poder monetario o tus relaciones influyentes, pero al cielo no le importa un comino. Lo único que puede salvarte es la sangre de Jesucristo. ¡Lo único!

El autor de Hebreos escribió: «Sin derramamiento de sangre no hay remisión de pecado» (9.22, NVI). Noé predicaba sobre el juicio que vendría y su generación reía. En nuestra generación estamos rodeados de gente que se burla del evangelio del arrepentimiento, del evangelio de la moral y la integridad, del evangelio de la santidad. En resumidas cuentas, ¡se burlan de Dios!

Mi advertencia es que está llegando el día del juicio. El día que llegará pronto cuando la ira del Cordero de Dios se derrame sobre la tierra. Juan el Revelador dijo de los guerreros y los capitanes de la guerra, de los ricos y los poderosos, que correrán a las rocas de las montañas y dirán: «Caigan sobre nosotros y escóndannos de la mirada del que está sentado en el trono y de la ira del Cordero» (Apocalipsis 6.16, NVI).

Así como en tiempos de Noé la gente golpeaba los lados del arca, también los que queden atrás golpearán las puertas de alguna iglesia aterrorizados, clamando por misericordia al reconocer que ha venido Jesucristo y se ha ido también, y que el anticristo está por llegar. Para ese momento tendrán solamente dos opciones: aceptar la marca de la bestia ó ser ejecutados por aquellos que creen que el anticristo es su mesías (Apocalipsis 13.16).

Todos tendremos que responder ante Dios un día. Con los mismos ojos que usas para leer este libro lo verás cara a cara, sea como Salvador y Señor, o como tu justo Juez. Tú decides cuál será tu hogar eterno. ¡Elige con sabiduría, ahora mismo!

LA MARAVILLA DEL ETERNO REPOSO

Dios nos dio el ejemplo del reposo en la Biblia cuando terminó la obra de su creación. Él ordenó que los humanos hagamos lo mismo: que trabajemos seis días, descansemos del trabajo físico un día, y dediquemos nuestro tiempo a Dios (Génesis 2.2-3). El contexto bíblico del «reposo» es la liberación del, y la recompensa por el, trabajo del hombre.

Las Escrituras nos dan ejemplos del reposo físico (Éxodo 23.12), social (1 Reyes 5.4) y espiritual (Mateo 11.28).

Ahhhh, el reposo. Lo anhelamos tanto. Pero nuestras vidas aquí en la tierra están dominadas por las agendas, los relojes, las computadoras. Los teléfonos y los canales de televisión con noticias las veinticuatro horas garantizan que no haya reposo. Si despierto en la eternidad y oigo sonar un teléfono, ¡sabré que morí y fui al infierno!

El tercer cielo, sin embargo, es un lugar de reposo perfecto y eterno, y los santos que mueren en el Señor recibirán su recompensa por sus buenas obras.

Bienaventurados de aquí en adelante los muertos que mueren en el Señor. Sí, dice el Espíritu, descansarán de sus trabajos, porque sus obras con ellos siguen (Apocalipsis 14.13).

Cuando hayamos estado en el tercer cielo «por siglos mil brillando este cual sol yo cantaré por siempre ahí su amor que me salvó».[4]

¿Cuánto tiempo es la eternidad? Te lo describiré de manera muy simple. Si un gorrión pudiera llevar un pañuelo una vez cada diez mil años a la cima del monte Whitney, y no muriera ni el pañuelo se gastara, entonces cuando esa roca de granito de cuatro mil trescientos metros se haya gastado y sea parte de las arenas del tiempo, todavía no habrá comenzado el primer segundo de la eternidad.[5]

Pon atención: los justos tendrán reposo eterno en las maravillas del tercer cielo y los perdidos pasarán la eternidad en los tormentos del lago de fuego.

El que cree en el Hijo tiene vida eterna; pero el que rehúsa creer en el Hijo no verá la vida, sino que la ira de Dios está sobre él (Juan 3.36).

UN LUGAR PREPARADO

He intentado representar algunas de las maravillas de la ciudad celestial, aunque queda todavía una infinidad por mencionar y tratar. Pero la pregunta es esta: ¿Te has preparado para el cielo ya?

Todos dejaremos este mundo un día y entraremos en la eternidad. Entonces, ¿qué? ¿Abrirás tus ojos en la majestad del tercer cielo y estarás con tu Padre celestial? ¿O te contarás entre los perdidos para siempre en las tinieblas, sin Dios?

Jesucristo ha preparado un lugar para todo creyente nacido de nuevo y ese lugar está ubicado en el tercer cielo. El Señor nos ha asegurado que el cielo es donde están Él y el Padre, y nos ha dado indicaciones para llegar allí:

> Yo soy el camino, la verdad y la vida … Nadie llega al Padre sino por mí (Juan 14.6, NVI).

CAPÍTULO 14

TU HOGAR ETERNO

Siento en mí esa vida futura. Soy como un bosque arrasado;
los nuevos brotes son más fuertes y brillantes. Por cierto,
me elevaré hacia los cielos… cuanto más se acerca mi fin,
tanto más claro es el sonido de las inmortales sinfonías de
mundos que me invitan. Durante medio siglo he estado
traduciendo mis pensamientos en prosa y verso: historia,
filosofía, drama, romance, tradición, sátira, oda y canto,
lo he intentado todo. Pero siento que no he dado voz
a la milésima parte de lo que hay en mí. Cuando vaya
a la tumba podré decir como otros: «He terminado mi
obra». Pero no puedo decir: «Se ha acabado mi vida».
Mi trabajo volverá a comenzar a la mañana siguiente.
La tumba no es un callejón sin salida sino un mercado.
Cierra por las noches, pero vuelve a abrir al amanecer.[1]

Víctor Hugo

La muerte es una cita, una cita universal. Es cuando parte el espíritu,
separándose del cuerpo en el último camino a la eternidad.

El ser humano tiene diversas opiniones sobre el tema de la muerte y la vida después de la vida.

Derek Prince tenía casi noventa años cuando escribió el libro *The End of Life's Journey* [El final del viaje de la vida] (Los ministerios Derek Prince continúan publicando las profundas enseñanzas de este estudioso, incluso años después de su fallecimiento.) Allí, habló de algunas de las opiniones de la humanidad respecto de la muerte.

Está la perspectiva del cínico. De manera burlona expone que como el hombre no puede hacer nada por evitar la muerte, ¿por qué no hacer todo lo posible para disfrutar del viaje que te lleva allí? Es una actitud que refleja Isaías 22.13. «Comamos y bebamos, porque mañana moriremos».

El pesimismo es otra de las actitudes en cuanto a la muerte. Ve el fin de la vida con miedo y suele llevar a una profunda depresión. El rey David experimentó personalmente el efecto de esta creencia:

Mi corazón está dolorido dentro de mí, y terrores de muerte sobre mí han caído (Salmos 55.4).

Está también la mórbida preocupación por la muerte. Observa los títulos y temas de las películas, series de televisión y libros más vendidos y populares, y verás que nuestra cultura está absorta, obsesionada, con la muerte. El rey Salomón se refirió a esta fascinación en Proverbios 24.11 (NVI): «Rescata a los que van rumbo a la muerte».

También están los escapistas, y los hallamos en muchas filosofías místicas y cultos, que eximen al hombre de la responsabilidad de esta vida para presentar una vaga existencia tipo «Nirvana» en la vida siguiente.[2]

La Palabra de Dios presenta con claridad la certeza de la muerte y la realidad de la eternidad. El hecho más importante sobre estas dos experiencias se centra en la muerte y resurrección de Cristo. Apenas murió y resucitó, la muerte se convirtió meramente en la puerta del creyente para entrar en el paraíso. Cristo abolió la muerte para siempre como sentencia de condenación, y la convirtió en promoción (Filipenses 1.21). La muerte fue la primera consecuencia visible del pecado y es el último efecto del pecado del que podemos salvarnos.[3]

Hay dos caminos que puede tomar una persona después de la muerte: uno es para quienes han recibido a Cristo como Salvador y Señor y el otro, para quienes lo han rechazado.

Y si mal os parece servir a Jehová, escogeos hoy a quién sirváis; si a los dioses a quienes sirvieron vuestros padres, cuando estuvieron al otro lado del río, o a los dioses de los amorreos en cuya tierra habitáis; pero yo y mi casa serviremos a Jehová (Josué 24.15).

DOS CAMINOS A LA ETERNIDAD

Charles Haddon Spurgeon describió la profunda diferencia entre la experiencia de la muerte para el redimido y para el perdido:

La muerte le llega al que no cree como penalidad, pero para el justo es el llamado al palacio de su Padre. Para el pecador es una ejecución, pero para el santo es desvestirse de pecados y enfermedades. Para el malvado la muerte es el Rey del terror. Para el santo es el fin del terror y el comienzo de la gloria.[4]

El «comienzo de la gloria» ¡es la eternidad! *Webster* mide la eternidad como «tiempo sin fin; vida sin fin después de la muerte». Todos moriremos y entraremos a nuestro hogar eterno. El tema es, ¿qué hogar será?

Hemos viajado por los tres cielos con mi débil intento por describir el tercero. Creo que es justo describir también el lugar llamado infierno y el otro, conocido como lago de fuego en la Palabra de Dios.

EL LUGAR LLAMADO INFIERNO

El infierno es un lugar real. De hecho, conozco a mucha gente que les dice a otros ¡cómo llegar allí!

El mejor ejemplo del infierno en el Nuevo Testamento está en la historia que contó Cristo acerca de un hombre llamado Lázaro.

Había un hombre rico que se vestía lujosamente y daba espléndidos banquetes todos los días. A la puerta de su casa se tendía un mendigo llamado Lázaro, que estaba cubierto de llagas y que hubiera querido llenarse el estómago con lo que caía de la mesa del rico. Hasta los perros se acercaban y le lamían las llagas. Resulta que murió el mendigo, y los ángeles se lo llevaron para que estuviera al lado de Abraham. También murió el rico, y lo sepultaron. En el infierno, en medio de sus tormentos, el rico levantó los ojos y vio de lejos a Abraham, y a Lázaro junto a él. Así que alzó la voz y lo llamó: «Padre Abraham, ten compasión de mí y manda a Lázaro que moje la punta del dedo en agua y me refresque la lengua, porque estoy sufriendo mucho en este fuego». Pero Abraham le contestó: «Hijo, recuerda que durante tu vida te fue muy bien, mientras que a Lázaro le fue muy mal; pero ahora a él le toca recibir consuelo aquí, y a ti, sufrir terriblemente. Además de eso, hay un gran abismo entre nosotros y ustedes, de modo que los que quieren pasar de aquí para allá no pueden, ni tampoco pueden los de allá para acá» (Lucas 16.19-26, NVI).

Con su enseñanza Jesús identifica el Hades (infierno) como lugar de tormento y agonía; lugar de reconocimiento (el rico reconoció a Abraham); lugar de remordimiento de conciencia (el rico pedía misericordia para que lo libraran de su sufrimiento); lugar de fuego; lugar de separación del que no hay posibilidad de salir para reunirse con los justos.

La agonía del rico gritaba sin esperanzas y es ese el triste destino de todos los que pasarán la eternidad en el infierno.

Cuando muere el hombre impío, perece su esperanza; y la expectación de los malos perecerá (Proverbios 11.7).

La muerte es una condición física que se lleva el cuerpo humano. Hades es un lugar real, que reclama el alma humana.

EL LAGO DE FUEGO

El infierno y el lago de fuego son dos lugares diferentes. El lago de fuego se menciona cuatro veces en las Escrituras y solo en el libro de Apocalipsis (19.20; 20.10, 14, 15). Es el lugar del castigo eterno para el diablo, sus ángeles caídos, el anticristo, el falso profeta y todos los que hayan rechazado a Jesucristo en esta tierra. El Evangelio de Mateo lo presenta así:

Entonces dirá también a los de la izquierda: Apartaos de mí, malditos, al fuego eterno preparado para el diablo y sus ángeles (Mateo 25.41).

Se describe al lago de fuego como lugar de eterno «fuego y azufre» (Apocalipsis 20.10). Los sentenciados a estar allí experimentarán sufrimiento implacable y horrendo, terribles tormentos, por siempre jamás.

Todos los que han rechazado a Cristo estarán temporalmente sentenciados al infierno hasta que sean condenados al lago de fuego por toda la eternidad tras su día de juicio ante el Gran Trono Blanco. Acerca de ese trono, Spurgeon indicó: «Se dice que es blanco, ¿Qué otro trono podría describirse así? Los tronos de los meros mortales suelen estar manchados de injusticia, salpicados con la sangre de guerras crueles; pero el trono de Cristo es blanco porque Él hace justicia y su nombre es verdad».[5]

Solamente los que han recibido a Cristo como Salvador y Señor escaparán al infierno y al lago de fuego, ya que han sido redimidos por el poder de su sangre. Sus nombres están escritos en el Libro de la Vida en el momento mismo en que aceptan el sacrificio del Cordero de Dios por sus pecados.

Cuando mueran este registro divino les permitirá entrar de inmediato al tercer cielo en presencia de Dios Padre, Cristo su Hijo, su Espíritu Santo, los ángeles escogidos y la redimida Iglesia de Jesucristo.

Se ha dicho que puedes haberte perdido todas tus citas, pero hay dos que no podrás eludir: la primera es la muerte y la segunda, el juicio. Muchas veces la gente confunde los «juicios» que describen las Escrituras, así que permíteme simplificarlos.

El juicio de los *creyentes* ocurre en el tribunal de Cristo (2 Corintios 5.10), antes del reino milenial de Cristo. El juicio de los *incrédulos* ocurre ante el Gran Trono Blanco, al final de reino milenial.

El conocido teólogo y estudioso bautista Clarence Larkin (1850-1924) describió la muerte, el infierno y el lago de fuego así:

> En este juicio [el del Gran Trono Blanco] la «muerte» y el «infierno» son personificados. Por «muerte» entendemos el sepulcro que guarda al cuerpo hasta la resurrección; por «infierno» entendemos el compartimiento del mundo inferior o Hades donde las almas de los muertos malvados permanecen hasta la resurrección de los malvados. La muerte y el infierno serán echados en el lago de fuego y eso significa que en la Nueva Tierra no habrá ni muerte ni pecado.[6]

Juan describió de manera vívida lo que sucede en el juicio ante el Gran Trono Blanco:

> Y vi un gran trono blanco y al que estaba sentado en él, de delante del cual huyeron la tierra y el cielo, y ningún lugar se encontró para ellos. Y vi a los muertos, grandes y pequeños, de pie ante Dios; y los libros fueron abiertos, y otro libro fue abierto, el cual es el libro de la vida; y fueron juzgados los muertos por las cosas que estaban escritas en los libros, según sus obras. Y el mar entregó los muertos que había en él; y la muerte y el Hades entregaron los muertos que había en ellos; y fueron juzgados cada uno según sus obras. Y la muerte y el Hades fueron lanzados al lago de fuego. Esta es la muerte segunda. Y el que no se halló

inscrito en el libro de la vida fue lanzado al lago de fuego (Apocalipsis 20.11-15).

Derek Prince dijo que Satanás es el «ladrón de vida» y que Cristo es el «dador de vida». ¡Así de simple! Satanás mata, asesina, miente. Acéptalo, junto con su reino de las tinieblas, y recibirás la sentencia de la maldición eterna del Juez justo. O… puedes decidir que aceptarás la salvación que Dios ofrece por medio del arrepentimiento y la fe en Jesucristo, y vivir de acuerdo a su Palabra, anticipando con gozo su regreso, y recibir vida eterna.

El juicio del creyente no resulta en condenación.

[Dijo Jesús] El que oye mi palabra, y cree al que me envió, tiene vida eterna; y no vendrá a condenación, mas ha pasado de muerte a vida. (Juan 5.24).

Ahora, pues, ninguna condenación hay para los que están en Cristo Jesús, los que no andan conforme a la carne, sino conforme al Espíritu (Romanos 8.1).

La vida del cristiano desde su principio está solo en Cristo. No hay porción de la vida que surja del propio ser. La continuación de esa vida es igual: Jesús no solo es la resurrección *del principio* sino la vida *que sigue*.[7]

CUATRO LUNAS DE SANGRE

En mi libro *Cuatro lunas de sangre,* describo en gran detalle la relación sobrenatural de los hechos celestiales con la profecía bíblica: el futuro del pueblo escogido de Dios y el de las naciones del mundo.

El libro se centra en tres tétradas (cuatro lunas de sangre consecutivas, según la NASA) que han aparecido en los últimos quinientos años de historia registrada. Cada una de las tres coincidió con hechos históricos que tienen que ver con el pueblo judío y las fiestas del Señor, según el calendario hebreo:

- 1492: Descubrimiento de América (brindó un refugio a los judíos que escapaban de la Inquisición)
- 1948: Renacimiento de la nación de Israel
- 1967: Reunificación de la ciudad de Jerusalén con el pueblo judío

Cuatro lunas de sangre se publicó a fines del verano de 2013 y en abril de 2014 comenzó la última tétrada de este siglo durante la fiesta de la Pascua. La última luna de sangre de la tétrada ocurrirá en septiembre de este año 2015.

Es interesante notar algunos de los titulares mundiales respecto a Israel y al pueblo judío desde la aparición de la primera luna de sangre el 15 de abril de 2014.

- 23 de junio de 2014: «Invasores de Irak amenazan con ataque nuclear contra Israel: ISIS se centra en destruir al "régimen sionista" para "liberar a Palestina"».[8]
- 24 de julio de 2014: «Líder supremo de Irán: La única solución para la crisis es la destrucción de Israel».[9]
- 26 de agosto de 2014: «General iraní amenaza con ataque sorpresa contra Israel».[10]
- 17 de octubre de 2014: «Irán arma a palestinos para nueva guerra con Israel».[11]

La segunda luna de sangre ocurrió el 8 de octubre de 2014 durante la Fiesta de los Tabernáculos.

- 10 de noviembre de 2014: «El ayatolá publica plan para eliminar a Israel».[12]
- 10 de diciembre de 2014: «Irán lanza campaña "Nos encanta luchar contra Israel" en medios sociales».[13]
- 12 de enero de 2015: «Cuatro rehenes judíos asesinados en ataque en carnicería de París».[14]
- 1 de febrero de 2015: «Aparente decapitación de rehén por parte de ISIS desata escándalo en Japón».[15]
- 3 de febrero de 2015: «Piloto jordano rehén Moaz al-Kasabeh es quemado vivo».[16]

Terminé de escribir este libro, *Los tres cielos,* a principios de febrero de 2015. La tercera luna de sangre habría de ocurrir el 4 de abril de 2015, en Pascua. La cuarta y última luna de sangre de este siglo que coincidirá con las fiestas judías aparecerá el 28 de septiembre de 2015 durante la Fiesta de los Tabernáculos.

Decir que estos últimos meses han sido de importancia histórica es una subestimación. Israel logró proteger a su pueblo en la guerra contra Hamas en Gaza, aunque Hamas contaba con financiación y equipamiento de Irán. Pero la Fuerza de Defensa Israelí ha advertido que Hezbolá intentará tomar territorio dentro de Israel y dañar las instalaciones estratégicas en ese país disparando más de mil cohetes por día.

El retiro de Estados Unidos de Irak ha dado lugar a la organización terrorista más radical y maligna de la historia del mundo, ISIS (Estado Islámico de Irak y Siria). Crucifican a cristianos, decapitan a periodistas y matan a niños inocentes porque confiesan su fe en Jesucristo.

Rusia ha invadido Ucrania y ha estallado un renovado antisemitismo en Estados Unidos y Europa. Nuestro gobierno libera de prisión a terroristas radicales conocidos y permite que miles de extranjeros indocumentados entren en nuestro país. Nos hemos convertido en una nación sin fronteras.

Ha cambiado el mundo que conocemos, pero lo que nunca cambió es el carácter, la fidelidad de Dios y la majestad de su creación.

El sol se convertirá en tinieblas, y la luna en sangre, antes que venga el día grande y espantoso de Jehová (Joel 2:31).

Entonces habrá señales en el sol, en la luna y en las estrellas, y en la tierra angustia de las gentes, confundidas a causa del bramido del mar y de las olas; desfalleciendo los hombres por el temor y la expectación de las cosas que sobrevendrán en la tierra; porque las potencias de los cielos serán conmovidas. Entonces verán al Hijo del Hombre, que vendrá en una nube con poder y gran gloria. Cuando estas cosas comiencen a suceder, erguíos y levantad vuestra cabeza, porque vuestra redención está cerca (Lucas 21.25-28).

LE VEREMOS

Amados, ahora somos hijos de Dios, y aún no se ha manifestado lo que hemos de ser; pero sabemos que cuando él se manifieste, seremos semejantes a él, porque le veremos tal como él es (1 Juan 3.2).

¿Cómo ves a Jesús? María lo vio primero como un bebé en el pesebre de Belén. Juan el Bautista lo vio inicialmente como candidato al bautismo en el río Jordán. Los discípulos lo veían como rabí y maestro. Roma lo veía como insurrecto, demasiado peligroso como para dejarlo vivo. Los ciudadanos de Jerusalén lo vieron colgado del Calvario como un vulgar ladrón. Los líderes religiosos lo veían como un borracho, un hereje, un mentiroso.

Pero cuando los redimidos lleguen al cielo «lo veremos tal como él es», como Señor de gloria, exaltado, lleno de gracia y verdad. ¡Como el Alfa y el Omega, el Primero y el Último! Le veremos como Cordero de Dios, Luz del mundo, Señor de gloria ¡León de Judá!

Le veremos como la más bella de diez mil, la brillante estrella de la mañana. ¡Como esperanza del cielo y terror del infierno! Le veremos como el gran Yo Soy, el Gran Pastor, el Gran Médico. Le veremos como nuestra Roca, nuestro Escudo, nuestro Refugio, nuestro Redentor, Cuerno de nuestra salvación, nuestro Juez justo.

Mi propósito al escribir este libro es abrirte el apetito por el tercer cielo. Hay muchos que no están listos para pararse ante Dios en el juicio y contarse entre los justos, como hijos e hijas de la familia real del Padre. Piensan en el cielo, hablan del cielo y cantan sobre el cielo… pero ¿irán allí?

Hay una historia acerca de un príncipe que anhelaba una esposa que lo amara por lo que él era y no por lo que tenía; por eso andaba por el mundo vestido como un tipo común y corriente. Pronto halló trabajo en una granja. Se enamoró de la hija del dueño y pidió permiso para casarse con ella.

«¡Por supuesto que no!», dijo el padre. «¡Mi hija merece a alguien mejor que tú, que no eres más que un tipo común y corriente!».

Así que se escaparon y se casaron de todos modos y decidieron ir a la ciudad real para su luna de miel. El padre del príncipe sabía que vendrían, por lo que preparó una recepción. El carruaje del rey los fue a buscar a las puertas de la ciudad y miles de ciudadanos formaron fila a lo largo de las calles mientras aplaudían, celebrando la procesión. La guardia real los protegía y los músicos del rey tocaban para ellos. Era magnífico.

Al ver todo eso, la esposa preguntó qué significaba.

El príncipe contestó: «Soy el hijo del rey. Te casaste conmigo sin saberlo. Me amaste, siendo yo un hombre común. Ahora toda la riqueza, el honor y el poder del reino son tuyos. ¡Eres parte de la familia real!».

La aplicación de esta historia es la siguiente: Jesucristo es el coronado Príncipe del tercer cielo. Vino a esta tierra como un desconocido hombre común que nació en un pesebre como hijo de un carpintero. Vino a buscar a su esposa, la Iglesia.

Cuando confiesas a Cristo como Salvador y Señor, recibes el don de la vida eterna y te unes a la familia real junto con Él. El Señor te da una mansión en los suburbios del cielo solo porque eres suyo y Él es tuyo. Te vuelves heredero y coheredero con Jesucristo.

Pregunto: ¿formas parte de la familia del Rey? Si tu respuesta es negativa, sabes que puedes serlo… y que Dios quiere que lo seas. Él conoce tus defectos, tus errores, y te ama con amor incondicional a pesar de todo eso. El don más grande que Dios nos da es la vida eterna por medio de Jesucristo, su Hijo.

Y querrás saber qué tienes que hacer para ser salvo. Todo lo que tenemos que hacer es recibirle como nuestro Salvador y Señor. Yo lo hice, por eso te animo a que hagas lo mismo.

Todos tenemos una cita con la muerte *algún día* y pasaremos la eternidad *en alguna parte.* Si murieras dentro de un minuto y abrieras los ojos en la eternidad, ¿dónde estarías? Si no lo sabes con certeza, te pido que pronuncies esta oración y permitas que los ángeles del cielo escriban tu nombre en el Libro de la Vida del Cordero:

Padre celestial, vengo a tu trono en el nombre de Jesucristo. Te pido perdón por mis pecados y que entres en mi vida como Salvador y Señor. Confieso que «la paga del pecado es muerte pero el regalo de Dios es vida eterna». Ahora recibo el regalo de la vida eterna para formar parte de tu familia real. Amén.

¿Oyes lo que oigo yo? Es el sonido de los ángeles regocijándose en el cielo porque has tomado la decisión más sabia que pueda tomar mortal alguno.

Así os digo que hay gozo delante de los ángeles de Dios por un pecador que se arrepiente (Lucas 15.10).

¡Te doy la bienvenida a la familia de Dios! Tu nombre ahora está escribo en el Libro de la Vida del Cordero y hay reservada una mansión para ti en el tercer cielo. Espero el momento de verte junto al trono de Dios mientras entonamos el «Cántico de los Redimidos» por toda la eternidad.

RECONOCIMIENTOS Y AGRADECIMIENTOS

Mi agradecimiento y aprecio a mi esposa Diana; a mi asistente ejecutiva Jo-Ann; a mi mecanógrafa Melissa; a mi editor Kris Bearss; y al fabuloso personal de Worthy Publishing.

NOTAS

Capítulo 1: «Mami, ¡Dios está vivo!»

1. Reproducido con permiso de David y Sherry Kreye mediante correspondencia personal con el autor, enero y febrero de 2015.
2. Video del North Central Baptist Hospital, Mission Moment: The Jackson Kreye Story (2008); https://docs.google.com/file/d/0ByeoS4kB6d21UjBPV2hYXzV3d0E/edit?pli=1, acceso 3 de marzo de 2015.
3. Reproducido con permiso del doctor Sam Zuckerman mediante correspondencia con el autor, enero de 2015.

Capítulo 2: «El cielo que vemos»

1. Original en inglés citado por el autor: "How Great Thou Art" © 1949 and 1953 by the Stuart Hine Trust. USA print rights administered by Hope Publishing Company. En español, traducción libre.
2. J. Vernon McGee, "Tower of Babel," cap. 11 Thru the Bible, vol. 1 (Nashville: Thomas Nelson, 1983), pp. 52-53. Recursos en español: http://www.atravesdelabiblia.org/resources/
3. J. Vernon McGee, Thru the Bible, vol. 4 (Nashville: Thomas Nelson, 1983), p. 14.
4. Charles Q. Choi, "Earth's Sun: Facts about the Sun's Age, Size, and History," Space. com, November 20, 2014.
5. Ibid.
6. Traci Watson, "NASA Confirms 715 Planets outside Solar System," USA Today. 27 de febrero de 2014.
7. John Hagee, Cuatro lunas de sangre, Ed. Worthy Latino, ISBN 978-1-61795-417-7.

Capítulo 3: Viajes a lo sobrenatural

1. Derek Prince, The End of Life's Journey: Sharing Christ's Victory over Death (Charlotte, NC: Derek Prince Ministries International, 2004), p. 114.
2. Mrs. A. S. Bridgewater, "How Beautiful Heaven Must Be," 1920. Dominio público, traducción libre.
3. Reproducido con permiso del médico de guardia que solicitó permanecer en el anonimato mediante correspondencia personal, febrero de 2015.

4. Johnny Cash, Man in Black: His Own Story in His Own Words (Grand Rapids, MI: Zondervan, 1975), p. 177.

5. Diversas fuentes: Mary C. Neal, *Ida y vuelta al cielo: la verdadera historia de una doctora sobre su muerte y regreso a la vida*, Vintage Español, ISBN ISBN: 978-0-345-80492-1; Mark Galli, "Mary Neal Describes Her Visit to the Gates of Heaven," Christianity Today, December 6, 2012, ChristianityToday.com; Mary C. Neal, MD, "A Sneak Peek of Heaven," Guideposts, June 4, 2012, guideposts.org.

Capítulo 4: El medio del cielo

1. Derek Prince, *War in Heaven: God's Epic Battle with Evil* (Grand Rapids, MI: Chosen Books, 2003), pp. 61–62

2. C.S. Lewis, *Mero cristianismo* (Rialp) ISBN: 9788432130779.

3. Charles H. Spurgeon, "Evening – June 3," in *Morning and Evening: Daily Readings*, vol. 1 (Charleston, SC: BiblioBazaar, 2008), pp. 362-363.

4. Myer Pearlman, *Knowing the Doctrines of the Bible* (Springfield, MO: Gospel Publishing

5. House, 1937), p. 87.

Capítulo 5: El choque de los dos reinos

1. Finis Jennings Dake, *God's Plan for Man* (Lawrenceville, GA: Dake Bible Sales, 1949), p. 559.

2. Pearlman, *Knowing the Doctrines*, p. 79.

3. Vernon McGee, *Thru the Bible*, vol. 1 (Nashville: Thomas Nelson, 1983), p. 13.

4. Colin S. Smith, *Unlocking the Bible Story*, vol. 1 (Chicago: Moody, 2002), p. 27.

5. Ibid., 32–34 (adaptado).

6. Finis Jennings Dake, *Dake Annotated Reference Bible* (Atlanta: Dake Bible Sales, 1963), p. 4.

7. Ibid., p. 94.

8. Watchman Nee, *Ye Search the Scriptures* (New York: Christian Fellowship, 1974), pp. 149-56.

9. Martin Blumenson, "Rommel," in *Hitler's Generals*, ed. Correlli Barnett (New York: Grove Press, 2003), pp. 293-316.

10. John C. Hagee, *Invasion of Demons* (Old Tappan, NJ: Fleming H. Revell, 1973), p. 108.

11. Definition and usage of the terms devil and demons: *Dake, Dake Annotated Reference*

12. *Bible* (Atlanta: Dake Bible Sales, 1963), p. 632; Derek Prince, *They Shall Expel Demons* (Grand Rapids, MI: Chosen Books, 1998), pp. 93-94.

Capítulo 6: Invasión de demonios en la sociedad

1. Jim Daly, "Are Cartoons Bad for Children?," *Daly Focus* (blog), Focus on the Family, September 14, 2011.

2. Marian T. Horvat, PhD, "Secret Spells Barbie and the Tendencial Revolution," Tradition in Action, November 21, 2003.

3. Hephzibah Anderson, "Obama's 'Dreams,' Meyer's Vampires Capture 'Nibbie' Book Awards," Bloomberg.com, April 3, 2009.

4. Lev Grossman, "It's Twilight in America: The Vampire Saga," Time, November 13, 2009.

5. Suzanne Collins, *The Hunger Games* (New York: Scholastic Press, 2008).

6. Mike Rose, "The Walking Dead sells 28M episodes, third season on the way," Gamasutra, July 28, 2014.

7. Eddie Makuch, "Grand Theft Auto Series Sales Climb to 185 Million Units—How Many Do You Own?: GTA V Alone Has Shipped 32.5 Million Copies," GameSpot. com, May 27, 2014.

8. Rebecca Leung and Ed Bradley, "Can A Video Game Lead to Murder?: Did Grand Theft Auto Cause One Teenager to Kill?," *60 Minutes*, CBS, March 4, 2005.

9. Ibid.

10. Ibid.

11. Ibid.

12. Dana Beyerle, "Conviction Upheld in '03 Fayette Slayings: Video Game Defense

13. Used in Officers' Slayings Spurred National Debate," Tuscaloosa News, February 18, 2012.

14. Robert DeWitt, "Judge stands by Fayette decision," *Tuscaloosa News*, 2005-11-22. Jay Reeves, "Court rejects appeal in Alabama suit blaming game for slayings," Associated Press, March 29, 2006

15. "Arizona Man Sang Eminem Songs While Stabbing Family; Thought Wife Was a Demon, Police Say," Fox News, June 22, 2009. Michael Miller, Arizona Man, Sang Eminem While Stabbing Family: Police," Huffington Post, July 23, 2009, updated May 25, 2011. Dustin Gardiner, "Glendale Man Admits to Stabbing Wife, Daughter to Death," AZCentral.com, October 10, 2009. Dustin Gardiner, "Glendale Man Gets Life Term for Murdering Wife, Daughter," AZCentral.com, December 10, 2009.

16. Ice-T and Douglas Century, "Freedom of Speech," part 4 in Ice: A Memoir of Gangster Life and Redemption—From South Central to Hollywood (New York: Random House, 2011), 127-140.

17. Jon Pareles, "POP VIEW; Dissing the Rappers Is Fodder for the Sound Bite," New York Times, June 28, 1992.

18. "Memory Training from US Military," Improve Memory by Ron White (website), February 13, 2011.

19. "Number of TV Households in the United States from Season 2000–2001 to Season 2014–2015," The Statistics Portal, Statista (website).

20. "Television Watching Statistics," BLS American Time Use Survey, A.C. Nielsen Co., on Statistic Brain (website), verified December 7, 2013.

21. "About the Series," Dexter, Showtime website.

22. "Dexter (2006–2013): Awards," IMDb.com.

23. James Hibberd, "Dexter Finale Is Showtime's Most-Watched Episode of Anything Ever," Entertainment Weekly, September 23, 2013.

24. Jessica Best, "Teen Obsessed with TV Serial Killer Dexter Jailed for Murdering and

25. Dismembering Girlfriend," Mirror, October 2, 2014.

26. Ibid.

27. Ibid.

28. Ibid.

29. Roger Ebert, review of The Omen, by David Seltzer, directed by Richard Donner, Twentieth Century Fox, RogerEbert.com, June 28, 1976.

30. Ebert, review of The Omen.

Capítulo 7: Invasión de demonios en la iglesia

1. Winston Churchill, «Blood, Toil, Tears and Sweat" (Primer discurso como Primer Ministro, Cámara de los Comunes, 13 de mayo de 1940) [Traducción libre].

2. Nombre ficticio.

3. El vudú es una práctica del ocultismo que se caracteriza por la hechicería y la posesión de espíritus.

4. John Hagee, Invasion of Demons (Ada MI: Revell, 1973), pp. 26-32.

5. Wright Barton and Evelyn Roat, This is a Hopi Kachina (Flagstaff, AZ: Museum of Northern Arizona, 1965), p. 4.

6. Wright Barton, "Hopi Kachinas: A Life Force," chap. 4 in Hopi Nation: Essays on

7. Indigenous Art, Culture, History, and Law, ed. Edna Glenn, John R. Wunder, Willard Hughes Rollings, and C. L. Martin (Lincoln, NE: University of Nebraska Digital Commons, 2008).

8. Dennis Gaffney, "Collecting Kachina Dolls," Tips of the Trade, Antiques Roadshow, PBS, March 1, 2004.

9. Hechos de madera blanda, la cual que arde con facilidad.

10. Reproducido con permiso de la pareja que decidió permanecer en el anonimato, mediante correspondencia personal con el autor, en febrero de 2015.

Capítulo 8: La evolución del mal

1. Linda Rodriguez McRobbie, "The Strange and Mysterious History of the Ouija Board," Smithsonian.com, October 27, 2013.

2. Brent Lang, "Box Office: 'Nightcrawler,' 'Ouija' Tied for First in Deadly Halloween Weekend," Variety.com, November 2, 2014.

3. "Ouija," Storyline, IMDb.com.

4. Sophie Jane Evans, "Three American Friends Hospitalised after Becoming 'Possessed' Following Ouija Board Game in Mexican Village," DailyMail.com, June 23, 2014.

5. Ibid.

6. Ibid.

7. Ibid.

8. Dake Annotated, p. 330.

9. "Top 10 TV Shows 2013," Rotten Tomatoes website.

10. "Top 100 Songs of 1973 – Billboard Year End Charts," Pop Culture, Bobborst.com.

11. Alan di Pirna, "Dangerous Creatures: Marilyn Manson Have Come for Your Children," Guitar World, December 1996, Internet Archive.

12. Ibid.

13. Ibid.

14. Jen Chaney, "Nicki Minaj's Grammy Performance Has Angered the Catholic League," *Celebritology* (blog), *Washington Post*, February 13, 2012.

15. Brent Staples, "Nicki Minaj Crashes Hip-Hop's Boys Club," *New York Times*, July 8, 2012, New York edition.

16. Kevin Rutherford, "Katy Perry Reveals 'Prism' Influences, Adds Stripped-Down Performances at Album Release Event," *Billboard*, October 22, 2013.

17. *E! Online* tweet quoted in "The 2014 Grammy Awards: Still Pushing the Illuminati Agenda," Vigilant Citizen, January 28, 2014.

18. Keith Caulfield, "Beyonce Leads for Third Week at No. 1 on Billboard 200 Chart," *Billboard*, January 2, 2014.

19. "1973 in Film," *Wikipedia*, last modified January 25, 2015.

20. David Lister, "Natural Born Killers?," Television, *Independent* (London, UK), October 24, 1994.

21. "Police Seize Suspect Obsessed by Movie," *New York Times*, November 4, 1994; Jason N. Swensen, "Bluffdale Teen Pleads Guilty to '94 Slayings," *Deseret News* (Salt Lake City, UT), November 15, 1995.

22. "Gunman Kills 2, Injures 21," *New York Times*, April 15, 2001; "Bar Shooting Suspect Obsessed with Guns," *Los Angeles Times*, April 16, 2001; Mickey Ciokajlo, "Elgin Spree Killer Gets Death," *Chicago Tribune*, January 4, 2002.

23. *Murderpedia*, s.v. "Barry Dale Loukaitis," by Juan Ignacio Blanco, accessed February 14, 2015.

24. Julie Grace, "When the Silence Fell," *Time*, June 24, 2001.

25. "Media Companies Are Sued in Kentucky Shooting," *New York Times*, April 13, 1999.

26. "15 Films That Inspired Real Life Crimes," Brainz.org.

27. John Grisham, "Unnatural Killers," http://facstaff.gpc.edu/~jbusbee/Grisham.htm, originally published in *Oxford American*, April 1996, 2-5. Artículo disponible en español, en línea en: http://elpais.com/diario/1996/06/29/cultura/835999214_850215.html. Acceso 28 de marzo de 2015.

28. "15 Films That Inspired Real Life Crimes," Brainz.org.

29. Ibid.

30. "Timeline: Colorado Theater Shooting," CNN, accessed February 14, 2015.

31. Sean Higgins, "Was the Batman Movie Shooting Imitated from Scene in 1986 Comic?" *Washington Examiner*, July 20, 2012.

32. "Colorado Shooting Suspect's 'Batman' Obsession Examined," 10News.com.

33. Ibid.

34. Craig Kapitan, "Mother: Slain Daughter More Than Victim," MySA, *San Antonio Express-News*, July 21, 2012.

35. Geoff Boucher, "'Dark Knight Rises': Christopher Nolan Opens Up about Bane Choice," Hero Complex, *Los Angeles Times*, December 12, 2011.

Capítulo 9: El espíritu del anticristo

1. Adaptado de Pearlman, Conociendo las doctrinas.

2. Anton Szandor LaVey, La Biblia Satánica (Ed. Martinez Roca) ISBN. 9788427034846.

3. Blanche Barton, "Church of Satan History: The Magic Circle/Order of the Trapezoid," Church of Satan website. Sitio sobre satanismo, en español: http://sociedad-satanica. blogspot.com.ar/p/site-map.html

4. Nicholas Pileggi, "The Age of Occult," *McCall's*, March 1970, pp. 63-74.

5. "The Satanic Mass," track A9 (Zeena's Baptism), on "The Satanic Mass: Recorded Live at the Church of Satan," Murgenstrumm, 1968, vinyl LP.

6. Pileggi, "Age of Occult."

7. "Archdiocese of OKC Comments on Upcoming Black Mass," broadcast news report by Andrew Donley, in "Archdiocese of OKC Pleads with the City to Cancel Upcoming Satanic Ritual," News Channel 4, FOR.com, August 11, 2014.

8. Ibid.

9. "The Satanic Temple Crowdsources Effort to 'Adopt-a-Highway' in New York City," official website of the Satanic Temple, August 5, 2013.

10. Christopher Behnan, "Satanist Group Mounts Capitol Display to Little Fanfare," *Lansing* (MI) State Journal, January 2, 2015.

11. "Woman Arrested after Damaging Satanic Display at Florida Capitol," FoxNews.com, December 24, 2014.

12. Jim Kouri, "Satanic or Ritualistic Crime and Murder," Examiner.com, April 14, 2009; "Elyse Pahler: Killed in Nipomo in 1995," SLO Homicides, *San Luis Obispo Tribune*, April 14, 2010.

13. Phil Archer and Jill Courtney, "Prosecutors: Girl's Murder Part of Satanic Ritual," Click2Houston.com, February 11, 2014.

14. Alex Heigl, "Three Suspects Arrested after Skeletal Remains Found in North Carolina Backyard," *People*, October 10, 2014; "John 'Pazuzu' Lawson . . . The Boogey Man Cometh," *Camel City Dispatch* (Winston-Salem, NC), October 6, 2014.

15. "John 'Pazuzu' Lawson," *Camel City Dispatch*.

16. Michael Hennessey, "Clemmons Murder Suspect Sacrificed Animals, Spoke 'As Though He Were Possessed, According to Source," Fox8, October 8, 2014.

17. Jeff Truesdale, "Satanists Next Door: House of Horrors," *People*, October 27, 2014.

18. Palash Ghosh, "How Many People Did Joseph Stalin Kill?," *International Business Times*, March 5, 2013.

19. Tony Rennell, "Madman Who Starved 60 Million to Death: Devastating Book Reveals How Mao's Megalomania Turned China into a Madhouse," *Daily Mail*, July 22, 2011.

20. "Hitler Youth: Principles and Ideology," Historical Boys Clothing, http://histclo.com/

21. youth/youth/org/nat/hitler/prin/hj-prin.htm, accessed February 18, 2015.

22. Wulf Schwartzwaller, *The Unknown Hitler* (New York: Berkley Books, 1990), quoted in "The Unknown Hitler: Nazi Roots in the Occult," bibliotecapleyades.net, accessed February 14, 2015.

23. Ibid.

24. Alex S.Wilner and Claire-Jehanne Dubouloz, "Homegrown Terrorism and Transformative Learning: An Interdisciplinary Approach to Understanding Radicalization," *Global Change, Peace, and Security* 22:1 (2010), pp. 33-51.

25. Eli Berman, *Radical, Religious, and Violent: The New Economics of Terrorism* (Cambridge, MA: MIT Press, 2009).

26. Lawrence Wright, *The Looming Tower: Al-Qaeda and the Road to 9/11* (New York: Knopf, 2006).

27. Ibid.

28. Disponible en línea en español: http://www.letraslibres.com/revista/convivio/las-raices-de-la-ira-musulmana, acceso 28 de marzo de 2015.

29. Wright, *Looming Tower*.

30. "Analysis: Who Are the Taleban?," BBC News. December 20, 2000.

31. John Simpson, "Who are the Taliban?," BBC News Asia, November 1, 2013.

32. Ibid.

33. Tim Craig and Pamela Constable, "In Pakistan, Taliban Massacre of Schoolchildren Fuels Broad Outrage," *Washington Post*, December 16, 2014.

34. Abdulrahman al-Masri, Michele Chabin, Mona Alami, and Sarah Lynch, "Al-Qaeda Hasn't Gone Away, and Is Gaining," *USA Today*, January 8, 2014.

35. "Mapping the Global Muslim Population," Pew Research Center, October 7, 2009.

36. Islam: Sunni Sect," Jewish Virtual Library; "Islam: Shi'a Sect," Jewish Virtual Library.

37. F. Michael Maloof, "Murder of Pilot Sparks Tough, New Question," *WND*, February 4, 2015.

38. Ellen Knickmeyer and Jonathan Finer, "Insurgent Leader Al-Zarqawi Killed in Iraq," Council on Foreign Relations, *Washington Post* Special Report, June 8, 2006.

39. John F. Burns, "Leader of Al Qaeda in Iraq Has Been Killed," New York Times, June 8, 2006; "Zarqawi's Pledge of Allegiance to Al-Qaeda: From Mu'asker al-Battar, Issue 21," trans. Jeffrey Pool, *Terrorism Monitor* 2, no. 24 (December 15, 2004), on the website of the Jamestown Foundation.

40. William W. Harris, The Levant: *A Fractured Mosaic* (Princeton, NJ: Markus Wiener, 2003).

41. Bobby Ghosh, "Roots of Evil: A Short Political History of the Terrorists Who Call Themselves the 'Islamic State,'" Quartz, August 13, 2014.

42. "'ISIS Wants Global Conquest, Not Tribal Conquest': Huckabee Critiques Obama's Foreign Policy," *Fox News Insider* (blog), Fox News Channel, August 22, 2014.

43. Jeremy Bender, "One Paragraph Explains How ISIS Managed to Seize Iraq's Second Largest City," *Business Insider*, October 14, 2014.

44. Mark Tran and Matthew Weaver, "Isis Announces Islamic Caliphate in Area Straddling Iraq and Syria," *Guardian*, June 30, 2014, US edition.

45. Paul Crompton, "The Rise of the new 'Caliph,' ISIS Chief Abu Bakr al-Baghdadi," Al Arabiya News, June 30, 2014.

46. CNN Library, "ISIS Fast Facts," CNN, last updated February 11, 2015.

47. Rainer Brunner and Werner Ende, Werner, eds., The *Twelver Shia in Modern Times: Religious Culture and Political History* (Leiden, Netherlands: Brill Academic, 2001), p. 178.

48. Ehsan Yarshater, "Persia or Iran," *Iranian Studies* 22, no.1 (1989).

49. Michael Lipka, "The Sunni-Shia Divide: Where They Live, What They Believe and How They View Each Other," Pew Research Center, June 18, 2014.

50. La traducción al español de la Constitución de la República Islámica de Irán está disponible en el siguiente sitio: http://es.irna.ir/iran86/index.htm. Acceso 28 de marzo de 2015.

51. Pierre Tristam, "Twelver Shiites, or Ithna Ahariyah," in "Glossary for the Middle East, Islam and the Arab World," About.com.

52. Karim Sadjadpour, *Reading Khamenei: The World View of Iran's Most Powerful Leader* (Washington, DC: Carnegie Endowment for International Peace, 2009).

53. Karim Sadjadpour, "The Supreme Leader," in *The Iran Primer: Power, Politics, and US Policy*, ed. Robin Wright (Washington, DC: United States Institute of Peace, 2010).

54. Ibid.

55. Ibid.

56. Iran Jets Bomb Islamic State Targets in Iraq—Pentagon," BBC News Middle East, December 3, 2014.

57. Colonel Ralph Peters, interview by Bill Hemmer, *America's Newsroom*, Fox News, January 22, 2015.

58. Drew Silver, "World's Muslim Population More Widespread Than You Might Think," Pew Research Center, June 7, 2013.

59. "The Future of the Global Muslim Population," Pew Research Center, January 27, 2011.

60. Benjamin Netanyahu, "Preparing for the War on Terror: Understanding the Nature and Dimensions of the Threat" (statement at the US House Government Reform Committee, Washington, DC, September 20, 2001), Israel Ministry of Foreign Affairs press release [Nota de prensa del Ministerio de Asuntos Exteriores de Israel].

61. Indira Lakshmanan, "Islamic State Now Resembles the Taliban with Oil Fields," Bloomberg Business, August 25, 2014.

62. Tyler Durden, "The ISIS' Top Line: $2 Million in Daily Revenue from 'Oil Sales, Extortion, Taxes and Smuggling," Zero Hedge, August 25, 2014.

63. Ghosh, "Roots of Evil."

64. Ari Yashar, "'Israel the Only Place in Middle East Where Christians Are Safe," Arutz Sheva 7, israelnationalnews.com, September 23, 2014.

65. "2014 Global Terrorism Index," Institute for Economics and Peace, November 18, 2014.

66. WARNING GRAPHIC PHOTOS (RAW)—ISIS Begins Killing Christians in Mosul, CHILDREN BEHEADED," Catholic Online, August 8, 2014.

67. Erin Cunningham and Heba Habib, "Egypt Bombs Islamic State Targets in Libya after Beheading Video," *Washington Post*, February 16, 2015.

68. Westerners Executed by Jihadist Groups," News24Morocco, October 10, 2014.

69. Bill Sanderson, "French Prime Minister Declares 'War' on Radical Islam," *New York Post*, January 10, 2015; Michael Martinez, Dominque Debucquoy-Dodley, and Ray Sanchez, "Vignettes: More about the 17 Killed in French Terror Attacks," CNN, January 11, 2015.

Capítulo 10: Líbranos del mal

1. Mateo 4.24; 7.22; 8.16, 28, 31, 33; 9.32, 33, 34; 10.8; 11.18; 12.22, 24, 27, 28; 15.22; 17.18. Marcos 1.32, 34, 39; 3.15, 22; 5.12, 15, 16, 18; 6.13; 7.26, 29, 30;

9.38; 16.9, 17. Lucas 4.33, 35, 41; 7.33; 8.2, 27, 29, 30, 33, 35, 36, 38; 9.1, 42, 49; 10.17, 11.14, 15, 18, 19, 20; 13.32. Juan 7.20; 8.48, 49, 52; 10.20, 21. 1 Corintios 10.20, 21; 1 Timoteo 4.1; Santiago 2.19; 3.15; Apocalipsis 9.20; 16.14; 18.2.

2. Prince, *Echarán fuera demonios* (Ed. Desafío, ISBN: 9789588285627).
3. Cita de Arthur Somers Roche (1883-1935; mystery writer), ThinkExist.com, accessed February 16, 2015.
4. Guideposts Classics: Corrie ten Boom on Forgiveness," *Guideposts*, November 1972.

Capítulo 11: Por qué creemos en los ángeles

1. Pearlman, *Conociendo las doctrinas*.
2. Ibid.
3. Prince, *Guerra en los cielos*.
4. Christine Darg, "Two Miracle Dove Stories: From Gaza 2014 and Yom Kippur War 1973," Jerusalem Channel, August 5, 2014.
5. Raphael Poch, "A Soldier's Personal Miracle," in "Rumors Abound but God's Protection of Israel Is No Fable," *Breaking Israel News*, August 11, 2014.
6. Yosef Mendelevich, "A Miracle during Operation Protective Edge," *Jerusalem Post*, September 11, 2014.
7. Pearlman, *Conociendo las doctrinas*.
8. 182

Capítulo 12: Donde los ángeles caminan

1. Barton David, *The Founder's Bible* (Newbury Park, CA: Shiloh Road, 2013), B1–B3; "The Indestructible George Washington," The Real American His-story.
2. James S. Hewett, ed., Illu*strations Unlimited: A Topical Collection of Hundreds of Stories, Quotations, and Humor* (Carol Stream, IL: Tyndale House, 1988), p. 29.
3. Ibid.
4. News.com.au, "Beneath Yellowstone, a Volcano That Could Wipe Out US," *New York Post*, December 12, 2013.
5. Tariq Malik, "Active Sun Unleashes Massive Solar Flare," Space.com, December 20, 2014.

Capítulo 13: La sala del trono de Dios

1. C. S. Lewis, *Mero Cristianismo* (Ed. Riapl, 2001 ISBN 9788432130779). Traducción libre.
2. Diccionario Webster, citado en la obra de Pearlman, *Conociendo las doctrinas*.
3. C. H. Spurgeon, "The Wailing of Risca," sermon no. 349, delivered December 9, 1860, at Exeter Hall, Strand, The Spurgeon Archive, spurgeon.org. Sermones de Spurgeon disponibles en español: http://www.spurgeon.com.mx/sermones.html, acceso 2 de abril de 2015.
4. 4. John Newton, "Amazing Grace," 1779. Public domain. "Sublime gracia" http://www.musica.com/letras.asp?letra=1626366, acceso 2 de abril de 2015.
5. John Hagee, "Where Will You Spend Eternity?," excerpt from sermon.
6. 192

Capítulo 14: Tu hogar eterno

1. Victor Hugo fue un poeta francés, novelista y dramaturgo del siglo diecinueve. Entre sus obras se cuentan *Los Miserables*, 1862, y *El Jorobado de Notre Dame*, 1831.
2. Prince, *End of Life's Journey*, p. 14.
3. Adaptado de Pearlman, *Conociendo las doctrinas*.
4. C. H. Spurgeon, "Though He Were Dead," sermon no. 1799, delivered at the Metropolitan Tabernacle, London, September 14, 1884.
5. C. H.Spurgeon, "An Awful Contrast," sermon no. 2473, delivered at the Metropolitan Tabernacle, London, July 11, 1886.
6. Clarence Larkin, *The Book of Revelation: A Study of the Last Prophetic Book of Holy Scripture* (1919); eBook. Accessed on EarnestlyContendingfortheFaith.com in "The Fifth, Sixth, and Seventh Dooms" section.
7. Adaptado de Spurgeon, "Though He Were Dead."
8. F. Michael Maloof, "Iraq Invaders Threaten Nuke Attack on Israel," WND, June 23, 2014.
9. Matt Drudge, "Iran Supreme Leader: Only Solution Is Israel's Destruction," Drudge Report, *Daily Caller*, July 24, 2014.
10. Matt Drudge, "Iranian General Threatens Surprise Attack on Israel," Drudge Report, *Daily Caller*, August 26, 2014.
11. Matt Drudge, "Iran Arms Palestinians for New War with Israel," Drudge Report, *Daily Caller*, October 17, 2014.
12. Matt Drudge, "Ayatollah Publishes Plan to 'Eliminate' Israel," Drudge Report, *Daily Caller*, November 10, 2014.
13. Matt Drudge, "Iran Launches 'We Love Fighting Israel' Campaign on Social Media," Drudge Report, *Daily Caller*, December 10, 2014.
14. Yamiche Alcindor and Elena Berton, "Four Killed at Paris Grocery Store Were All Jewish," *USA Today*, January 12, 2015
15. Martin Fackler, "Hostage's Apparent Beheading by ISIS Stirs Outrage in Japan," *New York Times*, February 1, 2015.
16. Paul Adams, "Jordan Pilot Hostage Moaz al-Kasasbeh 'burned alive,'" BBC, February 3, 2015.

WORTHY® *Latino*

Si le gustó este libro,
¿consideraría compartir el mensaje con otros?

- Mencione el libro en un post en Facebook, un update en Twitter, un pin en Pinterest, o una entrada en un blog.

- Recomiende este libro a quienes están en su grupo pequeño, club de lectura, lugar de trabajo y clases.

- Visite Facebook.com/WorthyPublishingLatino, dé "ME GUSTA" a la página, y escriba un comentario sobre lo que más le gustó.

- Escriba un Tweet en @WorthyPubLatino sobre el libro.

- Entregue un ejemplar a alguien que conozca y que sería retado y alentado por este mensaje.

- Escriba una reseña en amazon.com, bn.com, goodreads.com o cbd.com.

Puede suscribirse al boletín de noticias de Worthy Latino en WorthyLatino.com

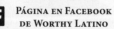 **PÁGINA EN FACEBOOK DE WORTHY LATINO**

SITIO WEB DE WORTHY LATINO